WORLD WAR TWO IN SECRET

THE HIDDEN CONFLICT 1939 TO 1945

密战图文史

从闪击波兰到轰炸日本，用图片和文字记录二战隐秘战争全历程

1939—1945年冲突背后的较量

[英] 加文·莫蒂默（Gavin Mortimer）◎著

付广军　施丽华◎译　木子◎校译

金城出版社
GOLD WALL PRESS
·北京·

图书在版编目（CIP）数据

密战图文史：1939—1945 年冲突背后的较量：彩印精装典藏版 /（英）加文·莫蒂默（Gavin Mortimer）著；付广军，施丽华译 .—北京：金城出版社有限公司，2023.1

（二战文史眼丛书 / 朱策英主编）

书名原文：World War Two in Secret: The Hidden Conflict—1939 to 1945

ISBN 978-7-5155-2372-9

Ⅰ. ①密… Ⅱ. ①加… ②付… ③施… Ⅲ. ①第二次世界大战－间谍－情报活动－史料－图解 Ⅳ. ① D526-64

中国版本图书馆 CIP 数据核字（2022）第 202458 号

密战图文史

MIZHAN TUWENSHI

作　　者　[英] 加文·莫蒂默
译　　者　付广军　施丽华
策划编辑　朱策英
责任编辑　李凯丽
责任校对　李晓凌
责任印制　李仕杰
开　　本　710 毫米 ×1000 毫米　1/16
印　　张　24.5
字　　数　310 千字
版　　次　2023 年 1 月第 1 版
印　　次　2023 年 1 月第 1 次印刷
印　　刷　小森印刷（北京）有限公司
书　　号　ISBN 978-7-5155-2372-9
定　　价　148.00 元

出版发行　**金城出版社有限公司**　北京市朝阳区利泽东二路 3 号　邮编：100102
发 行 部　(010) 84254364
编 辑 部　(010) 64124534
投稿邮箱　825994321@qq.com
总 编 室　(010) 64228516
网　　址　http://www.jccb.com.cn
电子邮箱　jinchengchuban@163.com
法律顾问　北京市安理律师事务所　(电话)18911105819

1944 年夏末，英国陆军特种空勤团的一队士兵正在与一群兴奋的法国人合影。当时英国人刚刚将后者的村庄从纳粹德国的 4 年占领中解放出来。

二战大事年表

1940

7月 8月 9月 10月 11月 12月 1月 2月 3月 4月 5月 6月

1939年9月3日
因向波兰承诺保卫其不受攻击，英国和法国对德宣战。

1939年9月17日
苏联从东部进攻波兰。

1940年4月9日
德国入侵丹麦和挪威。英国前来援助挪威防御，但并未能阻止两个国家于6月被征服。

1940年5月10日
德国入侵法国和中立低地国家。5月10日、14日、28日，卢森堡、荷兰、比利时相继沦陷。6月22日法国签署停战协议，菲利普·贝当元帅统治的维希政府控制法国南部，而北部则由德国人统治。

1940年5月27日
英国远征军开始从海峡港口敦刻尔克撤离法国，1周后约33.8万人的部队得到解救，免于被俘。

1940年7月
德国空军开
击英国皇
军，拉开了
颠空战的序
这场战斗最
10月以德国
而告终。

1939年11月30日
苏联进攻芬兰，冬季战争爆发。尽管芬兰人顽强抵抗，还是于1940年3月求和。

1940年6月1
贝尼托·墨索
领导的意大利
国和法国宣战

1939年9月1日
德国从西部入侵波兰。①

1941

8月 9月 10月 11月 12月 1月 2月 3月 4月 5月 6月 7月 8月

1940年9月7日
德国空军对伦敦发起首轮大规模空袭，开始对英国城市长达8个月的恐怖轰炸，被称为闪电战。

1941年2月
在北非节节败退之际，意大利军队得到埃尔温·隆美尔率领的德国非洲军团的增援。

1941年4月6日
德国和意大利入侵南斯拉夫，后者于4月17日投降；接着德意入侵希腊，希腊于6月屈服。

1941年5月20日
德国伞兵入侵克里特岛，这是军事史上最大规模的空降入侵，经过1周的激烈战斗，德军占领该岛。②

1941年6月22日
德国无视2年前与苏联签订的和平协议，入侵苏联。

1942

9月 10月 11月 12月 1月 2月 3月 4月 5月 6月 7月 8月

1941年12月7日
日本突袭夏威夷珍珠港的美国太平洋舰队。③

1941年12月8日
美国和英国对日宣战。同日日本军队开始入侵东南亚。

1941年12月11日
德国和意大利对美国宣战。

1942年6月
美军在中途岛海战中击败日本海军。④

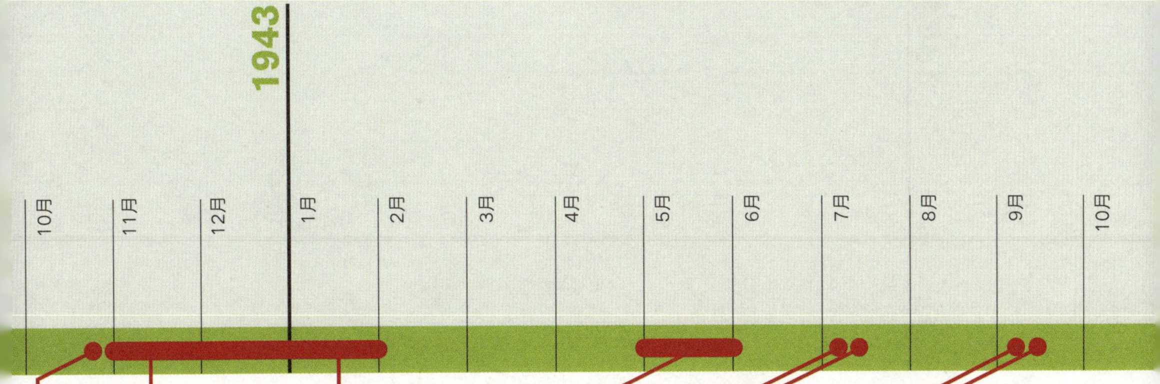

1942年10月23日
英国第8集团军在北非阿拉曼发起攻势。

1942年11月8日
美国和英国部队进攻法属北非阿尔及利亚和摩洛哥，维希法国军队几乎没有抵抗。

1942年11月至1943年2月
苏联反攻，在斯大林格勒困住德国第6集团军的残余部队。

1943年5月
在突尼斯的轴心国部队向盟军投降，北非战争结束。

1943年7月5日
历史上最大规模的坦克战在苏联库尔斯克附近拉开序幕，以德军战败告终。

1943年7月10日
美国和英国军队开始进攻西西里岛，该岛在1个月内沦陷。

1943年9月3日
在佩特罗·巴多格里奥代替贝尼托·墨索里尼成为领导人6周之后，盟军进攻意大利。

1943年9月8日
意大利政府无条件向盟军投降，德国对此做出反应，控制了罗马和意大利北部，建立墨索里尼统治下的法西斯傀儡政权，墨索里尼于9月12日被德国突击队员从囚禁中解救出来。

1944

11月 12月 1月 2月 3月 4月 5月 6月 7月 8月 9月 10月

1944年6月6日
英国、加拿大和美国军队在诺曼底5个滩头登陆，进攻法国本土的“霸王行动”开始。

1944年6月13日
第一枚V1导弹瞄准伦敦发射。

1944年6月22日
苏联军队在白俄罗斯发起大规模反攻，迫使德军向东穿过维斯瓦河，进入波兰中部。

1944年8月25日
突破诺曼底滩头之后，在自由法国武装力量的支援下，盟军解放巴黎。⑤

5

6

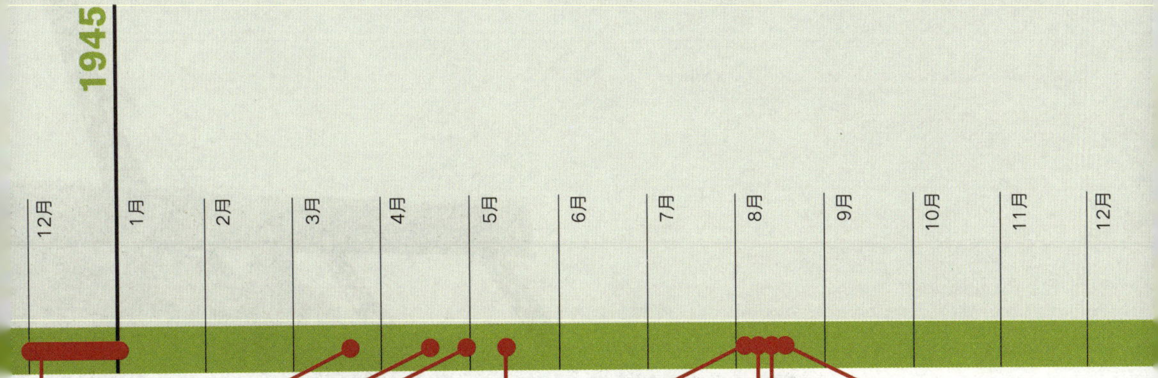

1944年12月
德军在阿登地区发起最后的反击，即著名的突出部战役，但最终被美军粉碎。

1945年3月24日
英美空降部队约16000人空降莱茵河东岸，展开历史上最大规模的单一空降行动，即“大学行动”。

1945年4月16日
苏联军队发起最后的进攻，包围柏林。

1945年4月30日
希特勒在柏林地堡内自杀。

1945年5月7日
卡尔·邓尼茨元帅签署德国投降书，8日欧洲战争正式结束，成为欧洲胜利日。

1945年8月6日
美国在日本南部城市广岛投下1枚原子弹。⑥

1945年8月8日
苏联对日宣战。

1945年8月9日
美国在日本九州岛长崎市投下1枚原子弹。

1945年8月15日
裕仁天皇命令日本军队投降，第二次世界大战结束。

盟军面临的挑战是在 1944 年 6 月之前，如何向德国人掩盖人员和坦克大规模集结的事实。参与“保镖行动”的间谍任务是欺骗德国人，让他们相信盟军将从加来地区登陆法国。

目录
CONTENTS

引言

战争的一大讽刺是，胜利者往往不是拥有最强军队、最强武器，或是最快军舰的那一方，而是用最聪明的头脑来战斗的一方，这已在历史上一次又一次得到验证。在战争中，比起强健的体魄，大脑是更有效的武器。早在公元前1200年左右，希腊人靠隐藏在巨型木马中攻入特洛伊城就证明了这一点。正如荷马在《奥德赛》（*Odyssey*）写道：

> 我们阿尔戈斯人的勇士都坐在雕刻而成的马里，给特洛伊人带去毁灭和死亡！这些刚勇的汉子所经历和忍受的是多么了不起。
>
> 但是现在，改变你的主题！为木马的建造大声歌唱吧，在雅典娜的帮助下，厄帕俄斯建造的这只木马曾被奥德修斯作为一种诡计带进城堡，他让士兵藏匿于马中，他们洗劫了伊利昂。

荷马所提到的“诡计”（guile）在此后的战争中被证

明发挥着关键作用，与技术共同发展，并随着战争的演变而不断进化。在中世纪，这种诡计逐渐以“间谍行动”（espionage）为人们所知，espionage一词来自法语，意为“从事间谍活动”（to spy）。16世纪末，伊丽莎白一世女王的间谍首脑弗朗西斯·沃尔辛厄姆（Francis Walsingham）是最优秀的间谍之一，其任务是保护君主免受天主教廷的迫害，后者意图推翻信仰新教的英格兰。沃尔辛厄姆精心设计了间谍网络，范围遍及全欧洲。他还是最早的密码破译员之一，破译阴谋者们在往来信件中传递的秘密情报。

在随后的300年，间谍行动继续在战争中发挥重要作用，并且随着工业革命的到来愈加精细。相较于之前的冲突，1861年至1865年的美国内战运用的技术更加先进，摄影术、重型火炮、空战（热气球被用于侦察）、高速加特林机枪和“铁甲舰”纷纷亮相。同样，间谍活动需要的知识越来越广博。美丽的罗斯·格林豪（Rose Greenhow）是南方邦联最出名的间谍之一，这位出身于上流社会的女性，在叛军的训练下学会使用密码。1861年夏天，她将一封密信藏在16岁女仆贝蒂·杜瓦尔（Bettie Duval）的假发髻中，从华盛顿特区秘密送到位于首都以南30英里（48公里）马纳萨斯会合点的南方邦联营地。破译后的情报如下：“确信麦克道尔接到命令于16日进军。ROG。”（ROG为格林豪姓名缩写。）这份情报确认，欧文·麦克道尔（Irvin McDowell）准将计划在1周内率领北方联军向南挺进。进攻发起后，双方军队在布尔朗（Bull Run）发生激战，这是美国内战的首场大战，邦联军队获得了胜利。

北方联邦的间谍网络掌握在一个名为艾伦·平克顿（Allan Pinkerton）的苏格兰人手中，内战爆发之前他是个私人侦探，其密探中有一个威尔士人，名为普莱斯·刘易斯（Pryce Lewis）。1861年6

诡计一直是战争的重要组成部分，这点可以追溯到古时。当时希腊军队一直在寻求某种办法来打破对特洛伊城长达 10 年的围攻。希腊人把木马留在城外，假意乘船离开，特洛伊人满心欢喜，认为木马是对他们遭受围攻的恩赐。但木马一被运进城内，一些希腊士兵就从里面爬出来，为他们返回的战友打开了城门。

迷人的罗斯·格林豪是美国内战期间最出色的间谍之一，她利用自身魅力和社会关系为南方邦联获取很多秘密情报。她后来还撰写了自传，但1864年从英国参加宣传活动返回途中溺水身亡。

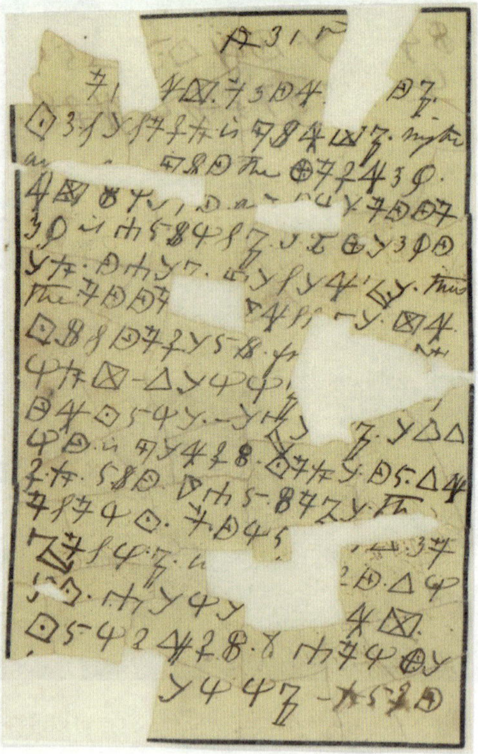

1861年夏天，罗斯·格林豪写下密信，并将它从华盛顿特区秘密送到位于马纳萨斯会合点的南方邦联营地，密信被藏在格林豪16岁女仆贝蒂·杜瓦尔的假发髻中，对南方军队而言价值不可估量。

月，刘易斯伪装成同情南方邦联的英国贵族（英国官方在战争中保持中立，但实际上很多英国人在理性上站在邦联一方），获得关于南方邦联在西弗吉尼亚意图的情报，极为宝贵。刘易斯乘坐四轮马车到处活动，穿着伦敦定制的最高档服装，拎着装满波特酒的旅行箱，宴请一拨又一拨的南方高级军官，觥筹交错间诱使他们吐露信息，接着向华盛顿报告。

人们对第一次世界大战（World War I，后简称一战）有种刻板看法：两支强大的军队在几百米的无人区交锋。但实际上这掩盖了参战方为在第一次真正意义上的全球战争中获得哪怕最微小的优势，而采用的众多精明计策。

1915 年 2 月，法国成立伪装部（*section de camouflage*），该部门由专业艺术家和画家组成，工作任务是伪装炮台，避免被德国飞机发现。德国和英国随后效仿，参战三方都擅长在战场下方挖掘秘密坑道，最著名的是 1917 年 6 月英国人在梅西讷山脊引爆地雷，导致成千上万名德国士兵丧生。

西线战场还引入了众多其他同样令人恐怖的秘密武器。1915 年德国和法国使用毒气，1916 年英国坦克参与战争。一战期间，海战同样见证了许多非凡杰出的创新，比如著名的英国 Q 船，在德军 U 型潜艇指挥官的潜望镜中看起来就是商船，但在这毫无恶意的表象之下却藏匿着大量武器弹药。英国皇家海军成立了伪装部门“迷彩部”，他们为舰船喷涂颜色明亮的线条、弧线和锯齿形线条，打破了军舰舰体的基本轮廓，让人眼花缭乱、头晕目眩，这样军舰在大海上不容易被发现。

虽然人们对一战最记忆犹新的是肆无忌惮的屠杀，但数以万计的人还是得以幸存。1914 年至 1918 年期间的许多初级军官——温斯顿·丘吉尔（Winston Churchill）、埃尔温·隆美尔（Erwin Rommel）、乔

人们对一战的刻板印象就是造成巨大伤亡的堑壕战，几乎不涉及军事战略，但实际上在“秘密战”中展现了很多创新之处。除了由艺术家和画家组成的伪装部门，狙击手有时从假树桩中执行致命的任务，而坑道挖掘兵则在地下掘进并布设地雷。

治·巴顿（George Patton）、伯纳德·蒙哥马利（Bernard Montgomery）等人，在第二次世界大战（World War II，后简称二战）爆发时都已身居要职，他们不仅见证了战场欺骗手段的效果，还目睹了技术的巨大发展，尤其是通信技术和空中力量为秘密战争提供了无数新机遇。1939年，世界即将见证首场真正意义上的秘密战。

一战同样催生出一些新的海上隐藏技术。英国皇家海军成立“迷彩部”，为舰船喷涂颜色明亮的条纹、弧线和锯齿形线条，从而打破军舰舰体的基本轮廓，让人眼花缭乱、头晕目眩，这样军舰在大海上就更难被发现。图为 1918 年拍摄的英国皇家海军“伦敦”号（*London*）布雷艇。

第一部分

轴心国入侵

1939 年 9 月战争爆发之前，德国就密谋征服欧洲，并通过《莫洛托夫—里宾特洛甫条约》（Molotov-Ribbentrop Pact，即《苏德互不侵犯条约》）消除了苏联的威胁。在把怒气发泄到欧洲西部之前，希特勒计划和斯大林瓜分东欧。在对低地国家和法国的侵略中，空降部队首次在战争中亮相，这种创新使德国在启动战争机器方面超前西欧几周时间。截至 1940 年夏，希特勒只剩英国没有征服，但事实证明英国人不愧为劲敌，在随后的几个月乃至几年中，他们与德国在陆海空领域一直进行着秘密较量。

第 1 章 秘密条约和波兰的命运

1938 年，德国总理阿道夫 · 希特勒（Adolf Hitler）要求“改变欧洲”，这些改变当然是为了更有利于第三帝国。3 月，德国军队入侵奥地利并宣布吞并，希特勒已经改写了欧洲的版图，他把下一个目标对准捷克斯洛伐克。起先，英国和法国都誓言保护捷克斯洛伐克不被纳粹吞并，但却断然拒绝了苏联主动提出的帮助，苏联领导人约瑟夫 · 斯大林（Josef Stalin）从希特勒的侵略野心中感觉到了威胁。

1938 年 9 月，慕尼黑会议将苏联排除在外，会上欧洲的几个西方大国讨论了捷克斯洛伐克的未来。会议的结果是几国签订了众所周知的《慕尼黑协定》（Munich Agreement），苏台德地区被割让给德国，该区地处捷克斯洛伐克北部、西南部和西部，大部分居民讲德语。

在大多数人眼中，回到国内的英国首相内维尔 · 张伯伦（Neville Chamberlain）简直是个英雄，他宣称保住了“我们这个时代的和平”。尽管也有少数人，包括保守党议员温斯顿 · 丘吉尔在内，指责张伯伦对纳粹姑息绥靖，他们称 ：“在战争和耻辱之间，你选择了耻辱，你必然将面临战争。”《慕尼黑协定》签订后不到 6 个月，希特勒就违背承诺，入侵捷克斯洛伐克的其他地区。1939 年 3 月 15 日，德军进入首都布拉格。张伯伦被希特勒的行为羞辱，决定放弃绥靖政策，3 月 29 日向波兰表示，英国将确保波兰有能力对抗“任何威胁到波兰主权独立的行动，且支持波兰采取其认为必要的抵抗行动”。

张伯伦这个草率的承诺是对希特勒的一次挑战，暴露出英国和法国政府的胆怯，希特勒却受到了鼓舞。鉴于 1938 年 9 月英国拒绝了苏联的提议，这个承诺更显判断失误，因为苏联不伸出援手，英国根本没有能力保护波兰。

张伯伦尽管厌恶斯大林和共产主义，但他对苏联的态度也是软弱且无能的。

希特勒则不然，虽然他也极度反感所谓的布尔什维克主义，但他决定与斯大林达成协议，从而实现占领波兰的目标。

最初的试探性进展受到了苏联领导人的欢迎，斯大林对张伯伦在慕尼黑会议上慢待自己仍然耿耿于怀，因此他不信任英国。

1939 年 5 月 3 日，斯大林让维亚切斯拉夫·莫洛托夫（Vyacheslav Molotov）取代马克西姆·李维诺夫（Maxim Litvinov）担任苏联外交人民委员（外长）。与跟自由民主国家打交道相比，莫洛托夫更愿意与德国独裁者打交道。与此同时，德国察觉到英国不太愿意与苏联接洽，便利用了这一局面，派希特勒的外长约阿希姆·冯·里宾特洛甫（Joachim von Ribbentrop）于 8 月底前往莫斯科讨论两国达成合约的条件。

里宾特洛甫的苏联之行并非秘密，然而他们在莫斯科签订的合约却不可告人。8 月 23 日，德国和苏联签订了互不侵犯的协定，也就是人们熟知的《莫洛托夫—里宾特洛甫条约》（亦称《苏德互不侵犯条约》）。合约文本公布时用了非常温和的外交语言，两国同意“保证不单独或联

合其他国家彼此互相使用武力、侵犯或攻击行为”。合约的第二条称，无论德国还是苏联，如遭遇第三国攻击，“另一缔约国不得给予第三国任何形式支持”。

然而，“秘密附属议定书”却没有公开，其一共包括 4 个条款。

第一条：属于波罗的海国家（芬兰、爱沙尼亚、拉脱维亚、立陶宛）的地区如发生领土和政治变动时，立陶宛北部疆界将成为德国和苏联势力范围的界限，在这方面，双方承认立陶宛在维尔纽斯地区的利益。

第二条：如波兰发生领土和政治变动，苏德双方将大致以纳雷夫河、维斯杜拉河以及桑河为势力分界。

第三条：在东南欧方面，苏联关心的是在比萨拉比亚的利益，德国宣称对这些地区在政治上没有任何兴趣。

第四条：双方将视本协议为绝密文件。

莫洛托夫和里宾特洛甫两人大笔一挥就毁灭了

1935 年纽伦堡大会上，纳粹领导人阿道夫·希特勒正在检阅希特勒青年团士兵。他比西方国家技高一筹，1939 年夏天与苏联签订了秘密合约。

温斯顿·丘吉尔谈波兰

在《第二次世界大战史》中，丘吉尔这样描述英国保卫波兰的承诺："据称，大部分历史是人类罪恶、愚蠢和痛苦的记录。五六年来英国一直采取的安抚绥靖政策，几乎在一夜之间就改变了，甘愿接受迫在眉睫的战争。这场战争，条件远较以前恶劣，规模却大到极点，我们不妨在历史里好好地探寻搜索一下，看看能否找出同样的实例。"

然而，著名的历史学家巴兹尔·李德·哈特（Basil Liddell Hart）却在自己对二战的论述中指出，丘吉尔这些言论实属事后诸葛亮。事实上，1939年春，他对波兰的承诺持支持态度，告诉张伯伦他"完全同意"。唯一持异议的显要人物是前首相大卫·劳合·乔治（David Lloyd George），他警告这种保证不切实际，像所有在一片赞同声中孤立唱反调的人一样，他因自己的立场被嘲笑。《泰晤士报》这样写道："劳合·乔治突然爆发出极其悲恸的失望，此时他似乎居住在一个奇怪而又遥远的世界里。"

波兰，使之成为苏德两国之间的缓冲区，波兰的命运就这样被决定了。当德国入侵波兰时，苏联就可以将波兰东部地区变成屏障，阻止随后几年德国入侵的可能。在斯大林看来，这个行动方案似乎比一个独立的波兰存在更加明智，而且能够让他占领爱沙尼亚、拉脱维亚、立陶宛和芬兰（1939年11月30日向芬兰发起进攻）等波罗的海国家，从而扩张他的帝国。这4个条款苏德是保密的，对当时并不知情的英国、法国和其他西欧国家而言，这个互不侵犯条约却预示着灾难。

继波兰之后第一个尝到条约苦头的国家是芬兰。1939年11月，苏联军队进攻芬兰。斯大林原以为这场战争可以速战速决，芬兰军队与苏联军队相比简直就是小不点，而且多年来这个国家一直处在苏联的秘密监视下。芬兰共产党向苏共提供了有关芬兰军队的详细情报以及曼纳海姆防线（Mannerheim Line）的防御工事情况，曼纳海姆防线是芬兰在两次世界大战之间在卡累利阿地峡建造的防

1939年11月，苏联领导人约瑟夫·斯大林下令部队进攻芬兰，他原以为可以速战速决，因为他的情报机构多年来一直在秘密监视着芬兰。但是芬兰的顽强抵抗却震撼了苏军地面部队。

线。苏联对曼纳海姆防线以及芬兰境内其他防御阵地的了解程度如此之高，以至于1938年苏联情报机构出版了一本秘密书籍，其中涵盖所有防御工事的地图、照片和详情。1939年9月，继《莫洛托夫—里宾特洛甫条约》之后，德国驻赫尔辛基的一名武官又交给苏联人一份关于卡累利阿地峡防御工事的详细地图。

尽管有这些秘密情报，然而1939年11月底，苏联一开始进攻芬兰时却被芬兰人击退了。苏联军队在数量上远超对手，是其3倍之多（飞机数量是对方的30倍），但苏军缺乏果敢的指挥者，主要原因是许多作战经验丰富的军官在20世纪30年代被肃反。1940年3月，苏联的绝对优势才发挥决定性作用，“冬季战争”（Winter War）以征服芬兰结束。数月的艰苦战斗让斯大林和苏联最高统帅部（Soviet High Command）不得不面对痛苦的现实，同时这场战役也让希特勒发现，他对苏联军队无需那么焦虑不安。

第 2 章

闪电战

1939 年 9 月 1 日，距离内维尔·张伯伦对波兰的承诺还不到 6 个月，德国军队入侵波兰，二战由此爆发。尽管波兰顽强抵抗，然而其武装部队装备实在太落后了，根本无力与纳粹的战争机器抗衡。9 月 17 日，苏军从东部进攻波兰，2 天后德苏两军在布列斯特至立托夫斯克一线相遇。

紧接而来的是尽人皆知的“假战争”（Phoney War），在这 6 个月中，尽管有超过 15 万名士兵组成的英国远征军（British Expeditionary Force）经海上运输到法国，西欧却没有发生地面战争。1941 年 4 月，这种平静被打破，德军入侵挪威和丹麦，迅速占领这两个斯堪的纳维亚国家。

数月来，英国在比利时与法国边界部署远征军，以防备德军入侵。与此同时，荷兰、比利时和法国已经做好准备迎接战斗。盟军总共拥有相当于 156 个师的兵力和 4000 多辆坦克，在数量上远远碾压德军，对方只在飞机数量上占有优势。

正是这种劣势迫使德国国防军最高统帅部于 1939 年至 1940 年冬天秘密改变计划，入侵低地国家。纳粹最初计划将进攻主力集中在右翼，

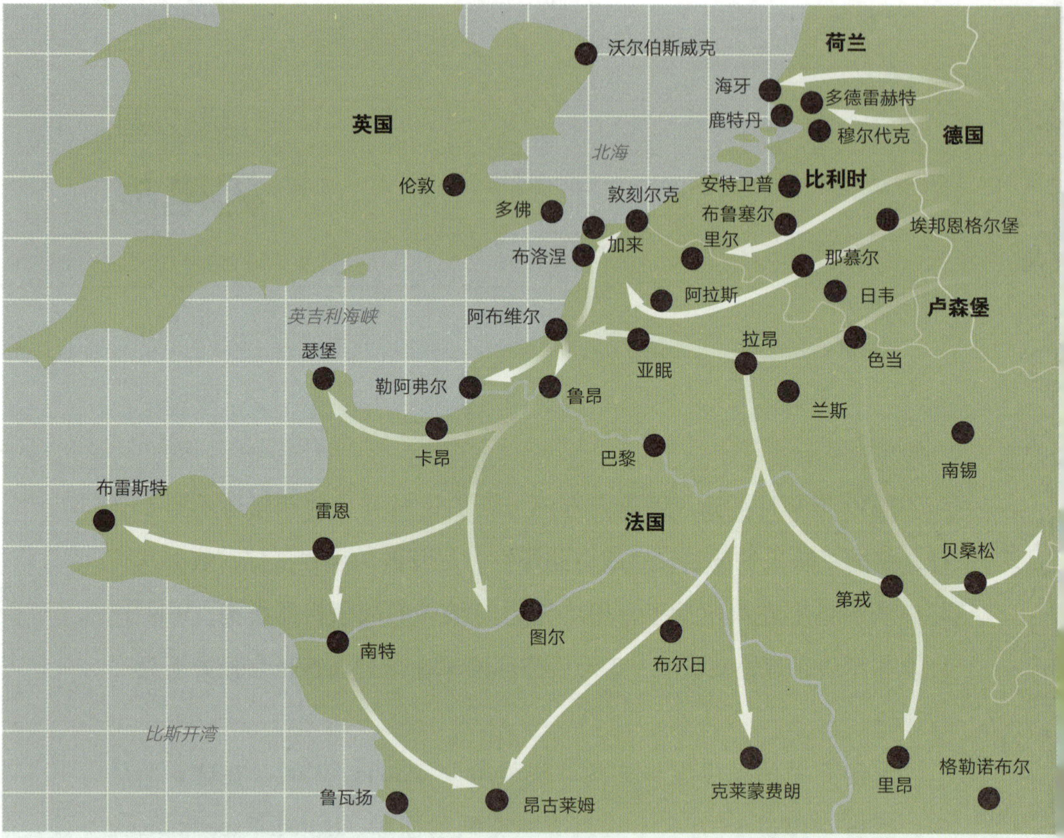

1940年入侵低地国家

1939 年 9 月战争爆发之后的 6 个月被称为“假战争”阶段。1940 年 4 月，德国入侵丹麦和挪威，打破了这段平静。接下来的这个月，纳粹部队一路向西，横扫低地国家，几周就征服了荷兰、比利时和法国。

由 B 集团军群（Army Group B）长驱直入，穿过比利时平原地带抵达法国索姆河，与德军 1914 年的路线相近。希特勒这个一战老兵对此战略计划一直持保留意见。1940 年 1 月 10 日，一架德国飞机在比利时武赫特附近紧急降落后，进攻计划随之落到了比利时人手里，因此希特勒对这一计划更加犹疑。

此时，希特勒非常确信，最佳行动路线是采纳 A 集团军群（Army Group A）参谋长埃里希 · 冯 · 曼施坦因（Erich von Manstein）于前一年 10 月制订的入侵计划，该计划需要强行穿过比利时卢森堡交界的阿登地区，这一行动既需要胆量又要出奇制胜，由海因茨 · 古德里安（Heinz Guderian）将军率领 7 个装甲师担任先头部队。

古德里安颇具军事远见，这位干劲十足的坦克指挥官，不仅仅要摧毁低地国家，更要长驱直入穿过法国直达英吉利海峡，“在敌军的大后方切断其大动脉”。

但古德里安及其装甲师只有在缪斯河及阿尔贝特运河上的桥梁没有被比利时人摧毁的情况下，才能以闪电速度穿过低地国家，让装甲师有时间撤退，并将防线从埃本 · 埃马尔要塞（Fort Eben-Emael）一路延伸到海岸线。25 年前他们就曾这么干过。

因此，抢在比利时人炸毁桥梁之前，以精准的行动占领埃本要塞势在必行。1939 年 10 月底，希特勒将第 7 航空师（7 Fliger Division）指挥官库尔特 · 斯图登特（Kurt Student）将军召回柏林，并直接问他：“我有一项任务给你，想知道你是否能完成。”纳粹领导人接着解释了自己的目标，由一小股空降部队占领要塞。希特勒解释说：“要塞顶部像个草坪，他们炮台的火力很强，我认为我们的一些滑翔机可以悄悄降落在要塞顶部，然后由你的人速战速决，这么干有可能成功吗？”

斯图登特表示怀疑，他理应如此。这个要塞建于 20 世纪 30 年代初，从南到北全长 900 米，旋转炮台的位置摆放得恰到好处，遭遇袭击时，每个炮台都能为另一个提供掩护火力。陡峭的外墙垂直高度 40 米，即便是最灵活矫健的攻击者也不可能爬上去，而且该要塞还有一条人工挖掘的明沟、一个精心设计的堑壕系统和一组外墙。约有 1200 名士兵

驻守在要塞中，在复杂的坑道网中行动自如，而且坑道有净化通风设备，不惧毒气攻击。

尽管怀疑，斯图登特还是称突袭或许真的能成功。在白天或薄暮时分行动，就可以完成任务，但最让他忧心的是“突破这些防御工事需要的炸药类型和数量”。

这时，希特勒向斯图登特透露了一个秘密：一组弹药专家已经发明了一种被称为“空心炸药”（Hohlladung）的新型炸药，其威力足够在任何防御工事上炸开一个洞，不

尽管德军部队在低地国家快速挺进，还是遇到了一些抵抗。图为1940年6月11日一辆德国坦克因比利时人炸毁桥梁而前进受阻。

海因茨·古德里安将军颇具军事远见，是名杰出果敢的坦克指挥官，1940 年夏天他率领部队横扫低地国家。

为协助古德里安的坦克入侵部队，第 7 航空师指挥官库尔特·斯图登特将军率领空降部队执行了一项大胆的秘密任务，占领埃本·埃马尔要塞，从而阻止比利时人炸毁缪斯河及阿尔贝特运河上的桥梁。

管该防御工事是钢制的还是混凝土建的。唯一的不足就是它的威力源自50公斤的体积，大炮的炮管装不下，因此必须由爆破小组引爆。

新型炸药的出现为行动开辟了新局面，斯图登特因此信心满满。以防万一，希特勒发话，“我命令你占领埃本·埃马尔要塞，该行动所有信息要绝对保密，代号为‘花岗岩行动’（Operation GRANIT）”。

斯图登特从鲁道夫·维齐希（Rudolf Witzig）中尉率领的空降师工程兵分队中挑选人员，组成“花岗岩行动”部队。1939年至1940年之间的冬天，他们在莱茵地区的高原上进行了绝密的训练，这里的地势与他们即将在埃本·埃马尔要塞遇到的非常相似。他们甚至有时将滑翔机藏在装家具的货车里，以防敌人对他们的意图有所察觉。被选中参加行动的人员不得离开或与家人通信，任何人只要被发现与外人谈及他们的训练，就有可能被送上军事法庭。

袭击于1940年5月10日清晨发起，所有的85名士兵都非常清楚自

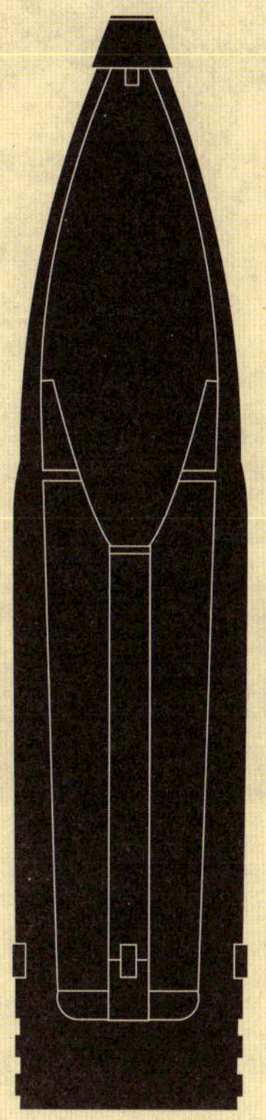

空心炸药

德国占领埃本·埃马尔要塞时使用的秘密武器是空心炸药（如图），重达50公斤。它的威力足以在钢铁或混凝土防御工事中炸开一个洞，但需要经过专门训练的爆破小组来装填。这些炸药在行动中成功炸毁了要塞的14个炮台，德军只损失了6名士兵。

鲁道夫·维齐希中尉

鲁道夫·维齐希中尉的滑翔机降落在莱茵河东部的一片草地上。几分钟后，他挥手搭乘一辆路过的汽车回到奥斯特海姆机场。维齐希征用了一架容克 Ju52 运输机，引导飞行员至降落的滑翔机处，再次拖住它向目标飞去。8 点 30 分，他的滑翔机在伞兵指挥所附近俯冲下来，维齐希现身重新指挥行动。后来，他得到提拔并被授予骑士铁十字勋章，这是纳粹德国给予战场上英勇行为的最高荣誉。颁奖词这样描述："5 月 10 日，要塞已被打得毫无防御。维齐希中尉指挥的一支德国空军精英部队运用新的战法，击溃了守军，在德国陆军的另一支攻击部队经过激烈战斗和维齐希的工兵分队接头后，守军才放下武器。"次年，维齐希参与了入侵克里特岛的行动并受伤，康复后担任第 18 伞兵团的指挥官。他于 2001 年去世。

己的任务。在距离要塞 12 英里（19 公里）处，9 架滑翔机从 2000 米的高空释放（1 架被击落；另 1 架因牵引绳问题中断行动，维齐希就在这架滑翔机上）。同时，他们还投放了一些仿真滑翔机以扰乱比利时守军。清晨 5 点 25 分，他们降落在要塞顶部正中间，5 分钟后，主要攻击行动开始，达成预期的奇袭制胜效果。此时，爆破小组开始在 14 个炮台埋藏空心炸药，这次他们埋设的不仅是新式秘密炸药，还在炮管附近放置少量的老式炸药。

炮台陷入瘫痪之后，"花岗岩行动"部队开始攻击要塞，他们利用空心炸药把门炸开，进入复杂的坑道网

马奇诺防线

与普遍认知不同，马奇诺防线并不是德法边境上一条连续不断的堡垒防线。一些地区因有像莱茵河这样的天然屏障，根本不需要人工防御。但在比较平坦空旷的地带，容易受到来自东面的攻击，法国建造了 50 个大型堡垒（ouvrages），堡垒与堡垒之间相距大约 9 英里（15 公里）。中间还建有相对比较小的防御前哨，驻有 200 名到 500 名不等士兵。堡垒的驻军多达 1000 人，由钢筋加固，法国人认为其坚不可摧。

络。成群的比利时人慌忙逃走，一些人被俘，尽管他们试图反攻重新夺回要塞，但未能成功。1 天后，德军地面部队到达。坚不可摧的埃本·埃马尔要塞也没什么特别，德军在仅损失了 6 个人的情况下，完成了一次惊人的突袭。

埃本·埃马尔要塞被摧毁后，比利时和荷兰的其他重要防御要塞也被德国空降部队攻占。因此，同盟国认为德国的主要进攻方向只是原先计划的右翼。然而，5 月 13 日，古德里安的 3 个装甲军跨过色当地区的缪斯河，跨越了另一个被认为坚不可摧的防御要塞——马奇诺防线（Maginot Line）的西段障碍。

实际上，法国人并非对马奇诺防线有多大信心，而是他们相信德国的主攻会遵循 1914 年的模式。结果德国人在比利时大力穿插，穿过本该无法逾越的阿登地区后才将自己暴露。法国人也未重视古德里安的好战特性，后者于 5 月 13 日坐装甲车穿过缪斯河 1.5 英里（2.4 公里）长的狭长地带。这次攻势如此成功，以至于希特勒命令古德里安驻军 2 天，好让步兵部队有时间跟上沿着埃纳河岸为坦克部队侧翼提供掩护。

低地国家遭入侵不到 3 周，英国远征军就蒙受耻辱，被迫从敦刻尔克横渡海峡撤退，同时荷兰、比利时和法国都投降了。借助于绝密的“花岗岩行动”部队，以及古德里安的突袭挺进，二者相辅相成，西欧大陆被彻底征服。但在著名的军事历史学家巴兹尔·李德·哈特看来，起决定性作用的是后者。“新的观念发挥决定性作用，法国战争就是历史上最生动的案例之一，”他在《第二次世界大战史》中写道，“事实证明，这一效果与早期历史上的其他新观念一样具有决定性意义——马、长矛、密集方阵、灵活军团、斜线战术、弓骑兵、长弓、火枪、枪炮的使用，以及将军队组成独立和机动的师级单位。实际上，突袭战术更具决定性意义。”

法国想当然地认为马奇诺防线坚不可摧，他们也坚信德军永远不可能穿过阿登地区崎岖不平的森林地带发起进攻。但希特勒的军队就这么做了，他们突然转向，穿过阿登地区进入比利时，使那些无法移动的堡垒失去作用，法国的标志性防御工事在德国闪电战策略下沦为摆设。

马奇诺防线始建于 1930 年，于 1939 年法国对德宣战前几个月才最终完工。图中是其中一个装甲塔堡（“钟罩”），里面藏有武器枪支，很多塔堡是可以伸缩的。图中还有 段铁路，重型火炮可以在地下进行运输。

第3章

英国辅助部队

至1940年6月底，波兰、挪威、丹麦、低地国家和法国全部落入纳粹手中。英国很清楚，阿道夫·希特勒一定会派大规模入侵部队越过海峡来扩大对欧洲的控制。5月底6月初，约有33.8万名英国和盟军士兵从敦刻尔克的海滩上撤离，可成千上万的武器、车辆以及英国450辆坦克几乎损失殆尽。温斯顿·丘吉尔首相非常明白英国还没有做好抵御侵略的准备。一开始，希特勒反对入侵英国，认为自己可以劝服英国政府接受他的和平条件，但丘吉尔明显不愿意谈判。因此，1942年7月2日，纳粹元首命令几个参谋长着手制订入侵计划，代号为“海狮行动”(Operation Sealion)。同一天，丘吉尔与其战时内阁达成一致意见：“常规防线需要补充游击部队，一旦防线被突破，该部队可在火力集中攻击区背后，避实就虚打击这一区域的敌人。”

部署游击部队时，丘吉尔脑海里想到的是世纪之交南非布尔人同英国交战时采用的战术。这些突击队员数量很少，面对人数更多且装备更加先进的英国军队，他们发起非常高效的进攻和突袭，接着消失在草原中，以至于英国人只好靠建集中营，扣押这些突击队员的家人，企图引出敌人。

战时内阁也研究了纳粹横扫欧洲的战例，他们发现了德国装甲部队的一个短板。德国装甲部队快速挺进穿过敌方的领土，但他们的供给线丝毫没有受前进速度的影响。英国意识到自己无力抵抗敌军在海岸线上发起的大规模登陆，于是计划从后方打击敌人，利用一小批突击队员去炸毁桥梁、在路上布设地雷并袭击供给车队，从而大幅度减缓德军挺进英国的步伐。

科林·格宾斯（Colin Gubbins）上校被选为游击部队的指挥官，作为一战老兵，他有着丰富的游击战经验。1919 年至 1920 年，布尔什维克与沙皇军队交战时他正在俄国；20 世纪 20 年代他又在爱尔兰，当时该国北部地区反抗英国统治的爱尔兰共和军正在如火如荼地进行武装斗争；1939 年 9 月，纳粹入侵波兰时，格宾斯实际上就在华沙，他在波兰和捷克斯洛伐克从事了几个月的地下工作。

1940 年春天，格宾斯回到英国，受命指挥游击队的先遣独立连（Independent Companies），带领他们向挪威开进，但在那里未能成功击退德军的入侵。这次失败并没有挫败他与德军较量一番的热情，他被任命为后来被称为辅助部队（Auxiliary Units）的游击队指挥官。“这支秘密部队被称为辅助部队——一个似乎没有什么意义也构不成伤害的名字——目的是保持我们实际工作的秘密性，”格宾斯回忆说，“这些地下部队必须用一般的称谓来维持日常的军事训练，但不能透露相关职责的任何细节，对外必须是无趣且普通的名字，这样才不会引起别人的兴趣。”

格宾斯接到命令，在他征募辅助部队的人员时“必须尽可能保密”，这对他来说是个艰巨的挑战，因为他只有 6 周时间来组建部队——英国政府认为纳粹需要 6 周来准备一支入侵舰队。

格宾斯将全国划分为 20 个防区，每个防区设有地下指挥部并派驻

2名军官和10名正规士兵。组成“战斗单位”的军官和士兵主要从已经解散的独立连中招募，这些士兵已经比较熟悉游击战。“然后，我开始在防区周围组建平民小分队，他们要对这个国家非常熟悉。”格宾斯回忆说。他称这些小分队为作战巡逻队（Operational Patrol），他征募到几百名志愿者，他们来自各个级别的地方志愿军（Home Guard）。后者组建于1940年5月，是志愿防御力量，包括很多一战老兵，他们不需要太长时间就能恢复到25年前在部队的状态。总体说来，全英各地大约有3500人加入了作战巡逻队（每支巡逻队实力上4人到8人不等）。肯特郡和萨塞克斯郡是重点区

温斯顿·丘吉尔在1899年至1902年的南非战争期间担任战地记者，听说过也见识过那些自称“突击队”的布尔非正规军人，并留下深刻印象。40年后，他们竟然为英国特种部队的组建提供了灵感。图为一群突击队员与1门克虏伯榴弹炮的合影，时间约为1900年。

英国西南部威尔特郡的科尔斯希尔庄园在外观上很有欺骗性，辉煌壮观的科尔斯希尔庄园是辅助部队作战巡逻队的大本营，新兵在这里学习破坏和徒手战斗本领。

域，被认为是德国侵略部队将要登陆的地区。

此外，格宾斯还在作战巡逻队中安插了农民、地主，甚至还有偷猎者，不管他们遵守何种法律，都非常善于在乡间潜行穿梭。

格宾斯还组建了特种任务分队（Special Duties Branch），实际上就是作战巡逻队的“耳目”，为了最大程度保密，分队之间并不知道彼此的存在。分队由当地平民组成，男女老少皆有，他们熟悉每一条偏僻街道或是近道。总共约有 4000 人参与其中，他们被派去参加周末训练课程，学习侦察技术、车辆和部队识别以及如何在不被引起怀疑的情况下传递情报。此外还有一个通信分队，那是辅助部队的中枢，通过无线电连接全国各地的各个防区。无线电操作员都是女性，隶属于女子辅助军团（Auxiliary Territorial Service），被昵称为“秘密宝贝”。

不管加入辅助部队的哪个部门，任何人都不允许对外人提起他们的存在，每个新兵都要遵守《官方保密法》（Official Secrets Act）。许多作战巡逻队伪装成地方志愿军。

作战巡逻队临时宿营在威尔特郡科尔斯希尔庄园的马厩里，并在此接受最新式武器的培训。与此同时，皇家工程兵部队为巡逻队在乡村建立了650多个地下行动基地，这些基地隐藏在森林中，入口非常隐蔽，还有紧急逃生出口，基地里储藏了足以维持两周的食物。人们认为，在与德军对抗的游击战中，辅助部队支撑的时间不太会超过14天。

7月底，格宾斯向战时内阁汇报部队的进展情况，声称：“这些辅助部队除了配备步枪和手榴弹，还配有‘莫洛托夫鸡尾酒’（土制燃烧弹）、缓燃导火索、塑性高能炸药、燃烧弹以及来自非军事仓库的各种设备。他们的任务是从敌人登陆伊始就利用一切可能的办法反复袭扰敌人，使对方陷入困境，他们的特定目标是临时防御营地的坦克和卡车、弹药临时堆集处、司令部以及一些分散的小部队和哨所等。他们的目的是与正规军队配合，阻止入侵者建立稳固的据点，加速对方的失败。”

8月过去了，德国人却从来没有在英国的海岸线上出现，侵略战争反而在英国南部的上空打响，这场不列颠之战（Battle of Britain）于9月底以德国空军的失败而告终。秋天到了，希特勒将“海狮行动”一直

1944 年，科林・格宾斯少将在白金汉宫的一次授勋仪式上被授予圣米迦勒及圣乔治勋章（Order of St Michael and St George）。格宾斯是个卓著的部队创新者，1940 年负责组建了极为秘密的辅助部队。

皇家工程兵部队为辅助部队建立了650多个行动基地，大部分位于地下，隐蔽在森林中，有一个伪装入口，队员可以从这里出现，发起对抗德军的游击战。75年后，只有少数基地得以保存下来，图中为英国南部的一处基地。

图为在科尔斯希尔庄园的复制地堡下方看到的景象。辅助部队在等待德国人的过程中，在地堡接受大部分训练，辅助部队人员应该都居住其中，夜间出现，向入侵者发起游击战。

在多塞特郡索尔兹伯里的一支辅助部队作战巡逻队，拍摄时间约为1940年。注意这些人的头饰，巡逻队队长（中）戴着看起来像羊毛制的猎鹿帽，他看似还是唯一一个携带武装的人，配有一支汤姆森冲锋枪。

推迟到次年春天，但纳粹元首那时又把眼光投向了东部，准备入侵苏联。虽然如此，辅助部队一直到1944年春才解散，那时在法国北部准备迎接进攻军队的是德国人。盟军在诺曼底登陆时，许多辅助部队的老兵都参与其中，很多人加入特种空勤团（Special Air Service，简称SAS），将4年前学到的技能发挥得淋漓尽致。在特种空勤团的行动中，这些士兵跳伞深入敌后，在法国中部陆地待了好几周，袭击向北面诺曼底行进的德国运输队，并炸毁铁路。

直到1945年4月，当欧洲战争取得全面胜利时，英国民众才获悉辅助部队的战绩。《泰晤士报》在一篇标题为“英国秘密‘地下’入侵间谍部队解散”的文章告知惊讶无比的读者，近乎在5年前，辅助部队就为了“需要兼具技能和勇气才能完成的危险任务”接受训练。《泰晤士报》还言语轻快地写到，辅助部队在乡间的藏身之处“如此隐秘，以至于很多人从上面走过都没有发现……这场运动组织严密，很多人至今都不知道其他成员的身份”。

辅助部队武器

1940年7月，格宾斯在规划辅助部队的作用时写道，他们的主要作用将是“从敌人登陆伊始就利用一切可能的办法反复袭扰敌人，使对方陷入困境，他们的特定目标是临时防御营地的坦克和卡车、弹药临时堆集处、司令部以及一些分散的小部队和哨所等”。为达到这个目的，他们在科尔斯希尔接受严格训练，学习如何使用机枪、步枪和左轮手枪，同时还有人教授如何使用突击刀、指节铜套、橡胶警棍和圆头棒等可以悄无声息除掉哨兵的工具。辅助部队还学习如何使用炸药，不管是常规的还是非常规的。科林·格宾斯的表弟奈杰尔·奥克森德（Nigel Oxenden）少校是这支部队的训练军官，他回忆说，他们“得到一两个曾被军情五处（MI5）选中的人帮助，利用配发的几瓶硫酸、一些氯化钾胶囊、糖以及一瓶汽油一起制造出一种简陋的、性能不太稳定的延时易燃物”。

第4章

英德雷达竞赛

1937年西班牙内战期间，德国空军摧毁格尔尼卡，此后英国就一直在等待他们称之为“致命一击”的闪电战。成千上万名志愿者蜂拥兼职空袭预警工作（Air Raid Precaution，简称ARP），他们在公园挖掘壕沟避难所，在街上垒起砖墙庇护所，在重要建筑物旁边堆放沙袋。1939年9月3日，当英国对德国宣战时，伦敦上空飘浮起成群的阻塞气球，3800万个防毒面具被分发出去，英国已经为随时可能来临的空袭做好了准备。

然而，德国空军始终没有出现，9月没有，10月也没有，一直到1939年至1940年间的那个冬天都没有出现。对一些平民来说而言，这段时间是“乏味战争”（Bore War），对另一些人来说则是“胶着战”（Sitzkrieg），但对这个平静得出奇的阶段，人们最熟知的名字还是“假战争”。

可对英国而言，这绝对不是假战争。战争爆发后几周，空军情报局就任命雷金纳德·琼斯（Reginald Jones）博士为最高指挥官，琼斯来自牛津大学，是一个才华横溢的青年物理学家，他的任务是研究纳粹军队可能会利用什么样的技术来对付英国。

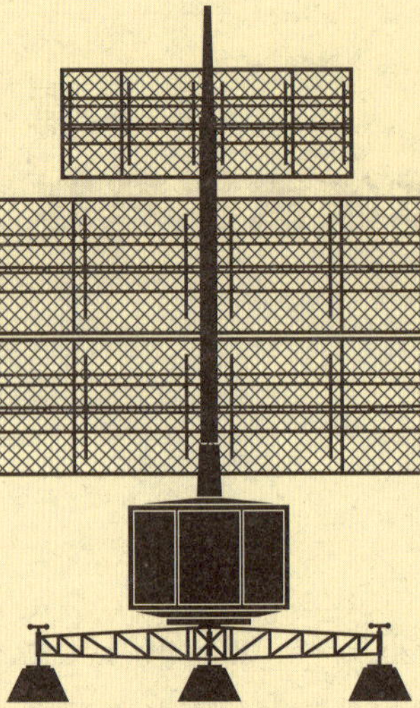

弗雷娅雷达

1937年，德国人引入以挪威女神命名的费雷娅系统，在早期的预警雷达研发中，他们确实抢在英国人前面。弗雷娅雷达在技术上比起20世纪30年代末英国所拥有的任何雷达都更先进，英国雷达系统的波长39英尺（12米），德国的才3.9英尺（1.2米），弗雷娅使用了更小、更具机动性的天线系统。英国防空系统本土链雷达（Chain Home radar）有个显著的缺点，无法探测到5000英尺（1524米）高度以下飞行的敌机。低空链向（CHL）雷达因此产生，系统更加先进，可以探测到低至500英尺（152米）飞行的飞机。低空链向雷达安装在190英尺（60米）高的塔上，可以探测到18英里（29公里）范围内的德国飞机。

琼斯甫一上任，一个神秘的包裹就被送到了英国驻挪威奥斯陆大使馆，随包裹附的便条上称其“来自一位有美好愿望的德国科学家”，包裹里是一页页有关纳粹秘密武器大量的手写记录（德语写就）。

很多人认为这个被英国称为“奥斯陆报告”（Oslo Report）的包裹只是个骗局，但琼斯越看越怀疑是真的。一种无线电波束装置可以利用传输脉冲引导德国飞机飞向目标，这段描述引起他特别注意，这对英国而言有着潜在的灾难性后果。想象一下，德国的轰炸机群夜间或在恶劣的天气条件下一路飞向英国城市，并以致命的精确度投下他们的炸弹。

英国所有的防御就靠沿海的一系列雷达站，固定在100米高的钢杆上的雷达，可以探测到海上120度弧形内的敌机，但一旦敌机冲进内陆，就无法追踪了。

英国得知德国有一种叫弗雷娅（Freya）的超远程移动式雷达，可以360度追踪飞机，有效距离可达75

英里（121 公里），同时其维尔茨堡（Wurzburg）近程雷达也比英国的先进。现在琼斯担心，纳粹已经研制出一种秘密雷达，比之前见过的任何雷达更加复杂、更为先进。

尽管忧心忡忡，年轻的琼斯却难以让上级相信德国人掌握了秘密武器。这时突然降临了一点小幸运。1940 年 3 月，一架亨克尔 He111 轰炸机在英国被击落，在飞机的残骸中有一张纸片，上面写着：“信标计划 A……Knickebein 来自 6 点 315 度。”Knickebein 是德语，意为“弯腿”，除此之外的其他文字都让研究者非常困惑。

琼斯被请来解开谜题，很快一位德国飞行员俘虏给了他更多线索，经过审讯，飞行员称弯腿“与 X 波束装置类似”。这个俘虏以为英国人了解 X 波束装置的一切，可后者并不知道。琼斯没花多长时间就推断出，这套系统是利用无线电波束为飞机导航的原理运作，在 20 世纪 30 年代德国最初研发出来用于民航。

但此刻英国在和时间赛跑。1940 年 6 月，德国空军的精英中队第 100 特别轰炸机大队（KGr100）已经回到德国进行 X 波束装置的训练，与此同时，德国工程师夏天在法国北部沿海地区建造了一系列无线电发射机，用于引导轰炸机飞向目标。

8 月 14 号，21 架来自第 100 特别轰炸机大队的飞机从法国西北部布列塔尼基地起飞，首次利用 X 波束装置进行攻击。随着轰炸机从基地起飞，来自两台无线电发射机的无线电波束在目标——中部地区的一些工厂上空交叉，一到空中，德军亨克尔轰炸机内的无线电操作员就打开他们的洛伦茨接收机（Lorenz receiver），把频率调到 30.0 千赫至 33.3 千赫之间，耳机中传来摩斯密码点线音交叉稳定单调的信号，告知他们正在沿着波束飞行。如果操作员只听到点音或线音，他就知道飞行员偏离了波束，偏离了航线。轰炸机沿着波束飞行，直到无线电操作员听到

第二台接收机上的“前进信号”，这是另一波束，与他们跟随的主要波束交叉。前进信号告知机组人员他们离目标还有12英里（19公里），再往前6英里（9.7公里）他们将会与第二道波束交叉，此时无线电操作员按下一个按钮启动记时钟。当他们径直穿过第三道波束时无线电操作员再次按下记时钟，其中一个指针停住，第二个指针继续直到它到达第一个指针的位置，这时电子接触器释放炸弹，投向目标。

然而，此时琼斯已经发现了德国空军秘密武器能发挥的最大效用，并向丘吉尔汇报。后者惊叹于德国人的创造力，称该系统“超越了夏洛克·福尔摩斯和勒考克侦探的故事”。

装有马克IV型机载拦截雷达的英国皇家空军（RAF）英俊战士轰炸机。英俊战士轰炸机最高时速可达323英里（520公里），配有4门20毫米加农炮和6挺7.7毫米机枪，是德国空军轰炸机的劲敌，配上机载拦截雷达，它们成为英国夜空更加致命的对手。

弯腿系统

20 世纪 30 年代最早由德国发展起来用于民航的弯腿系统（Knickebein），利用的是无线电波束为飞机导航的工作原理。在德国空军轰炸任务之前不久，海峡沿岸两台弯腿发射器开始发射无线电波束，直接在目标上方交叉。飞机一旦升空，无线电操作员就启动接收机将频率调至 30.0 千赫至 33.3 千赫之间，在这个频率上他们耳机里传来摩斯密码点线音稳定单调的信号，就表明他们在跟随无线电波束飞，而只有点音或线音则说明他们偏离了航线。与此同时，无线电操作员等候与第一道波束交叉的另一道波束信号，当他听到这个信号时表明他们离目标还有大约 12 英里（19 公里），这时操作员按下记时钟上的一个按钮启动指针。剩下的任务就是由飞行员稳住航线直到发现目标。

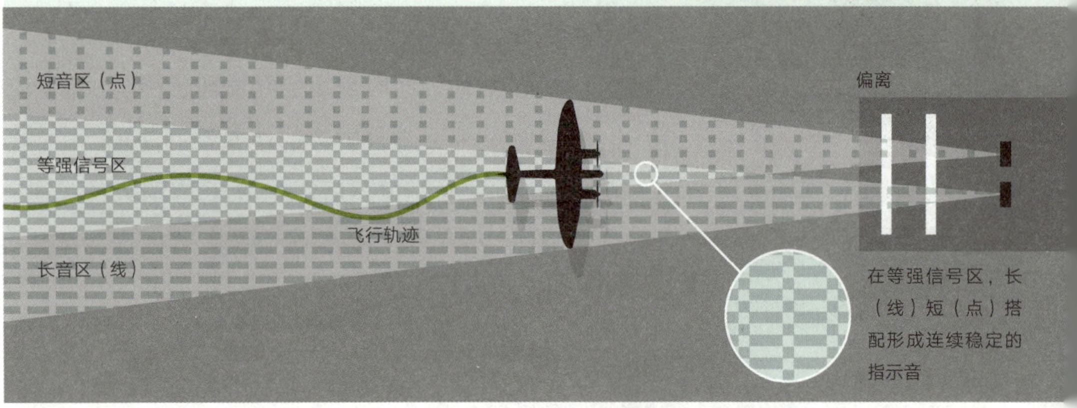

丘吉尔称英国正在被卷入“一场怪异的战争”，他命令英国皇家空军尽快想出阻拦弯腿系统的对策。新单位“第 80 航空联队”（80 Wing）由此组建，并用各种方法进行试验，希望能够拦截德国的无线电波束。在联队指挥官爱德华·爱迪生（Edward Addison）的领导下，他们模仿德国波束的点和线，利用医院的透热疗法装置制造了一种假波束。但

一位女性在擦拭亨克尔He111的驾驶舱玻璃窗，这款德国空军轰炸机从1940年9月至1941年5月一直战斗在打击英国城市的闪电战最前线。

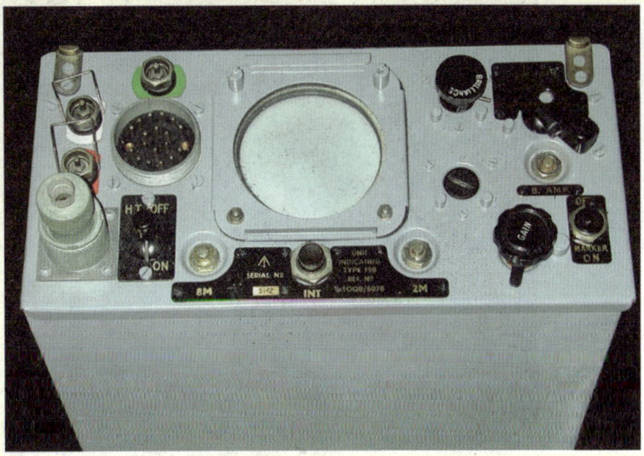

机载拦截雷达是一种高性能的发射器和接收机，使英俊战士轰炸机的操作员能够在短至100米的范围追踪到敌机。机载雷达箱安装在机身中部，看起来像个小电视机屏幕，悬挂在圆顶后低矮的机顶下。操作员坐在下方可旋转的位置上，可以从那里通过有机玻璃圆顶往外看。

配有机载拦截雷达的英国皇家空军英俊战士轰炸机。

它只在短程内有效。爱迪生求助于斯沃尼奇电信研究所的罗伯特·科伯恩（Robert Cockburn）博士，他们制订了绝密的“阿司匹林”计划，开始着手建造先进的远程无线电干扰机。

9 月 7 日，星期六，“阿司匹林”计划还没来得及完成，德国空军就出动 950 架轰炸机对伦敦进行首次大规模空袭，造成英国人员和财产巨大损失，第 100 特别轰炸机大队继续利用弯腿系统发挥点火机的作用进行空袭，精准投下燃烧弹，目标被照亮之后为随后而至的一波波轰炸机提供便利。

对英国来说，幸运的是当月代号为“阿司匹林”的无线电干扰机问世，按照英国皇家空军的战斗机飞行员彼得·汤森德（Peter Townsend）的话说，很快英国人发射出“与弯腿系统不合拍的点和线，给德国轰炸机造成混乱，很多飞机要么在空中兜圈子，要么在一片漆黑中迷失方向”。

尽管“阿司匹林”干扰机已经问世，德国空军还是给英国人民造成了骇人听闻的伤亡，尤其是在 1940 年 11 月 14 日，英国中部城市考文垂遭遇轰炸，约有 550 名

马克IV型机载拦截雷达

英国信息部组织了一场成功的宣传运动，掩盖了马克 IV 型机载拦截雷达的问世。宣传称，空中上尉约翰·坎宁安能够在漆黑中看见并击落大量敌机，是因为他吃了很多富含维生素 A 的胡萝卜。这场运动还有一个目的，在严格定量供应的时期，鼓励老百姓自己去种植蔬菜解决食物问题。农业部为小小的胡萝卜也是付出了诸多努力，制作了很多小册子指导人们如何用胡萝卜代替水果和其他蔬菜，因为限量供应，它们变得非常稀有。他们宣传的菜谱中有胡萝卜酱和咖喱胡萝卜。这场运动得到了回报。1941 年 12 月，农业部报告英国胡萝卜的产量从战前的 28.9 万吨上涨到 1941 年的 46.9 万吨。空中上尉坎宁安欣然接受他的绰号，战后他回忆道：“截至 1941 年 5 月，我已经驾驶英俊战士轰炸机成功战斗了 12 次，为了掩饰我们利用雷达飞行的事实，空军部授予我‘猫眼’这个称号。因为那段时期没人提到过雷达，当我取得两三次成功后，空军部觉得有必要解释我为什么在夜里视力这么好……如果胡萝卜起作用的话那就简单多了。实际上，这是一次耗时长、艰巨的苦差事，令人非常沮丧。”

伦敦闪电战从 1940 年 9 月 7 日星期六开始，一直激烈持续了 57 个日夜。德国空军多数是半夜来袭，但得益于秘密雷达战，英国皇家空军战斗机逐渐研发出能够在黑暗中击落纳粹飞机的技术。

平民丧生。

仅仅5天之后，英国皇家空军就获得了一次胜利，空军上尉约翰·坎宁安（John Cunningham）驾驶布里斯托尔英俊战士轰炸机（Bristol Beaufighter）击落了一架容克Ju88轰炸机，这是被英国媒体称为“猫眼”（Cat’s Eyes）的坎宁安的首次大捷，他一共赢得20次空中胜利。

到1940年秋天，马克IV型（Mark IV）机载拦截雷达已经被装入英俊战士轰炸机。这款轰炸机表现非常抢眼，速度最快可达每小时323英里（520公里），并配有4门20毫米加农炮和6挺7.7毫米机枪。除了飞行员，英俊战士轰炸机上还有雷达操作员，他坐在机身中间的有机玻璃圆顶里。圆顶后面低矮的机顶下悬挂着配有橡胶遮阳板和一整套控制按钮的机载雷达箱，一旦升空，操作员启动雷达箱，拉上遮阳板。屏幕可以看到水平方向和垂直方向的两条明亮的绿线，操作员在耳机中可以听到无线电哔哔声。如果有飞机进入探测范围，就会有回声弹回，以一簇闪烁的光出现在绿线上，这就是光点。如果敌机飞得更高，光点（在垂直绿线上）会变得更大，雷达操作员指示飞行员往高处飞。从垂直绿线上的光点可能看出飞机在左舷还是右舷。雷达操作员向飞行员发出指令——调节油门，减速一直到光点正好穿过绿线，这时飞行员就能看到飞机，可以伺机发起攻击。

机载拦截雷达一开始并没有取得很大的成功，由于缺乏能够追踪内陆敌机的地面雷达站，它的潜能因此也受到限制。在夜空中，英国皇家空军很大程度上要依靠探照灯或运气来定位敌人的位置。但到1941年初，英国地面雷达的迅速发展，已经可以利用地面控制截击雷达（Ground-Controlled Interception，简称GCI）来优化空中拦截，地面上的控制器可以发现越过英国海岸线的敌机，并向最近的夜航轰炸机发出警报，告知它们敌机位置。地面控制器可以通过无线电引导英国皇家空军战斗机到达机载拦截雷达能探测到敌机的范围内，到达位置后雷达操作员再接手。

随着英国皇家空军夜航轰炸机给德国空军轰炸机带来愈加严重的伤亡，德国人的自满情绪消失了。1941 年 3 月，德国空军损失 100 人；4 月，190 名机组人员丧生或被俘。1941 年 5 月，闪电战结束。希特勒已经放弃了英国，转而把目光转向了东线的苏联，并于第二个月发起了后来注定失败的入侵行动。英国上空的闪电战暂时结束。然而 3 年之后，一种恐怖的秘密新武器又回来了，这种与火箭有关的武器，曾在 1940 年 11 月送到奥斯陆英国使馆的情报中透露过。

第 5 章

间谍战

间谍，这个词总是让人联想到诱惑和狡猾的形象，比如 1917 年因将秘密泄露给德国而被法国处决的脱衣舞娘玛塔·哈莉（Mata Hari），或是普莱斯·刘易斯，这个威尔士人在美国内战时期伪装成英国贵族，窥探南方邦联情报。现实生活中，在战争时期当间谍通常是件肮脏乏味的差事，至少对那些真正的间谍来说是如此。

早在 1937 年，英国和德国之间的间谍战就已经拉开帷幕，当时希特勒命令德军情报部门阿勃维尔（Abwehr，德语意为“防御”）在英国建立间谍网。实际上，他们建了两个“网”：第一个网由相对缺乏经验的间谍（总共约有 400 名特工）组成，主要从事一些低薪粗鄙的工作，而另一个网约有 35 名较有经验的特工，他们能够冒充英国社会备受尊敬的名流。

不久，英国就发现了德国间谍的阴谋，他们也在德国悄悄安插自己的特工。其中有一个叫亚瑟·欧文斯（Authur Owens）的威尔士人，自 1936 年起就一直向英国情报部门传递信息。欧文斯经营一家生产船舶蓄电池的公司，由于工作需要经常前往德国，他向英国汇报在德国船坞制造厂的所见所闻。

欧文斯频繁前往德国，引起了阿勃维尔的注意。1938 年，他们在英国的特工尼古拉斯·里特（Nikolaus Ritter）与之联系，欧文斯同意为德国工作，回报是金钱和年轻貌美姑娘的性服务。然而，他的双重身份并没有维持多久。1938 年 9 月，欧文斯向英国当局汇报了他的新角色以及德国给他的无线电接收机。从此，欧文斯成为一个双面间谍。

1938 年英国逮捕了一个名叫约瑟夫·凯利（Joseph Kelly）的爱尔兰瓦工，他主动为阿勃维尔工作。凯利“松口”后，把知道的情况全部向军情五处交代，其中包括其“管理者”瓦尔特·莱因哈特（Walther Reinhardt）的名字和位置，后者的掩护身份是德国外交官。

英国人逐渐开始识别出不少在英国活动的德国间谍，随着 1939 年 9 月战争的爆发，他们知道更多的间谍肯定将会到来，特别是在挪威、丹麦和低地国家被占领之后。大多数人不是德国人，正如后来一份英国报告称：要么是“被胁迫干这份工作的德国人，要么是因为他们有一点犹太血统或是名誉上有些污点”。

1940 年 5 月，间谍战的复杂形势有所变化，不仅是因为德国入侵比利时、荷兰和法

约翰·宾厄姆

2014 年，英国国家档案馆发布了一批解密档案，公开了军情五处在与德国阿勃维尔较量中的另一次胜利。化名“杰克·金”（Jack King）的约翰·宾厄姆（John Bingham）最初接受指令渗透进德国工业公司西门子在英国的驻地。在这次秘密行动中，宾厄姆遇到一个“狡猾而又危险的女人”，名叫马里塔·佩里戈（Marita Perigoe）。佩里戈是瑞典和德国混血儿，嫁给了莫斯利领导的英国法西斯联盟的一个成员，对英国的仇恨很深。宾厄姆骗她自己是盖世太保特工，正在物色有助于入侵事宜的人选。通过佩里戈，宾厄姆结识了很多纳粹同情者，他同样骗他们自己是德国特工。他利用他们对间谍工作离奇而惊险一面的偏爱，“主动提出为他们提供用于秘密交流的隐显墨水，并在一家古董店的地下室里接头”。作为回报，这些同情者向他提供有关德国喷气式飞机和新型两栖坦克的秘密研究情况。军情五处因担心会中断一个重要的情报来源，决定不逮捕这些纳粹同情者。

玛塔·哈莉是出生于荷兰的玛哈雷塔·泽莱（Margaretha Zelle）的艺名。在一战爆发前的几年，哈莉是巴黎的一个脱衣舞娘。战争爆发后，她成为德国间谍，而后被抓，1917 年被法国人处决。

国，还因为温斯顿·丘吉尔被任命为英国首相。他早期的活动之一就是重新组织英国的情报机构，来应对来自间谍（以及英国媒体提到的“第五纵队”带来的特别恐惧）不断升级的威胁。丘吉尔免除了时任军情五处处长，任命戴维·皮特里（David Petrie）接替工作，这个苏格兰人外表看上去彬彬有礼，性格却坚韧顽强。

几周之后，两个挪威间谍伞降潜入英国，证明了丘吉尔的担心不无道理。其中一个在企图逃避逮捕时被击中，另一个名为尼古拉·汉森（Nicolai Hansen）的人选择与英国合作，告诉英国人他得到的建立间谍网的指令。

考虑到还会有更多间谍跳伞潜入英国，军情五处非常担忧，他们在伦敦南部建立了一个官方拘留中心 020 营，由令人生畏的罗宾·斯蒂芬斯（Robin Stephens）少校指挥，他右眼戴着单片眼镜，因此获得“锡眼”的绰号。

斯蒂芬斯是个令人望而却步的审问者，在 020 营建立后的几个月甚至几年里，他审讯了大量倒霉的阿勃维尔特工。在德国征服欧洲大部分陆地的进程中，德国人也在不知不觉中帮助英国粉碎了自己的间谍网。此时，像亚瑟·欧文斯（英国人怀疑他是真心同情纳粹事业）这样的“特工”不能亲自去国外见他们的管理者，所有的信息必须通过无线电传递，这使军情五处可以掌控欧文斯所说的一切。军情五处还主动给阿勃维尔一些假情报，依据这些假情报可以确保将来逮捕所有德国特工。比如，制造假的身份证件时，把他们的教名放在姓前面，证件上的日期定在 1940 年 5 月 1 日之前，这些错误都能提醒当局哪些是假证件。

在随后的 12 个月里，约有 24 名德国特工或乘船或跳伞潜入英国，最后都到了 020 营，在那里他们面临斯蒂芬斯给出的严峻选择，要么为英国工作，要么被枪决。虽然英国在战争期间处决了 13 名德国间谍，

罗宾·斯蒂芬斯少校是020营的一个令人生畏的审问官，他因右眼戴着单片眼镜而获得“锡眼”的绰号。

坐落于伦敦汉姆的拉奇米德园（Latchmere House），二战时期是一个关押德国间谍的拘留中心。他们在这里接受审问，并在成为双面间谍和被处决之间做出选择。

约翰·莫伊和托尔·格拉德是德国训练的两个挪威特工，1941 年潜入苏格兰后很快向英国当局自首。后来，他们成为双面间谍，变成军情五处双十字网络的成员。

然而一名被俘的秘密特工如果能成为双面间谍，那比被绞死有用多了。

1941 年初，由牛津大学教师约翰·马斯特曼（John Masterman）爵士领导的双十字委员会（Twenty Committee，20 在罗马数字中是 XX，或是双十字架）成立，充分体现了英国情报工作的成功。1941 年 4 月，两个挪威出生的德国秘密特工约翰·莫伊（John Moe）和托尔·格拉德（Tor Glad）驾驶水上飞机潜入苏格兰东北端，他们到达几小时后就选择了自首，声称自己是亲英派并渴望成为双面特工。这是委员会成立后不久就获得的成功。这两个人被带到 020 营接受斯蒂芬斯的审问，后者断定父亲是挪威人而母亲是英国人的莫伊是真诚的。然而，斯蒂芬斯不太信任格拉德，怀疑其真正任务是“以不知情的莫伊为掩护一起渗透”，换句话说，格拉德是真正的德国间谍，蒙骗莫伊让其相信他们将一起成为双面特工。不管怎么说，军情五处认为，“雇用格拉德与雇用其他普通的双面间谍一样，都有风险”。

这两人被赋予代号，莫伊是“默特”（Mutt），格拉德是“杰夫”（Jeff）（皆为美国畅销连环漫画里的人物），他们被安排在伦敦北部郊区的一座房子里，并不知道电话被监听，房子被监视。4 月 29 日，他们通过无线电与德国取得联系，向对方传递了军情五处提供的假情报。令英国人惊喜的是，阿勃维尔毫不怀疑他们说的每一句话。在随后的几个月里，德国人落入了这个欺骗网的圈套，收到了很多假情报，以至于他们认为挪威正在编织一张组织严密的逃亡网。两人告诉阿勃维尔这张网的代表符号是个红色小三角（选择红色小三角的原因不明，但看似没有任何意义），任何身份文件中带有这个符号的挪威人都是这个逃亡网的成员。这一切都是杜撰的，但后来的报告指出德国情报部门花费了大量时间试图粉碎这张逃亡网。

为确保德国人继续信任默特和杰夫，英国情报部门让某个成员往伦敦北部的一家面粉店投掷了燃烧弹（面粉事先已被转移），随后破坏活动被媒体报道——德国人非常高兴，以为是两个挪威人的杰作。为继续这个骗局，英国随后又采取了进一步的欺骗行动（包括炸毁一所发电站）。作为回报，德国人投下第二台无线电发射器、密码本、两段用于破坏的导火索和 200 英镑现金。到 1944 年，默特和杰夫作为双面间谍的角色走到尽头，格拉德被囚禁（英国依然不相信他的忠诚），莫伊则被允许加入挪威军队。这两个人的间谍事业根本算不上杰出，并没有获得什么惊天大秘密，也未曾阻止某次侵略或是粉粹了某个间谍网，但在情报斗争中他们以自己的方式发挥作用，帮助军情五处打败了阿勃维尔。他们被英国人当作一个大骗局中的小齿轮，这个骗局从 1941 年初开始运转，直到 1944 年，由于精心设计的双面间谍系统，德国人被骗相信盟军登陆日会选择在加来海滩而非诺曼底。1941 年底，约翰 · 马斯特曼爵士这样夸耀军情五处的成功一点也不足为奇 ：“我们积极经营并控制着德国在这个国家的间谍系统。”

第 6 章

克里特岛空降战役

在第 2 章我们已经了解到，德国伞兵于 1940 年 5 月成功参与了入侵低地国家的行动，占领了荷兰水道上的公路和铁路高架桥、多德雷赫特默兹河上的桥梁和鹿特丹的威尔哈文机场。希特勒欣喜若狂，正如卡尤斯·贝克（Cajus Bekker）在 1964 年的《德国空军战争日记》（*The Luftwaffe War Diaries*）一书中写道，希特勒“故意不在波兰使用伞兵，以防在不必要的情况下暴露这一新式武器的秘密”。

实际上，纳粹的这款空降武器在德国入侵挪威和丹麦期间，就已经部署了。4 月 9 日凌晨，12 架容克 Ju52 出现在丹麦小岛马斯内多上空。因此，也就是在 1940 年 4 月，世界首次见证了伞兵在战争中的使用。这些伞兵出奇制胜夺取了他们的目标，即连接法尔斯特岛和西兰岛的 3 公里大桥，该桥是附近连接南部轮渡码头和哥本哈根的唯一地面通道。几小时后，伞兵空降挪威，到 9 日晚空降兵赢得另一个里程碑式胜利——占领第一个首都城市奥斯陆。

希特勒竟然在斯堪的纳维亚半岛展示他的空中秘密武器，这让盟军和德军都感到非常讶异，难道没人向他提过更好的建议，应该将伞兵保密，直至进攻法国和低地国家遇到更大的后勤补给挑战时再使用不是更

威瑟堡行动

1940 年 4 月 9 日，德国首次针对别国发动空降作战，12 架容克 Ju52 出现在丹麦小岛马斯内多上空。伞兵出奇制胜，夺取连接法尔斯特岛和西兰岛的 3 公里大桥。几小时后，伞兵空降挪威，到 9 日晚上已经占领首都奥斯陆，他们的登陆让这座城市的守卫者目瞪口呆。

丹麦雷区

德国雷区

伞兵着陆点

好吗？但丹麦和挪威只是希特勒的试验，测试一下空降部队到底有多大威力。这些显著的效果让他信心满满，于是又让他们大胆夺取荷兰的桥梁。第二年，纳粹元首决定在史上最大规模的空降作战中使用他们。然而伞兵已不再是秘密，所以如果要使用，就必须出奇制胜，打得敌人措手不及。

德国目标是地中海岛屿克里特岛，面积约为 160 英里 ×20 英里 (258 公里 ×32 公里)。1940 年 10 月意大利进攻希腊后，该岛被英国占领。克里特岛坐落在地中海，与雅典和埃及海岸等距，克里特岛的机场跑道使得英国轰炸机可以攻击罗马尼亚油田，而后者对德国的战争行动至关重要。克里特岛的港湾也是英国皇家海军的天然避风港，他们可以从那里袭击德国运输船队。

希特勒原本就决定在英国占领克里特岛几天后夺取该岛，1941 年发生的事情更加坚定了他的决心。4月6日，德国入侵希腊和南斯拉夫，两个国家很快沦陷，德军一路挺进到爱琴海和地中海沿岸。此时阻碍纳粹向地中海外围扩张的就只剩克里特岛了，该岛守卫部队约28600人，来自英国、澳大利亚和新西兰。他们在新西兰人弗赖伯格（Freyberg）将军的指挥下在岛上挖掘防御工事，后者曾在一战时获得维多利亚十字勋章。（然而，德国情报部门预估岛上的守卫部队约为

德国空降部队的成功激发英国创建自己的对应部队——伞兵团。图中是1944年9月一批批英国伞兵空降荷兰，执行以失败告终的“市场花园行动”，这次行动更为人所知的是阿纳姆战役。

9000 人，这是一次严重的计算失误。）

不管希特勒有多渴望将克里特岛作为巴尔干战役的“最高荣耀”，却面临一个问题。最近，他派埃尔温·隆美尔将军及其非洲军团到北非，援助几个月前被赶出利比亚的意大利军队，而且元首正忙于最后确定入侵苏联的计划。简而言之，希特勒没有军队可派去参加克里特岛很可能非常血腥的战斗。于是，他再次向库尔特·斯图登特将军及其伞兵下令，让他们在 20 天内策划“水星行动”（Operation Mercury）。

军事史上第一次空降作战行动的所有细节，都是在极其保密的情况下完成的。5 月初，德国空降部队接到命令乘坐火车前往一个未知的目的地，他们穿过匈牙利、罗马尼亚和保加利亚，最后到达地中海沿岸的希腊港口城市萨洛尼卡。这些伞兵在托波利亚村附近的一个机场东部建立营地。第二天，也就是 5 月 16 日，斯图登特在雅典的格兰德布里塔基公寓酒店向手下军官传达了任务指令。

他们将从 4 个不同的位置向克里特岛发起进攻，麦因德尔（Meindl）准将指挥的突击团从西线降落，占领马莱迈机场。第 2 团由魏德曼（Wiedemann）上尉指挥，任务是占领雷西姆农镇和附近的机场。而瓦尔特（Walther）少校指挥的第 1 团将在北部戈尔梅斯空降，占领伊拉克利翁。

理查德·海德里希（Richard Heidrich）上校指挥的第 3 团由一个空降工兵营（parachute engineer battalion）增援，他们的任务是在克里特岛西北岸夺取干尼亚镇。

5 月 20 日早上 8 点，空降作战开始，3000 名伞兵从 400 英尺（122 米）的高空跳伞，降落到崎岖不平的、遍布岩石的地带。英国及其自治领部队预料到会有一次空袭——尽管德国高度保密，但在雅典的希腊特工不可能注意不到大量年轻人的到来。然而，当他们看到晴朗的天空充

希特勒（左页上）为一组空降兵佩戴铁十字勋章后与他们合影，表彰他们在入侵丹麦和挪威时的英勇表现。与此同时，一支山地作战部队准备登上“希佩尔海军上将”号（*Admiral Hipper*）巡洋舰（左页下）去增援在丹麦的空降部队。尽管丹麦士兵英勇战斗，德国毫不费劲就征服了丹麦弱小的军队。丹麦落入德军手中后，当地居民正在收听占领条约（最上）。

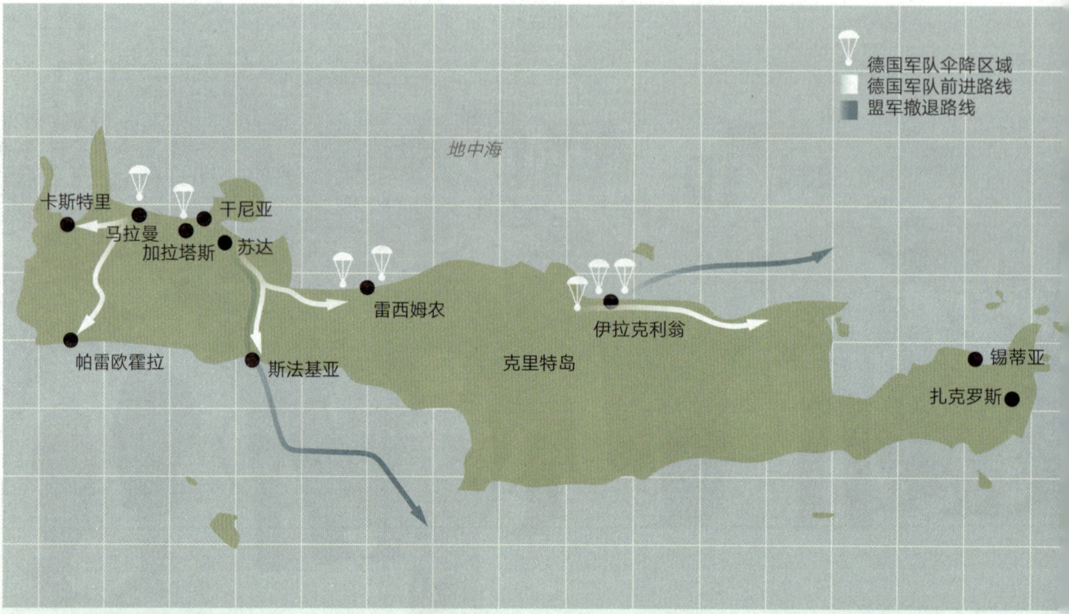

水星行动

克里特岛空降战役于5月20日打响，至第一天战斗结束时，德国空降部队损失严重。但由于5月21日得到增援，加上盟军指挥官未能抢夺主动权，使德国能够占领战略意义非常重要的马莱迈机场。随后的几天，大量德国援军涌入，盟军被迫于5月底撤离该岛。

斥着的降落伞数量时还是震惊了。地面防御部队没有足够的空中支援，又缺乏高射炮，克里特岛的守军尽管顽强战斗，但到开战第一天的黄昏时分，德国伞兵的数量已经翻了一番。

5月21日，马莱迈机场落入德国人手中，他们通过机场运输机输送来自第5山地师（5th Mountain Division）的阿尔卑斯山地军来增援空降部队。次日，伞兵和山地军共同击溃了新西兰军队的反攻，此次行动成为克里特岛空降战役的转折点。由于丢了机场，英军愈加担心敌军会大规模海上登陆，开始撤向岛的东端，准备撤离。这次行动从5

虽然盟军在克里特岛损失了12000人——战死或被俘——德军同样遭受了严重伤亡，参与行动的22000名德国伞兵中有4000人丧生，另有2000人受伤。希特勒对战损程度非常震惊，在随后的战争中总是不太愿意批准大规模空降行动，他告诉库尔特·斯图登特将军："伞兵时代已经完结。"

冯·德·海德特男爵

冯·德·海德特（Von der Heydte）男爵是参与克里特岛行动的一名军官，后被提拔为中校。1944年12月他指挥了德国第一次也是唯一一次夜间空降，这是德军在阿登地区进攻行动的一部分。12月9日，他接到莫德尔陆军元帅的命令，准备执行“一次绝密的特种任务”。海德特有1周时间训练士兵——他们中的很多人从没有在白天跳过伞，更别提夜间行动了。12月15日，海德特收到代号为“推进器行动”（Operation Stosser）的任务细节。他的任务是占领并固守许多被认为是隘道的道路和桥梁，确保党卫军第6装甲集团军（6th SS Panzer Army）能够快速挺进。不到48小时后，12月17日午夜刚过，海德特和1200名伞兵乘坐100多架运输机起飞，但他们遭遇了大雪和强风，只有250人到达美军防线后方75英里（120公里）处的伞降区集合。虽然在随后的几小时里他又聚集了150名伞兵，但海德特的力量还是太过薄弱，无法完成任务，最后他向美军投降。

月28日开始，一直持续到当月最后一天，英国皇家海军被德国空军击沉3艘巡洋舰和6艘驱逐舰，此外还有13艘船只受损。克里特岛共有16500名守军得到营救，但12000多名士兵或战死或被俘。此次战争带来的心理影响也是沉重的，是继希腊和南斯拉夫失守，北非战况被士气正盛的隆美尔将军逆转后，英国和盟军蒙受的又一大耻辱。

空降克里特岛的22000名德国伞兵中，4000人丧生，约2000人受伤。“由于伞兵部队遭受严重损失，元首非常苦恼，”库尔特·斯图登特将军在战后回忆道，“随后得出结论，空降作战奇袭的价值已不存在，从那以后他经常对我说：‘伞兵时代已经完结。’”

虽然德国人在战争中再次部署过伞兵，尤为著名的是1943年11月成功占领克里特岛西北部400公里处的爱琴海莱罗斯岛，但却是盟军对空降作战效率充满信心。德国伞兵在丹麦、挪威和荷兰的战绩给温斯顿·丘吉尔留下了深刻印象，他下令成立英国伞兵团，并于1942年11月在进攻摩洛哥和阿尔及利亚时首次亮相作战。1943年，在进攻西西里岛和意大利中，伞兵团同样非常活跃，1944年6月，在诺曼底登陆时，英国伞兵团和美国101空降师（American 101 Airborne Division）一起发挥了决定性的作用。

1945年3月，英美空降部队约16000人帮助盟军占领了西德莱茵河，这是盟军历史上最大的一次空降行动，似乎在向希特勒证明当时他宣称“伞兵时代已经完结”的观点大错特错。希特勒在丹麦部署德国伞兵部队将近5年后，伞兵已经不再是个秘密，但他们仍是战场上的一把利刃。

第 7 章

狼群战术

1939 年，U 型潜艇已经没有秘密可言。整个一战期间，德国潜艇舰队一直就是个威胁。英国人非常清楚，在希特勒重整德国军备的背景下，潜艇舰队的数量和战斗力在 20 世纪 30 年代一直在增长。可英国人并不知道，到 1939 年 8 月底，已经有 17 艘 U 型潜艇潜行在大西洋，另有 14 艘出现在北海。

9 月 3 日，也就是英国对德国宣战当天，U 型潜艇舰队捕获到它的第一艘“猎物”，英国“雅典娜”号（*Athenia*）远洋客轮从格拉斯哥驶往蒙特利尔途中被德国人击中，沉入大西洋，100 多人丧生。2 周后，英国皇家海军“勇敢”号（*Courageous*）航母在不列颠群岛以西被鱼雷击沉，很快英国海军和商业船只越来越频繁地沉入海底。

截至 1939 年年底，共计 114 艘船只，总吨位超过 42 万吨——成为 U 型潜艇的猎物。1940 年 6 月法国沦陷，法国海军不复存在，德国人可以在海上自由航行，威胁不断加剧，不仅包括来自潜艇的威胁，还有德国水面舰艇及德国空军带来的威胁。此外，由于法国海军基地落入德国人手中，越来越多的 U 型潜艇可以出海执行任务。

1940 年 10 月，U 型潜艇击沉 63 艘船只（总吨位超过 35 万吨），

“羚羊”号护卫舰投下深水炸弹，迫使“U31”号潜艇浮出海面。图中的英国水手还没来得及登上这艘潜艇，它就沉没了。

图中“U379”号潜艇上的潜艇兵[illegible]。1942年8月，“石竹”号（*Dianthus*）利用ASDIC系统将其锁定后击沉。

图为1933年在蒙特利尔港停泊的“雅典娜”号远洋客轮。1939年9月3日，英国对德宣战。当天这艘客轮在从格拉斯哥开往蒙特利尔的途中不幸被击中，沉入大西洋，成为二战期间德国U型潜艇舰队的牺牲品。“雅典娜”号被“U30”号潜艇击沉时，船上有128名平民和船务人员丧生，德国直到1946年才承认这一战争罪行。

这是一次创记录的胜利，也是卡尔·邓尼茨（Karl Donitz）海军元帅秘密拟制的新潜艇战术的成果——“集群战术”。对英国来说这就是“狼群战术”，巴兹尔·李德·哈特在其《第二次世界大战史》中是这么描述的：

> 一支运输船队差不多确定后，岸上的德军潜艇指挥部就会向最近的U型潜艇群发出预警，后者就会派一艘潜艇找到并尾随这支船队，并通过无线电引导其他潜艇靠近，等集结完毕后，就浮出水面上发起夜袭，一般在船队的上风处发起，连续作战几个夜晚。白天，U型潜艇撤得无影无踪，远离那些护航队和护卫舰。

这是U型潜艇在一战期间使用的战术，事实证明这种战术迅速、残酷，非常成功。发动水面攻击意味着U型潜艇在速度上较任何英国护航军舰更有优势，而且可以轻易摆脱追逐者。

当然，英国也有反潜艇措施，船上装有一种名为ASDIC（Anti Submarine Detection Investigation Committee，反潜探测调查委员会）的声呐系统，如果碰上潜艇，就会“砰”的一声回传，但它只能发出一种声音脉冲。此外，英国皇家空军海岸司令部（Coastal Command）的飞机装有ASV2型雷达，最大探测范围可达36英里（58公里）。可是在夜间，飞行员根本没有机会在黑漆漆的海上看到敌方潜艇，雷达又有何用？开始时，英国皇家空军投下火箭照明弹，可这一切只是在向U型潜艇示警，附近有飞机出没。后来火箭照明弹被雪花照明弹代替，后者配有降落伞，发射后留空时间长，亮度更强，能够照亮更大片海域。

图为空军人员正在擦拭利式探照灯。这些探照灯被装在机身下方一个可伸缩的孔径里，英国皇家空军利用它来侦察海上的 U 型潜艇。

海军上将马克斯·霍顿爵士是个强势且具创新精神的潜艇兵，1942 年 11 月受命担任不列颠群岛西线总指挥，他不遗余力地搜索并摧毁在战争前几年对盟军船只造成重大损失的德国潜艇狼群。

英国皇家空军海岸司令部中队长汉弗莱·德·威尔蒂·利(Humphrey de Verde Leigh)想到：为什么不在飞机上装探照灯呢?1941年3月，他们开始试验，一盏2200坎德拉（发光强度单位）24英寸（0.6米）的探照灯被装到一架威灵顿轰炸机上，这种轰炸机早期作为磁性扫雷机曾在战争中部署过，因此机身已带有发电机。探照灯被装在机身下方一个可伸缩的孔径里，很快为人熟知的“利式探照灯”迅速取得了成功。在第一次作战巡逻中，172中队一架安装利式探照灯的威灵顿轰炸机在比斯开湾成功锁定一艘意大利潜艇，之后投下深水炸弹，潜艇严重受损，被迫在西班牙海岸搁浅。

尽管越来越多的U型潜艇被击沉——到1941年9月已有47艘损失，但更多的潜艇从生产线制造出来，而且标准更高，焊制的耐压船体比之前的潜艇更加结实耐用。到1941年底，在役U型潜艇86艘，另外还有150艘在进行最后的海试。因此，1942年的最初6个月里，盟军的商船蒙受的损失令人震骇，被击沉船只总吨位超过300万吨，其中90%是在大西洋。到1942年8月，U型潜艇舰队总实力达到300艘，盟军担心自己会在大西洋战役（Battle of the Atlantic）中失利。1943年1月，同盟国在摩洛哥卡萨布兰卡举行会议，英美讨论消除U型潜艇威胁的最佳思路，因为不消除这个威胁，成功攻占西欧地区是不可能的。

指挥层面也有一些变动，最明显的是海军上将马克斯·霍顿（Max Horton）爵士被任命为不列颠群岛西线总指挥。霍顿是个出色的潜艇兵，在对抗U型潜艇的战斗中，他的计划更具进攻性，主要利用更多的驱逐舰和护卫舰，辅以更强大的空中支援，对德国潜艇实施无死角的搜索。

霍顿还掌握了一些新式秘密武器，这些武器已经在1942年通过试验。第一种是更为先进的ASDIC系统，该系统能发出3次声音脉冲而不再是1次，而且任何返回的“砰”声都可以反馈U型潜艇的深度和距离，使英国皇家海军得以精准定位它的位置，这并不是反潜战争的唯一进步。到那时为止，所有寻求摧毁U型潜艇的水面舰艇有一个共同的问题，它们唯一的武器是从艉部投下的笨重的深水炸弹，可当军舰在潜艇正上方准备投弹时，U型潜艇的信号就消失无踪了，实际上，潜艇也就消失了。为了堵住这条逃跑路线，英国人发明了两种装置：第一种“刺猬”（Hedgehog）携带24枚小深水炸弹，从舰艏投下，在目标附近的不同深度和位置爆炸；第二种“鱿鱼”（Squid）则更加致命，它可以发射3枚巨大的深水炸弹，威力足以震碎潜艇的外壳。即便U型潜艇

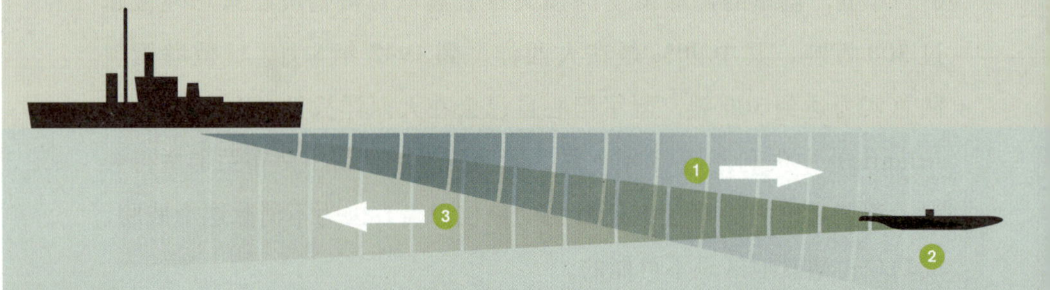

ASDIC声呐系统是一种发射器—接收器，其发射的定向声波①可以在水中传播。发射的声波如果途中碰到水下物体，如U型潜艇②，就会反射回来，被舰船下方的接收器接收③。

ASDIC声呐系统

ASDIC系统的技术进展意味着该系统能发出3次声音脉冲而不再是1次，而且任何传回的“砰”声都可以表明U型潜艇的深度和距离，使英国皇家海军得以精准定位其位置。这个声呐系统，连同“刺猬”炸弹和“鱿鱼”炸弹等武器的问世，使得大西洋战役朝着对盟军有利的方向发展。ASDIC并不代表“反潜探测调查委员会”，而是英国人精心设计的一个策略，利用一个根本未提及声音试验的首字母缩略词，使得德国人无法追踪任何有关他们秘密武器的线索。

英国皇家海军“韦斯科特”号驱逐舰是众多安装了最新反潜艇秘密武器的军舰之一。“刺猬”包含 24 枚小深水炸弹，从舰艏投下，在目标附近的不同深度和位置爆炸。

一艘英国皇家海军军舰的“刺猬”齐发的 24 枚深水炸弹在空中飞行，目标直指一艘德国 U 型潜艇。

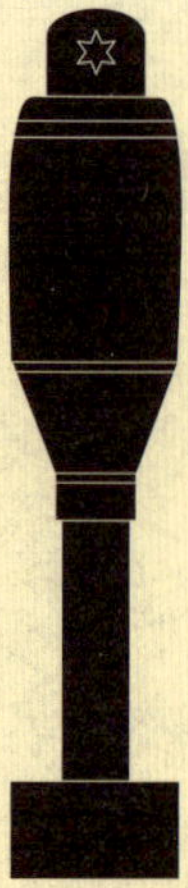

刺猬

类型：反潜迫击炮
外壳：65磅（29千克）
口径：7英寸（18厘米）
炮管：24根
有效射程：200米—206米
填充：30磅（14千克）三硝基甲苯炸药（TNT）或35磅（16千克）托佩克斯水下炸药（Torpex）

“刺猬”是英国海军部多类型武器研发部的独创。起初，皇家海军最高指挥部对“刺猬”的有效性持怀疑态度，但1941年5月在英国皇家海军“韦斯科特”号驱逐舰上的成功试验打动了他们。1942年“刺猬”投入使用，在德国U型潜艇船员中引起恐慌，因为“刺猬”射程达250米。

没有被击沉，遭受的破坏也会迫使它浮出水面。

与此同时，空军方面也多有创新，再次证明了需要是发明之母。为对抗英国皇家空军的ASV2型雷达，德国人在U型潜艇上装了一种“Metox”型雷达波探测仪，这是一种无线电接收机，如遇装有ASV2型雷达的飞机靠近，可以发出预警。美国人因此又研制了更为先进的10厘米雷达装置DMS100，U型潜艇无法探测得到。1943年初，DMS100被用到大西洋战场，取得了显著效果。

盟军的这些新发明，加上霍顿的反击行动，使得大西洋战役朝着对盟军有利的方向发展。1943年5月，邓尼茨告知希特勒“我们正遭遇潜艇战最大的危机，因为敌军借助新的定位装置……几乎使我们无法战斗，潜艇损失严重”。当月月底，U型潜艇损失的数量翻了一番，迫使邓尼茨将潜艇舰队从北大西洋撤出，同时他们试图找到方法对抗新的反潜艇技术。

邓尼茨命令德国科学家想方设法避开雷达探测，后者很快找到解决之道。他们在潜艇外增加了一层橡胶和碳的复合材料，这样潜艇的回波就大幅度减弱，被盟军雷达探测到的概率大大降低。德国人最初大获全胜，但欣喜转瞬就变为痛苦，他们发现U型潜艇长时间浸泡在海水中，保护性外衣会被腐蚀，潜艇最终还是会暴露在雷达下。

到1943年夏末，美国人为战争做出的努力达到前所未有的高度，盟军生产的舰船数量开始超过被击沉的船只数量，而对于1943年下半年勉强重返大西洋战场的U型潜艇来说，情况正好相反。1944年前3个月，在105支跨洋运输船队的3360艘船只中，他们只击沉了其中3艘；另一方面，他们自己则有36艘潜艇沉入海底。得益于雷达和声呐技术惊人的发展，尤其是“鱿鱼”和“刺猬”的研制，大西洋战役赢得了胜利。

第 8 章

人操鱼雷

二战时期，英国皇家海军对意大利海军嗤之以鼻。1939 年至 1943 年任英国地中海舰队司令的海军元帅安德鲁·坎宁安（Andrew Cunningham）爵士毫不掩饰他对意大利海军的“鄙夷之意”。1940 年 11 月，从英国皇家海军“光辉”号（*Illustrious*）航母起飞的剑鱼式轰炸机在塔兰托发动空中袭击，保住了英国海军对地中海的控制权，而大部分意大利海军则遭受严重损失。

然而，英国如此轻视他们敌人的做法却是大错特错。塔兰托袭击之后，意大利海军渴望利用 1940 年夏天以来一直在研制的秘密武器对英国人实施报复。

朱尼奥·瓦莱里奥·博尔盖塞（Junio Valerio Borghese）是个魅力十足的潜艇指挥官，1940 年 8 月他被任命为 620 吨的“斯基尔”号（*Scire*）潜艇的指挥官，手下有 50 名艇员。“斯基尔”号和“冈达尔”号（*Gondar*）潜艇一起被改装成“突击艇运输工具”，甲板上装有 3 个钢筒（1 个靠前，2 个在艇艉），都有与潜艇一样的耐压性。这些钢筒中就是意大利海军的秘密武器——人操鱼雷。

一战末期，意大利海军率先研发出人操鱼雷。1918 年 11 月 1 日，

朱尼奥·瓦莱里奥·博尔盖塞，这个热情且有魅力的法西斯潜艇指挥官，在1941年和1942年指挥第10轻型舰队利用人操鱼雷对抗英国战舰，取得了多次胜利。

海军中尉拉法埃莱·保卢奇（Raffaele Paolucci）和海军工程师拉法埃莱·罗塞蒂（Raffaele Rossetti）少校击沉了停泊在克罗地亚普拉港著名的奥匈帝国战列舰“联合力量”号（*Viribus Unitis*），这次破坏行动极具象征性意义，意味着哈布斯堡王朝（Habsburg Empire）的覆灭。

在两次大战间隔期间，意大利海军开始研制新式武器，工程师埃利奥斯·托斯基（Elios Toschi）称，这种新武器“大小和形状与鱼雷非常相似，但实际上是一种微型潜艇，全新性能，电气推动，舵轮与飞机非常相像……”操作员配备远程水下呼吸装置，能够在和水面没有任何联系的情况下，在水下不超过30米的任何深度呼吸航行，并“将烈性炸药带进敌人的港口”。

1940年6月，法西斯头目贝尼托·墨索里尼领导的意大利站在德国一方加入战争时，第10轻型舰队（10th Light Flotilla）已经组建了一支人操鱼雷特种部队，由卡塔拉诺·贡萨加（Catalano Gonzaga）任指挥官，这支部队的训练中心设在利沃诺海军学院附近的圣莱奥波德，通

“伊丽莎白女王”号被人操鱼雷击沉前的一个月，英国皇家海军的另一艘战列舰“巴勒姆”号（上、下）在一次袭击中被U型潜艇击沉，场面令人十分震惊，最终造成841名船员丧生。“巴勒姆”号的爆炸瞬间被附近“勇士”号上的一位摄影师的镜头捕捉到，“勇士”号在亚历山大港袭击中也遭到严重损坏。

过严格筛选后，被选中的人员在这里学习如何操作刚开始被称为“猪猡”（pig）的鱼雷。

这里使用的鱼雷尺寸与差不多25年前使用的相似，长6.7米，宽0.5米，最高时速可达2.5英里（4公里）。驾驶员通常是军官，坐在前面用连接在变阻器上的飞轮操纵鱼雷，副手坐在后面。他们的脚由蹬具保护，挡风玻璃作挡浪板使用，驾驶员可以使用发光仪表板驾驶。两个人穿着橡胶潜水服，背着可以使用6小时的氧气瓶。

鱼雷的前部——“猪猡的口鼻部”长1.8米，装有300公斤的炸药，驾驶员只要一松离合，就可以让弹头与鱼雷的其他部位分离，弹头后面是船头平衡水舱，然后是蓄电池组、电动机、船尾平衡水舱、螺旋桨轴，而方向舵连着螺旋桨。第二名艇员坐在电动机上，背靠在装有工具箱的箱子里，工具箱里有割网刀、剪刀、夹钳和一段绳子。

1941年9月，第10轻型舰队在直布罗陀获取得首次胜利，3艘人操鱼雷击沉在那里停泊的3艘英国船只：海军油船“登比代尔”号（*Denby Dale*）、货轮“杜伦”号（*Durham*）和油船“菲奥纳·肖”号（*Fiona Shaw*）。这些船只虽然都不是特别有名，但仍然被墨索里尼抓住机会，做了一次宣传活动。6位乘员因行动被授予银质奖章（Silver Medal），驾驶潜艇前往直布罗陀的博尔盖塞被提拔为指挥官，因为“尽管敌人穷追不舍，他仍成功地将潜艇和人员带回基地”。

3个月后，意大利决定投入他们的秘密武器来攻击英国皇家海军，后者还没有从“皇家方舟”号（*Ark Royal*）航母（11月13日在直布罗陀被德国U型潜艇击沉）和“巴勒姆”号（*Barham* ）战列舰（12天后被摧毁，损失841名舰员）的损失中恢复过来。这次他们的目标是英国地中海舰队剩下的2艘战列舰“伊丽莎白女王”号（*Queen Elizabeth* ）和“勇士”号（*Valiant*），“巴勒姆”号被击沉后，这2艘战列舰都接到

塔兰托袭击中被击落的一架英国剑鱼式轰炸机的残骸。

英国皇家海军“光辉”号航母，英国皇家海军从这里发起对意大利舰队的攻击。

命令停泊在亚历山大港。

行动开始于12月中旬，“斯基尔”号潜艇悄悄驶离爱琴海的莱罗斯岛基地，尽管地中海遍布水雷和防潜网，它依然在未被发现的情况下成功到达亚历山大港外围。12月18日晚，安东尼奥·马尔萨利亚（Antonio Marceglia）上尉和斯帕尔塔科·舍格特（Spartaco Schergat）中士、文森佐·马泰罗塔（Vincenzo Martellotta）上尉和马里奥·马力诺（Mario Marino）中士、路易吉·杜兰德·德·拉·彭尼（Luigi Durand de la Penne）中尉和埃米利奥·比安奇（Emilio Bianchi）中士分别驾驶3艘人操鱼雷离开潜艇，潜艇随之返航。

一离开“斯基尔”号，3艘“猪猡”就撞了大运，3艘英国驱逐舰进入他们的视野。港口的反潜网入口被打开，导航灯被点亮，使这些偷袭者能够抢在3艘军舰之前悄无声息地进入亚历山大港。3艘鱼雷在黑暗的大海上失去了联系，但他们都清楚自己的使命：德·拉·彭尼和比安奇袭击“勇士”号；马尔萨利亚和舍格特的目标是“伊丽莎白女王”号；而马泰罗塔和马力诺的目标是一艘满载货物的油船。

很快，德·拉·彭尼和比安奇就发现了自己前面那艘排水量32000吨战列舰的巨大船身。他们遇到防鱼雷保护网，比安奇将网割开，接着向目标靠近，但割开保护网耗尽了比安奇的精力以至于他晕了过去。他从“猪猡”脱离并浮出水面，恢复意识后，紧紧抓住海面的一个航标，在“勇士”号上巡逻的英国哨兵并没有看见他。

德·拉·彭尼在海浪下已经发现比安奇失踪了，但此刻他更担忧的是“猪猡”不知为何像石头一样沉入海底。他潜下去查看，发现螺旋桨被一根钢丝绊住了，任凭他怎么努力，始终无法重新起动发动机。德·拉·彭尼面临严峻的选择：要么中止任务，要么努力拖动“猪猡”几米到“勇士”号船体下方。他决定选择后者，竭尽

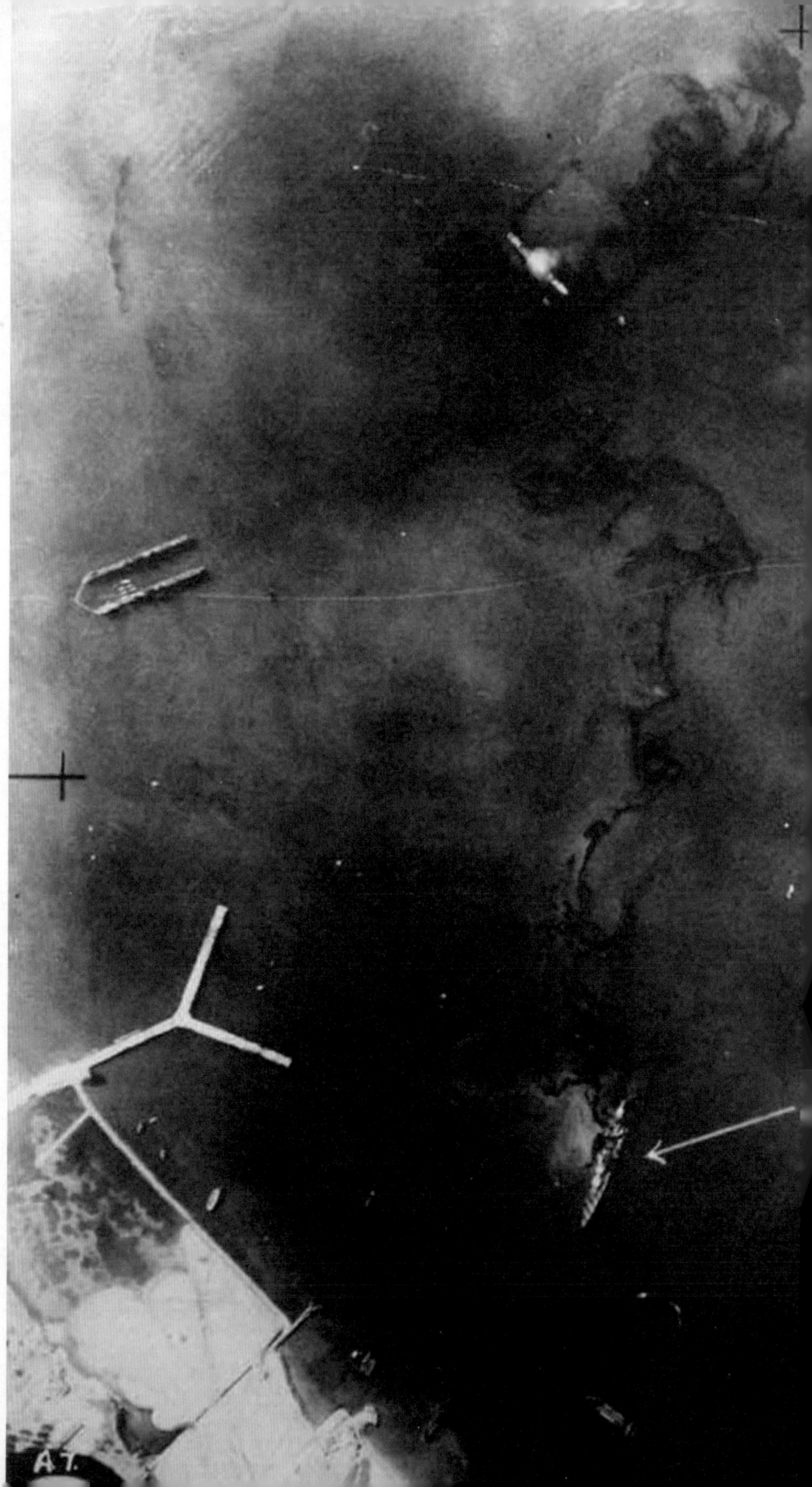
A.T.

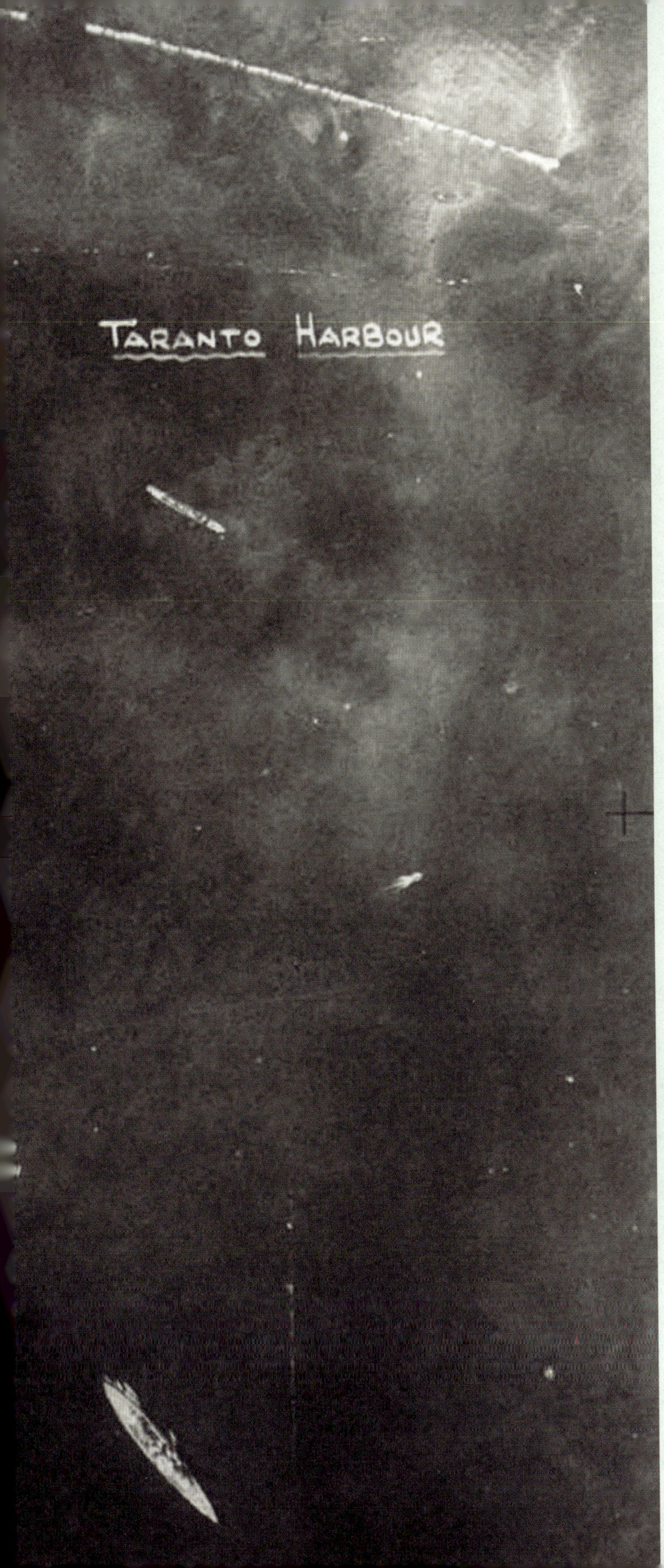

图为英国侦察机拍摄的照片，展示出1940年11月意大利舰队在地中海塔兰托港遭受袭击的情况。剑鱼式轰炸机从英国皇家海军“光辉”号航母起飞，发起了猛烈袭击。

最后一丝力气拖动鱼雷到“勇士”号的防雷护体突起部下方，靠近炮塔的弹药库。德·拉·彭尼将弹头上导火索的爆炸时间设定为两小时后的5点，然后浮出水面，很快他发现比安奇紧贴在“勇士”号船头的航标上。两人被舰上的英国哨兵发现，带到舰上审问，他们拒不交代，直到4点50分，德·拉·彭尼才向摩根（Morgan）舰长吐露信息，后来意大利军方关于此次行动的报告描述如下：

> 我告诉他这艘军舰几分钟后就会爆炸，对此他束手无策。如果可以的话，他仍然希望能够将其舰员撤到安全的地方。他再次问我把炸药放在哪里，我没有回答，他只好派人把我押送回船舱。我们走过去的时候，我听到扬声器在下达弃舰命令，因为这艘军舰已经遭到意大利人的攻击，接着就看到人们向着舰艉跑去……几分钟过去了，（这几分钟对我来说简直就是炼狱：爆炸会发生吗？）该来的终究来了。船只受到猛烈的冲击直立起来，所有的灯都灭了，船舱里全是烟。

炸药在防雷护体突起部下方爆炸，炸出一个面积约60英尺×30英尺（18米×9米）的洞，几个隔舱大面积进水，一些电路受损。德·拉·彭尼和比安奇被带到甲板上，他们看到船体已经开始倾斜4至5度。这两个意大利人将目光转移到几百米之外的“伊丽莎白女王”号上，他们看到目瞪口呆的英国船员站在船头看着“勇士”号上上演的一切。突然，巨大的爆炸声撕裂长空，“伊丽莎白女王”号“被震离水面数厘米高，铁片和其他物体夹杂着燃油从烟囱飞出，有的甚至飞到了‘勇士’号的甲板上，溅到我们站在船尾上的每一个人身上”。

“伊丽莎白女王”号是被马尔萨利亚和舍格特炸毁的，他们穿过防潜网，将弹头固定在战列舰船体下方1.5米处，这样炸弹就可以在“B”锅炉房下方爆炸，摧毁它的双层底部结构，船体受损面积约190英尺×60英尺（58米×18米）。隔舱一个接一个开始进水，直到主甲板被淹没，“伊丽莎白女王”号最终沉入亚历山大港海底。

第三组人员马泰罗塔和马力诺成功摧毁了一艘10000吨的油船（他们永远不知道船名），给第10轻型舰队一夜摧枯拉朽式的胜利画上了句号。

亚历山大港的袭击大获成功，标志着人操鱼雷的发展达到鼎盛时期，其他袭击紧随而来，包括1943年5月在直布罗陀击沉3艘商业补给船。但英国皇家海军加强了防御，后来再未让意大利及其秘密武器羞辱过，温斯顿·丘吉尔甚至对他们的秘密武器赞赏有加。1942年4月23日，在下议院的一次秘密会议上，英国首相提到亚历山大港袭击时说道：“很长一段时间来，我们已经做了相当充分的准备，防止各种不同的人操鱼雷和单人潜艇进入港口。我们不仅用了

人操鱼雷

机组人员：2人

类型：微型载人鱼雷潜艇

长度：16.6英尺（5米）

最大宽度：2英尺（0.61米）

水面航速：1节

潜航速度：4.5节

射程：15英里（24公里）

武器装备：1枚300千克或2枚150千克弹头

1940年9月，意大利第10轻型舰队在利沃诺海军学院附近的圣莱奥波德建立基地，朱尼奥·瓦莱里奥·博尔盖塞负责人操鱼雷的操作训练。第10轻型舰队使用的人操鱼雷仿造意大利工程师在一战末期发明的鱼雷，长6.7米，直径0.53米。驾驶员通常是军官，坐在前面掌握方向，另一名乘员坐在后面，脚由蹬具保护，挡风玻璃当作挡浪板使用，驾驶员可以利用仪表板掌控鱼雷的方向。

1941 年 12 月，英国皇家海军“伊丽莎白女王”号（上、下）在亚历山大港停泊时被意大利摧毁，这是战争中最大胆的破坏行动之一，温斯顿·丘吉尔称这个举动需要“无比的勇气与巧妙的设计”。

防潜网和其他障碍物，在航道上还不定时引爆一些水下炸弹，可是这些人还是凭着无比的勇气和巧妙的设计潜入我们的港口，他们在‘勇士’号和K舰队另一艘舰船底部安装了水下爆破弹，4个小时后，炸弹在2艘舰船底部炸出大洞，多个隔舱进水，导致2艘舰船数月之内都无法行动服役。”

第二部分

同盟国反击

二战最开始的两年，英国处于不利境地。随着世界上一批最优秀的数学天才破译了德国的恩尼格玛密码，英国开始利用智慧反击。美国多个破译团队随之在与日本的较量中取得类似的成绩，盟军开始在情报秘密战中占据上风。1941 年 12 月日本突袭珍珠港，美国因此参战，1942 年 4 月至 6 月，美国对日本发起反击。英国在拯救世界的斗争中不再孤单，1942 年 11 月，盟军进击北非。

第 9 章

破译恩尼格玛

在二战期间，几乎没有秘密能像布莱切利园（Bletchley Park）那样得到如此严格的保密。布莱切利园是白金汉郡郊区一座美丽的庄园，从外观上看就像简·奥斯丁（Jane Austen）小说故事的发生地。然而，它实际上却是战争中绝密工程——英国破译德国恩尼格玛密码的行动指挥部。尽管温斯顿·丘吉尔描述其为“下金蛋的鹅”，布莱切利园雇用的 9000 人（最高峰时期）却在之后的几十年中因为《官方保密法》被禁止谈论他们对战争的重要贡献。直到 1974 年“超级机密”（Ultra）的缔造者之一弗雷德里克·温特博瑟姆（Frederick Winterbotham）出版了《超级机密》（*The Ultra Secret*）一书，这些男男女女（布莱切利园 80% 的员工是女性）才开始得到他们应有的认可。

然而，在半个多世纪前，实际是一战最后一年，恩尼格玛密码机就已经开始书写传奇。当时德国工程师阿瑟·歇尔皮斯（Arthur Scherbius）为一台商用密码机注册了专利，然后与理查德·里特（Richard Ritter）合伙开了家公司。1918 年，歇尔皮斯和里特公司想办法引起德国军方的兴趣，考虑到战争的进程，这并不奇怪。20 世纪 20 年代初，两人将公司整合为密码机股份公司，生产商用恩尼格玛密码机。

白金汉郡郊区的布莱切利园是战争中绝密工程——英国破译德国恩尼格玛密码的行动指挥部。

恩尼格玛密码机在20世纪20年代不断得到改造和完善，B型和C型密码机相继问世。1927年的D型密码机不再拥有早年重达50公斤的打字机机身，在20年代末和30年代畅销全球。英国科学家和作家布莱恩·福特（Brian Ford）称它为“杰出的设计”，并补充道：“使用（密码机）时，操作人员每按下一个键，就会连接26个字母任意一条电路，将电流传给编码单元中26个接头之一。电流通过3个连接电线的转子传递，每传递一次，字母会发生一次变化。每次按下一个键，转子就会转动产生一套新的接头，这就意味着每个字母在每一次按键后都会变为一个新的字母。”此外，恩尼格玛密码机还解决了

图为在布莱切利园辛勤工作的密码破译员。他们的角色如此隐秘，直到20世纪70年代《超级机密》一书的出版，他们对战争的贡献才被世人所知。

接收机需要密钥提供动力来复制原始动作的问题。“增加一个反射器系统，将每个接头互相连接，然后通过这 3 个转子将电路导回”，问题被解决了。这允许接收机恢复原始文本，却不允许第三方试图中途拦截信息。

意大利人最早认识到恩尼格玛密码机在军事间谍事业中的潜力，德国人很快紧随其后，他们对机器进行改进，增加了第四个转子，使解密工作难上加难。这还不是全部，德国人在他们的 1 型恩尼格玛密码机中增加了一个插接板，这样操作员就可以一对对地变换字母，进一步降低敌人破译密码的概率。

但是德国人不知道，对抗恩尼格玛密码机的工作已经开始。1928 年，德国政府给他们在华沙的大使馆寄去一台密码机，但这个包裹引起了波兰情报部门的关注。波兰拦截了包裹，周末对密码机进行了研究，然后小心翼翼地把它重新包装，继续寄往德国大使馆。

掌握了这条信息后，波兰顶级密码破译员马里安·雷耶夫斯基（Marian Rejewski）设计了一台破译机，重建了德国恩尼格玛密码机的设置，操作员从而能够读到原始文本。波兰人因为这台破译机而欣喜若狂，称之为“密码炸弹”（Cryptological Bomb），整个 20 世纪 30 年代他们都能破译德国恩尼格玛信息。30 年代末期，随着战争在欧洲隐约出现苗头，波兰与英国共享了这个秘密，英国惊叹于波兰人取得的成就，并扩建了政府密码学校（Government Code and Cypher School），把学校设在布莱切利园并建造更多的棚屋供新招进学校的人员居住。

1939 年 8 月，波兰的一台“密码炸弹”到达布莱切利园明星学员——27 岁的英国人阿兰·图灵（Alan Turing）手中。图灵是那一代最有才华的数学家之一，其一篇有关“可计算数”（computable numbers）

年轻的数学天才阿兰·图灵，负责领导为人熟知的布莱切利园 8 号棚屋的解密工作。二战后他生活得并不快乐，随着 2014 年电影《模仿游戏》的上映，图灵在破译德国密码方面的努力终于得到认可。

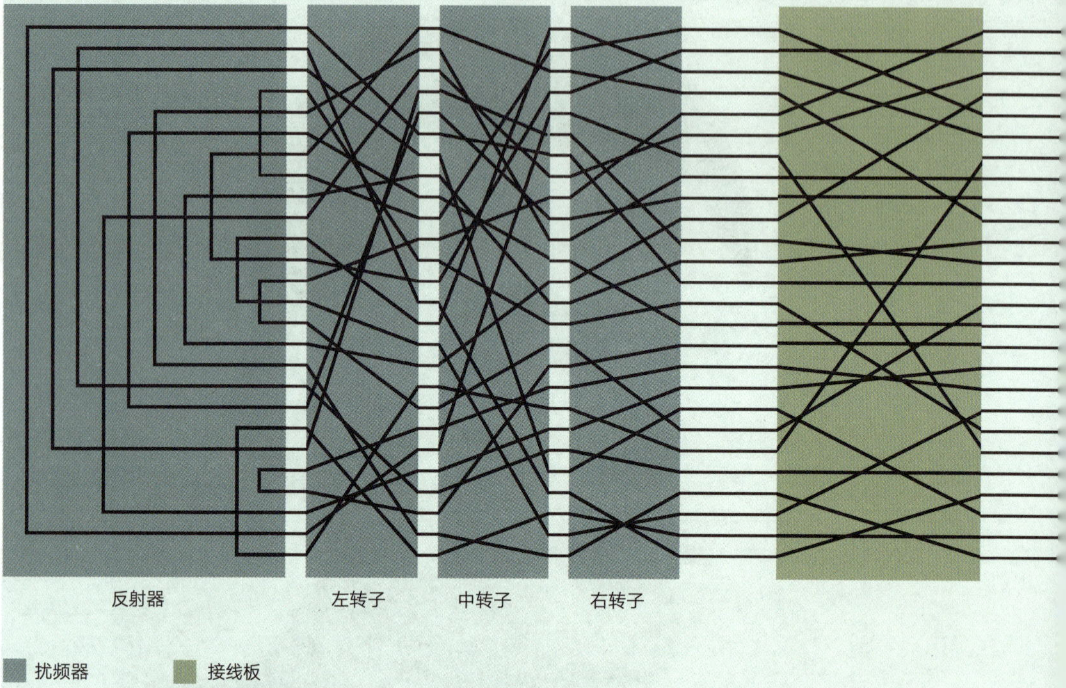

恩尼格玛密码机

恩尼格玛密码机使用的是3个独立工作的部件。26条线（右上）传送电子信号，先穿过一个插接板，然后再穿过3个转子（左、中、右），这3个转子在信号穿过恩尼格玛密码机时改变输入信号的方向。把信息编成密码时3个转子是独立转动的，因此左、中、右3个转子永远不会一前一后工作。换句话说，这条信息会被加密26×26×26次，因此，任何人要想破译恩尼格玛信息，必须按下17576次键才能找到原始信息的起点。

的文章被誉为具有卓越远见的巨作。在其他天赋异禀的数学家的帮助下，他们组成后来的8号棚屋，开始改进这台波兰机器，研制新版本。3个转子中，每一个都有26种可能的设定，意味着德国的这台密码机总共有17576种可能的设定（26×26×26）。图灵设计的破译机差不多高2

米，宽2米，可以在20分钟内尝试所有17576种理论上的设定。破译机基于一部分明码文本进行一系列电子逻辑演绎，筛除那些产生矛盾的数字——大部分如此——留下一小部分做进一步研究。

1940年3月，第一台代号为“胜利”（Victory）的破译机投入使用，第二台安装于8月，越来越多的机器投入使用，英国开始看到他们为战争所做的努力初见成果。这些成果不仅仅是在大西洋战役中对抗U型潜艇（1941年6月，布莱切利园破译了德国海军密码），更重要的是，英国正努力在北非取得战争中的首场胜利。

1941年9月，“超级机密”破译了埃尔温·隆美尔将军在利比亚指挥部与罗马和柏林通信使用的恩尼格玛密钥，加上英国陆军在北非组建的特种部队长距离沙漠群（Long Range Desert Group，简称LRDG）实施的侦察，克劳德·奥金莱克（Claude Auchinleck）将军在1941年11月和12月的“十字军行动”中能够核验隆美尔的诸多动向。此外，由于恩尼格玛密码被截获，很多横跨地中海为德国和意大利军队输送急需补给的轴心国船只被击沉。“超级机密”在北非如此成功，以至于英国被迫偶尔克制一下行动，担心隆美尔会察觉到密码已被破译。1942年5月，两个德国间谍横跨利比亚沙漠被派送到开罗，向德国报告英国在埃及首都的活动。两人被捕前被监视了几周，也被允许向其管理者报告，恰如没有发生任何不对劲的事情。

1942年年底，阿兰·图灵前往美国，帮助美国人设计他们的“炸弹”（Bombe）破译机，美国海军的这台机器体积比英国的大，但破译速度快了30倍，于1943年5月投入使用。

12个月后，“超级机密”——盟军所有的破译项目都归属于这个名字——在诺曼底登陆的“霸王行动”（Operation Overlord）中发挥了关键性作用，为行动指挥官提供了德国驻西欧56个师的全面情报。“霸

布莱切利园如今已成为博物馆，这是当年 11 号棚屋中一台连接三种功能选择的英国破译机的背部。这台由图灵协助设计的破译机高将近 2 米，它的操作员主要是女性，她们因为 11 号棚屋的工作极度辛劳而称之为“地狱”。

OMBE REBUILD PROJECT

K 765

德国在二战时期制造的带有第二个操作显示装置的4转子恩尼格玛密码机。德国海军于1939年设计的这款机器，被用来加密要求特别高安全性的战时信息。

“超级机密”情报

伊诺克·鲍威尔中校出席了1942年开罗的联合情报委员会，他回忆说：“初识亨利叔叔的那一天我仍然记忆犹新，亨利叔叔是中东对‘超级机密’的昵称……（它）告诉我们最重要最有意义的事，尤其是一些具体情况，使我们对德国在北非的补给点情况估算得比隆美尔还要精确。运输船只、抵达地点、船只的载重量、弹药情况以及运输困难，这些都成为全局的一部分。”

王行动”的盟军最高指挥官德怀特·艾森豪威尔（Dwight Eisenhower）总结道“超级机密”对1944年成功登陆法国具有“决定性的作用”。

然而，在战争末期，如此辛苦努力的破译者却得不到足够的认可，《官方保密法》禁止他们谈论自身的角色，（冷战的到来意味着“超级机密”的许多工作在五六十年代仍在运作，）他们恢复了原先的工作。阿兰·图灵继续在计算机和人工智能领域进行开拓性研究，1952年他被指控犯有严重猥亵罪，他承认自己是同性恋，这在当时的英国是违法的。他的职业生涯受到重大影响，被剥夺了在英国政府通信总部继续任密码顾问需要的安全许可，政府通信总部的前身是政府密码学校。1954年，图灵自杀身亡，直到近年来他对英国战时解密成就的贡献才姗姗来迟得到表彰。继他之后主管8号棚屋的休·亚历山大（Hugh Alexander）如此评论：“毋庸置疑的是，图灵的工作是8号棚屋取得成功的最关键因素，早些时候，他是唯一一个认为这个问题值得解决的密码学家。”

第 10 章
攻克紫色密码

日本人效仿恩尼格玛密码机的转子技术，制造出自己的密码机。日语称之为“九七式欧文印字机”，即九七式英文打字机，其中数字“97”指日本神武纪元 2597 年（即公元 1937 年），紫色密码机在这一年发明问世。

日本颇为自豪的是，紫色密码机与德国的恩尼格玛密码机同样靠 4 个转子运转。20 世纪 30 年代，日本人尤为狂妄自大，他们认为，所谓的西方大国都在走下坡路，没有一个国家能够破译他们的密码。紫色密码机包括两台安德伍德打字机，一台负责输入，一台负责输出，这种部件有利有弊。两台打字机能减少差错、节省人力，但也意味着机器因此笨重且庞大。另外打字机要插电使用，导致它没有恩尼格玛密码机便于携带。

更重要的是，据美国国家安全局称，它还有一个弱点：“密码机把日语的假名按元音和辅音切分，并且给每个音节分开加密。一旦掌握 20 个辅音和 6 个元音的切分方式，就可用猜测一段明文的基本方法来破译‘紫色密码’（Purple Code）……此外，他们还用密码机加密英文外交文书。”

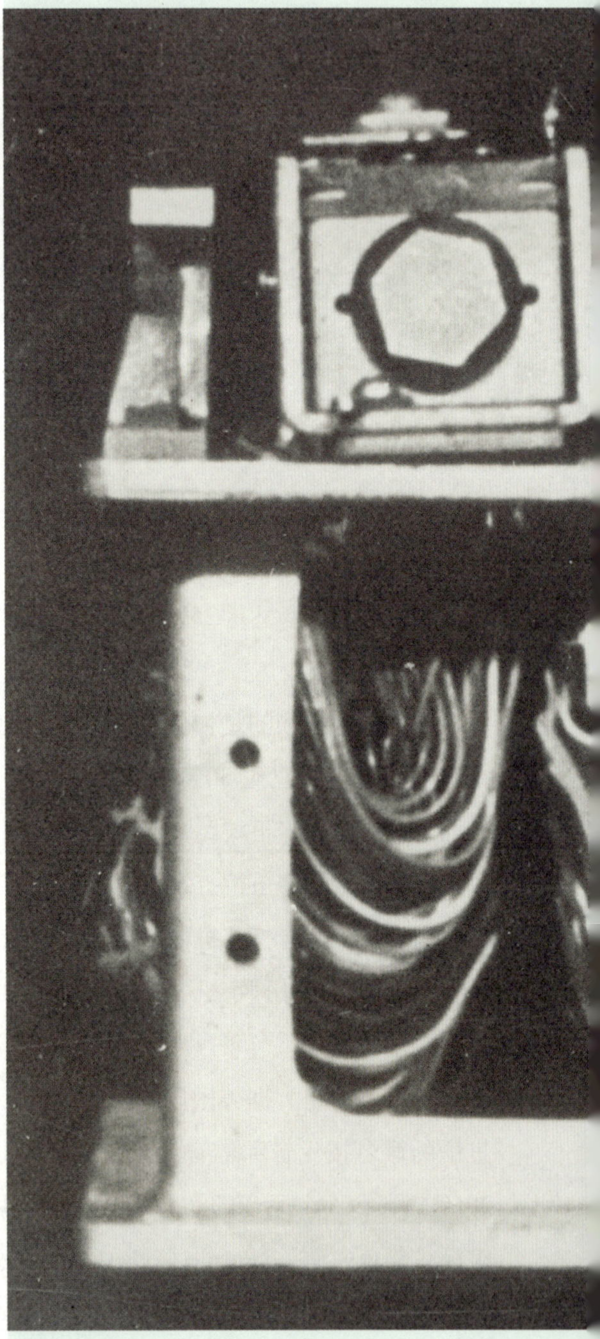

威廉·弗里德曼

威廉·弗里德曼来自俄裔犹太人家庭，1892年随父母移民至美国，1914年从康奈尔大学毕业。1917年，随着美国加入一战，弗里德曼受雇成为一名密码学家。20世纪20年代，他一直工作在这个领域。1930年，他被任命为美国陆军通信情报处处长，期间撰写了大量有关密码破译技术的文件和文章。二战后，已晋升为上校的弗里德曼成为美国国防部重要的密码学家。1955年，他光荣退休。9年之后，哈里·杜鲁门总统授予他功绩勋章，这是总统为非军事人员颁发的最高荣誉。1969年11月，他离开人世。威廉·弗里德曼葬于阿灵顿国家公墓，他的墓碑上刻着这样的墓志铭："知识就是力量。"

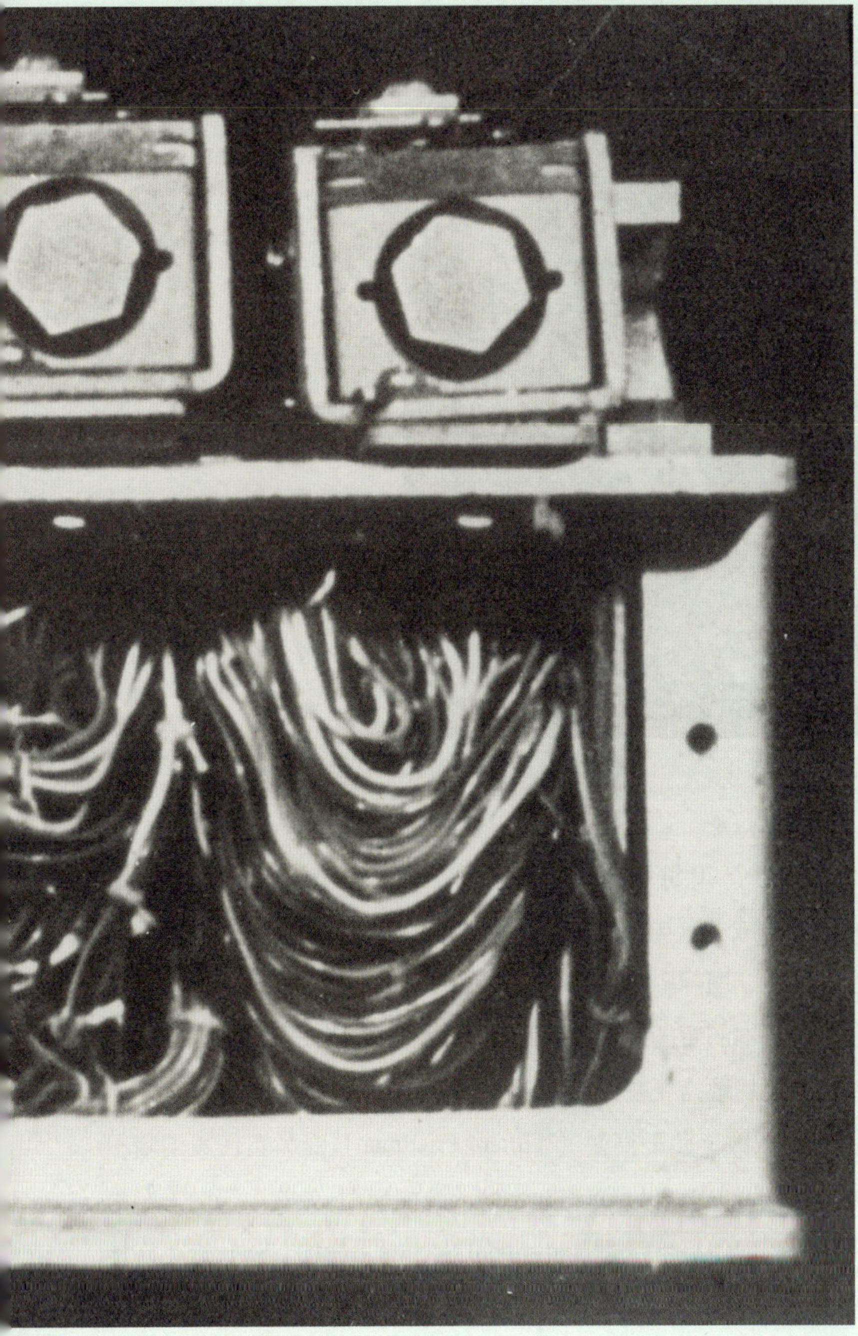

图为日本紫色密码机复制品。弗里德曼及其密码学家团队研制的这台机器模仿日本原始机器的操作过程，被称为“紫色密码模拟机”。

二战期间，日军联合舰队总指挥海军大将山本五十六。由于美国借助秘密情报，他于1943年4月被击落毙命。

美国人在整个20世纪30年代一直致力于破译日本密码。至1937年夏，中国抗日战争（国际上称作第二次中日战争；1894年至1895年的甲午中日战争，国际上称作第一次中日战争）全面爆发，这一任务变得格外紧迫。日本的帝国主义政策和赤裸裸的侵略引发了美国政府的担忧，美军高层急切地需要在情报上对太平洋上的对手形成优势。

1930年，威廉·弗里德曼（William Friedman）受命担任美国陆军通信情报处（Signals Intelligence Service，简称SIS）处长。美国海军为此也成立了密码通信科（Code and Signal Section，简称CSS）进行破译攻关。问题是两个机构不愿意与彼此合作，职业嫉妒阻碍了他们之间进行重要的联手。

最终，陆军通信情报处于1939年3月率先取得重大胜利，破译了日本的外交密码——“红色密码”（Red Code）。然而，当时日本已经编制出“紫色密码”，出人意料的新情况令这次成功黯然失色，“紫色密码”是“根据存放破译密电的文件夹颜色来命名的，便于与日本其他密码系统做出区分”。

弗里德曼及其密码学家团队努力破译新密码，但还是花了18个月才取得成功。1940年9月的某个下午，破译专家弗兰克·罗利特（Frank Rowlett）取得重大突破，“紫色密码”被破译的那一刻，他大声地叫嚷起来：“搞定了！”弗里德曼习惯将自己的团队成员称为“魔术师”，后来所有破译的“紫色密码”情报都被称为“魔术”（Magic）。

破译密码之后，弗里德曼和团队开始复制日本的密码机，模仿它的操作过程。他们称之为“紫色密码模拟机”（Purple Analog），这是在美国陆军通信情报处电气工程师利奥·罗森（Leo Rosen）的地下室里制作出的样机。海军摒弃先前的对立态度，也参与了制作过程。

美国人很快不仅搜集到了有关日本军事意图的重要情报，还获得了德军的相关情报，因为大岛浩（Hiroshi Oshima）男爵会定期从柏林发出公报，这位日本驻德国首都的外交官与希特勒相熟。他在战争头几年持续将德军武器和技术进展的相关信息源源不断地发回东京。这些文件被美国人尽数阅读掌握，美国尽管在1940年还处于中立状态，但仍然向英国提出两国“自由交换情报”。

但英国拒绝了。英国因为当时刚刚破译了德国恩尼格玛密码，他们试图确保“超级机密”的绝密地位。事实上，英国人不相信美国政府里的每个人都能严守秘密，不是出于认为后者对纳粹德国错误的感情，而是因为有些美国人对战时间谍活动的紧迫性认识不足，在接触情报时显得漫不经心。

英国的担心不无道理。罗斯福总统的顾问埃德温·沃森（Edwin Watson）少将有一次竟然信手把一份绝密情报丢进了办公室的废纸篓，这种违反安全规定的行为令人震惊，但好在没有造成严重后果。然而，盲目自大的邦纳·费勒斯（Bonner Fellers）上校就没那么幸运了。时任美国驻开罗使馆武官的费勒斯习惯从埃及首都给华盛顿发送冗长、详细的无线电电报，报告正在北非与埃尔温·隆美尔作战的英军情况。不幸的是，美国人不知意大利间谍机构——秘密军事情报局（Servizio Informazione Militari，简称 SIM）已于 1941 年 9 月渗透进美国驻罗马大使馆，复制了一份"黑色密码"（Black Code），这是美国驻世界各地的武官和大使通信联络使用的密码。意大利的行为公然违反了外交礼仪，但得益于欺骗行为，他们和德国盟友能在费勒斯发出电报几小时后，破译出所有电文。结果证明，这些电报对隆美尔极具价值，凭借其中的一份破译的电报，他的非洲军团在 1942 年 1 月对部署在利比亚的英军发起新一轮成功的进攻。1942 年 7 月，费勒斯最终离开开罗——一定程度上是英国人坚决要求的，他们怀疑他是泄密的源头。他的继任者转而使用 M138 条式密码向华盛顿发送加密电报，这种密码当时还没有被轴心国军队掌握。结果，隆美尔在沙漠战场关键阶段时，失去了一个重要的情报源。

德国人开始怀疑美国已经破译了"紫色密码"，但日本人，尤其是大岛浩，根本不相信。他们继续使用这种密码发电，美国人也得以继续破译电报。然而，1941 年 12 月，美国人却未能阻止珍珠港遭受毁灭性攻击，美国也因此加入二战。

假如日本的绝密军事密码已被对手破译，日本空军如何对停泊在夏威夷的美国太平洋舰队成功实施这样一次残酷的袭击？有些历史学家声

美国驻开罗使馆武官邦纳·费勒斯上校从埃及首都给华盛顿发送冗长、详细的无线电电报，报告战争中英军的部署情况，但被轴心国情报部门欣喜地拦截了。

称，美国政府其实收到了预警，但却选择有意忽略，从而借此参战，但大部分人不认同这种任性的阴谋论。简单来说，美国军队统帅部预计会有攻击，但认为可能发生在菲律宾，那里的好几个美国空军基地都对日本海军构成威胁。

罗斯福称突袭珍珠港的那一天为“国耻日”。袭击造成 2403 名美国人死亡，1178 人受伤，8 艘战列舰或失踪或受重创。然而，18 个月后美国将一雪前耻——他们的破译者在那次致命的报复中发挥了巨大作用。

破译“紫色密码”后，弗里德曼及其“魔术师”团队又攻克了日本海军舰队的密码，日本海军依靠被美国称为“JN25”的密码发送战术信息。1943 年 4 月，美国人通过一条破译的情报获悉，日军联合舰队司令山本五十六海军大将在瓜岛战役中战败后，计划乘坐飞机前往南太平洋上的布干维尔岛慰问士兵，鼓舞士气。破译员截获的情报详细列出了山本的行程，连其此行乘坐的飞机舷号和型号都罗列其中。罗斯福总统命令海军部长弗兰克·诺克斯（Frank Knox）“干掉山本”，诺克斯听令而行。4 月 18 日，一个闪电式战斗机中队在所罗门群岛上空伏击了山本五十六的座机和其他护航战机，山本被击落毙命。这是日本为“紫色密码”付出的最高昂代价。

第 11 章

美德情报战

阿道夫·希特勒从不喜欢美国。自 1933 年在德国掌权以来，他一直厌恶这个国家，认为这个堕落的国家是犹太人这种“劣等”种族拥有强大势力的移民社群。日本偷袭珍珠港之后，希特勒和意大利法西斯头目贝尼托·墨索里尼紧接着于 12 月 11 日一起对美宣战，宣称他们的目标是与日本一道建立“一种新的正义秩序”。希特勒指责罗斯福总统从 1937 年以来就一直致力于打击德国，甚至认为美国在秘密筹划于 1943 年入侵德国。

然而，事实是德国多年来一直在密谋针对美国的行动。他们的早期行动之一正如在英国一样，在美国建立“沉睡者”间谍网，这些间谍融入当地的民众中，直到被德国的管理者启用。

卡尔·赫尔曼·施勒特（Carl Hermann Schroetter）就是其中的一位沉睡者，无论从哪个角度看，他就是迈阿密一艘租赁船的船长，在佛罗里达当地社区备受尊敬。实际上，出生于瑞士的施勒特于 1939 年在德国度假时就被吸纳进了阿勃维尔。次年，他开启了秘密的间谍生涯，船长的日常生活正好适合他到佛罗里达海岸巡航并观察美军船只的动向。他将自己的观察所得报告给纽约市的管理者，大部分信息都是用隐显墨水写就的。

施勒特调研工作的质量和数量让阿勃维尔印象深刻，其间谍任务级别得到了相应的提升：他奉命监视迈阿密市外的美国海军航空基地。由于无法进入基地，施勒特充分发挥了自己的主动性，在猎犬俱乐部找了份夜班厨师的工作，这个俱乐部离基地很近，是个颇受欢迎的饮酒之地，军队人员经常光顾。在给船员煎牛排的间隙，他总会和他们喝上一杯啤酒，和他们谈天说地，关心他们的船员生活。他把从醉酒船员处收集的信息全部向德国报告。

施勒特最终被FBI抓获，并对一切都供认不讳，但在审讯过程中，他拒绝透露在美国行动的其他德国特工的名字，其中有一个曾与他在佛罗里达共事，叫科特·弗雷德里克·路德维格（Kurt Frederick Ludwig），是“Joe K”间谍网的头目，这个称谓源自他发回德国的情报中都使用这个签名。

路德维格常驻纽约，监视着这座城市的船运动向。但在1941年年初，Joe K间谍网的活动引起FBI的注意。他们跟踪路德维格至佛罗里达，发现他出现在施勒特的公司（这决定了后者的命运，因为到那时为止，为避免被怀疑，施勒特一直单枪匹马行动）。

威廉·塞博德

威廉·塞博德（William G. Seebold）是被招募到阿勃维尔的另一个德国人，他是一战老兵，1920年移民到美国，娶了一个美国人，并在联合航空公司找了份制图员的工作。1939年夏天，阿勃维尔威胁要对其还生活在德国的亲人动手，他因此被迫加入阿勃维尔。但是，塞博德一回到美国，立刻就向联邦调查局（FBI）报告他加入阿勃维尔的详情，还上交了对方给他用于购买无线电部件的1000美元，以及一份在美国的德国间谍网名单。间谍网的头目是62岁的弗雷德里克·杜肯（Frederick Duquesne），这位受人尊敬的商人在华尔街有办公室。塞博德对FBI变得很重要，主管埃德加·胡佛（J. Edgar Hoover）对他的活动尤为感兴趣，抽调手下最能干的特工组成一个“智囊团”来调查这个案件。最终，杜肯间谍网中的33名成员被判有罪（这是美国历史上最大的间谍案），被判有罪的人加起来的刑期超过300年。

1941 年 8 月，路德维格、施勒特和间谍网的其他人员被捕并接受审判，1942 年 3 月，所有人都被判犯有间谍罪并判处 10 年至 20 年不等的有期徒刑，施勒特被判 10 年，但不久后就上吊身亡。

Joe K 间谍网的沦陷是阿勃维尔遭受的一大重创，尽管间谍网的成员被审判定罪，德国情报机构却还在策划一个更加冒险、更加危险的阴谋，这个阴谋需要实施破坏，而不仅仅局限于监视。

1942 年 4 月，一群人聚集在德国东部勃兰登堡附近农村的阿勃维尔破坏培训学校，他们的头目是 37 岁的沃尔特·卡佩（Walter Kappe）中尉，他身材魁梧，后成为“帕斯利特行动”（Operation Pastorius）的指挥官。在美国生活了 10 多年后，卡佩非常熟悉美国的生活方式。但是，正如希特勒一样，他是个忠诚的纳粹分子，鄙夷美国诸多方面的文化。

为挑选行动参与人员，卡佩严格审查了存放于奥斯兰学院（Ausland Institute）的档案，这个组织曾经在 1939 年至 1941 年间帮助德国侨民撤离美国返回德国。卡佩挑选了 8 个他认为完全满足条件成为破坏者的人，将他们分成两组，将其中一组的指挥权给了 39 岁的一战老兵乔治·达施（George Dasch），他于 20 年代移民到美国，当了多年的服务员。被选到达施组的欧内斯特·伯格（Ernest Burger）是个忠诚的法西斯分子，曾经参与臭名昭著的慕尼黑暴动（Munich Putsch），这次暴动是希特勒试图控制德国的最初尝试，但以失败告终。

32 岁的爱德华·克林（Edward Kerling）被选中指挥第二组，他在美国生活 11 年后，于 1940 年回到德国，到约瑟夫·戈培尔（Josef Goebbels）的宣传部（Ministry of Propaganda）任职。克林的队伍中有“帕斯利特行动”最年轻的成员——赫伯特·霍普特（Herbert Haupt），

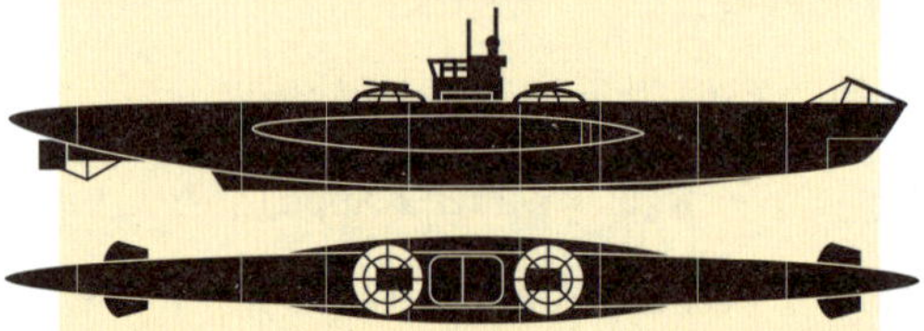

VII型C级U型潜艇

乘员：44人
类型：攻击型U型潜艇
长度：220.1英尺（67.1米）
最大宽度：20.3英尺（6.2米）
水面航速：7.6节
下潜深度：656英尺（200米）
鱼雷装载量：14枚

运送破坏者横渡大西洋来到美国的VII型U型潜艇，是大西洋战役中德国海军部署的最常见的U型潜艇，潜航时速最高可达8.7英里（14公里）。

他5岁就移民美国，英语不带德国口音。

1942年5月，这些破坏者都在为任务接受训练，到当月23日才得知任务目标：达施组的任务是炸毁尼亚加拉大瀑布的水力发电站和位于田纳西州、伊利诺斯州和纽约州的三家美国铝厂和

尼亚加拉大瀑布的水力发电站是德国准破坏者的目标之一。

公司。此外，他们还要摧毁位于费城的费城盐业公司冰晶石工厂，该工厂对铝的生产至关重要。

克林组的目标是重要的交通枢纽：纽瓦克的宾夕法尼亚火车站、纽约中心铁路的地狱门大桥、圣路易斯和辛辛那提的水闸和运河，以及宾夕法尼亚州内切萨皮克市至俄亥俄铁路的部分路段。

这两组还接到了发动恐怖袭击的指示，在繁忙的火车站和百货商店埋设炸弹，致使野蛮的战争波及到美国本土的民众。

WANTED

GERMAN SABOTEUR

Photo taken February 19, 1936

N.Y.C. POLICE

WALTER KAPPE, alias Walter Kappel F.P.C. 16 M 28 W 001
M 8 W III

Walter Kappe is known to be connected with sabotage activities being promoted by the Nazi Government. He was born January 12, 1905 at Alfeld, Leina, Germany, and entered the United States on March 9, 1925. He filed application for United States citizenship at Kankakee, Illinois, in June, 1935. He is known to be a member of the German Literary Club, Cincinnati, Ohio, and the Teutonia Club, Chicago, Illinois. Kappe was an agent in the United States for the Ausland Organization and editor "Deutscher Weckruf und Beobachter", official organ of the German-American Bund. Kappe left the United States in 1937 and may return to the United States as an agent for Germany. This individual is described as fol-

图为 FBI 发布的通缉令海报，在全美范围内搜捕从美国东海岸登陆的德国间谍。他们的头目是 37 岁的沃尔特·卡佩，海报上还印有他的指纹。

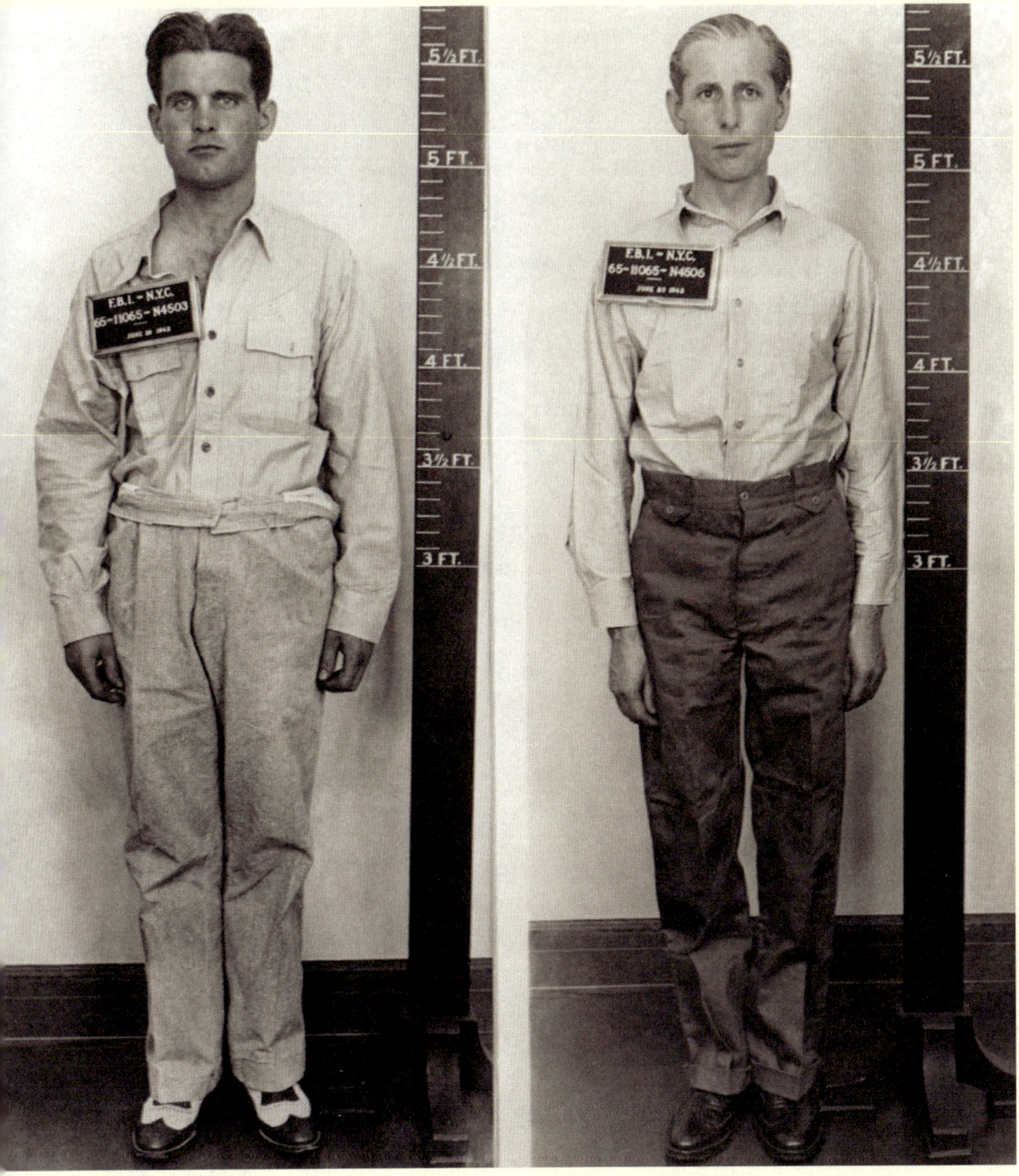

这张通缉令的原始标题称，FBI 抓获了 8 个轴心国破坏者，化名为爱德华·约翰·凯利（右）的爱德华·约翰·克林和乔治·约翰·达施是其中 2 个。克林带领的小组在佛罗里达州蓬特韦德拉登陆，而达施带领的 4 人小组则乘坐潜艇在长岛阿默甘西特登陆。

帕斯利特行动

作为“帕斯利特行动”的一部分，两艘潜艇将 8 名德国特工送到东海岸的两个登陆点。所有破坏者很快被 FBI 抓获，经军事法庭审判后，其中 6 人于 1942 年 8 月 8 日在电椅上被处决。

5 月底，这两组各自乘坐两艘德国 U 型潜艇动身前往美国，计划于 7 月 4 日在辛辛那提会合，他们带着相当可观的美元和完成破坏任务需要的炸药和导火索。克林和达施还随身携带着手帕，上面有用隐显墨水写的阿勃维尔在美国的联系人的名字。

达施小组率先踏上了美国土地，6月12日傍晚他们伪装成德国海军队员靠岸，几分钟后“帕斯利特行动”开始。他们在岸边遇到在海滩巡逻搜寻德国潜艇的哨兵“敲沙者”（sand pounder），因此试图伪装成陷入困境的渔民蒙混过关，但是未能成功。这时达施往哨兵手里塞了一沓美元（共260美元），让他假装什么都没看见。哨兵手里只有一把信号枪，表示同意之后便离开了。达施以为已经摆脱了他。但是，当这些破坏者前往阿默甘西特长岛火车站，去赶前往纽约市的早班火车时，那个哨兵——二等兵约翰·卡伦（John Cullen）——已经将自己的所见向上级汇报示警，并补充道听到其中一人说德语。中午时分，FBI发现达施及其组员在海滩上埋设的一些炸弹，马上展开大规模搜捕行动，但那时达施已经决定向FBI自首。

与此同时，6月18日，克林小组在杰克逊维尔东南部25英里（40公里）处的蓬特韦德拉海滩（Ponte Verdra Beach）登陆，4名破坏者没有遇到海岸哨兵盘问，一切都非常顺利，克林带着1人前往辛辛那提，而霍普特则和第四个破坏者乘坐公共汽车前往芝加哥。

同一天，达施到达华盛顿向FBI自首并交代了一切。6月22日胡佛告知罗斯福总统，FBI“已经逮捕了在长岛登陆的所有成员”。胡佛并没有提及达施的合作，尽管后者已经带着FBI到达其他3名成员那里，还交出用隐显墨水写有联系人名字的手帕。其中有一个名字是赫尔穆特·莱纳（Helmut Leiner），居住在辛辛那提，FBI通过跟踪他，最终逮捕了克林及其组员。

罗斯福清楚，如果在公开法庭上对他们进行审判会涉及国家安全，他决定在军事法庭上由7名将军对这些间谍进行审判，这是1865年亚伯拉罕·林肯总统遇刺以来的首例审判。

8人都被判犯有间谍罪。达施和伯格全力配合并帮助抓捕了其他组

图为美国军事审判委员会在对 8 名纳粹破坏者进行第 3 天庭审。从左到右分别是：约翰·刘易斯（John T. Lewis）准将、洛伦佐·恺撒（Lorenzo D. Casser）少将、沃尔特·格兰特（Walter S. Grant）少将、委员会主席弗兰克·麦科伊（Frank R. McCoy）少

将、布兰顿·温希普（Blanton Winship）少将、盖伊·亨利（Guy V. Henry）准将和约翰·肯尼迪（John T. Kennedy）准将。

员，其他人在1942年8月8日在电椅上被处决，伯格被判处终生劳役，达施被判有期徒刑30年。但是，1948年两人都被驱逐至西德。

2011年，破坏了整个行动的海岸哨兵约翰·卡伦去世，享年90岁。“那个德国家伙很紧张，”他在一次采访中谈及抓捕间谍时说，“但我觉得我更紧张。”

第 12 章
法国抵抗运动

在被德国占领的前几个月，所有的法国人都震惊于德国征服的规模，毫无抵抗可言。一战期间，他们面对德国军队，进行了长达 4 年的抵抗，而 25 年之后，几周的工夫法国就被占领了。1940 年 7 月签署的停战协议将法国分成占领区和非占领区，前者——北部——由德国管辖，而南部则由驻扎在温泉小镇维希的法国政府统治，由 1916 年凡尔登战役的英雄菲利普·贝当（Philippe Petain）元帅任首脑。

有些人无法忍受在自己的国家看到德国人，会进行一些临时无准备的反抗活动。1940 年 12 月 23 日，雅克·邦塞尚（Jacques Bonsergent）被处决之后，一场抵抗运动开始在巴黎扎根。这个 28 岁的工程师唯一的罪行是目睹了一些法国人和几个德国士兵之间的口舌之争。

雅克拒绝说出参与冲突的人员名字后，德国人在法国首都散发几十张传单，宣布判处他死刑。他们认为这会让民众更加畏缩，但却起到了反作用。人们在传单旁边留下了鲜花、蜡烛、法国国旗，甚至还有英国国旗，以示对邦塞尚的声援。这种举动传到了身处伦敦的自由法国领导人夏尔·戴高乐（Charles de Gaulle）将军的耳朵里，英国广播公司

占领法国

德国占领法国之后，将这个国家大致分为南北两个区。北部由德国管辖，驻地在首都巴黎，成为占领区（北区）。而法国南部则是南区，由傀儡政府管辖，首脑是一战时期的法国英雄菲利普·贝当元帅，政府所在地在温泉小镇维希，因此法国南部被称为维希法国。

BBC播送了一条信息，要求法国民众1月1日下午3点至4点间待在家里迎接1941年的新年。这个行为很微不足道，但却是法国人第一次感到他们在反抗压迫者。

入侵伊始，只有少数法国人站出来反对德国人，其中最著名的是41岁的让·穆兰（Jean Moulin），他是法国厄尔·卢瓦尔省（Eure-et-Loir department of France）省长，该省的行政总部设在距离巴黎西南部60英里（97公里）的沙特尔镇。穆兰拒绝将纳粹屠杀平民的罪责归咎于在法国军队服役的塞内加尔部队（Senegalese troops）身上，他因此被逮捕并受尽折磨。穆兰最终被释放，经西班牙来到伦敦，并告诉夏尔·戴高乐："如果盟军在大陆采取行动，不依靠准备做出最大牺牲的部队，那一定是愚蠢而又可耻的。尽管今天这支军队散落分布、组织无序，但明天一定能成为团结的力量。"

戴高乐将军欣赏穆兰的组织能力和管理才能，任命他为法国总干事，负责组织全法越来越多的反抗者。

穆兰在伦敦接受过徒手战斗和轻武器训练，还学会了跳伞。1942年1月2日至3日晚，他空降回法国开始工作。他拜访了马赛、里昂和巴黎的抵抗运动组织，帮助他们在法国境内建立了秘密武装组织架构，并经戴高乐在伦敦的总部协调，获得来自英国首都的武器供应。他劝说共产主义者和右翼集团放下政治分歧，为了法国的共同利益团结起来，这并非易举，是对他外交能力一次极大的考验。

1943年1月至4月间，法国自由射手和游击队（Francs-Tireurs et Partisans，简称FTP）使158列火车脱轨并突袭了110个机车调度厂。此外，他们建立了脱逃路线，援助在法国被击落的英国皇家空军成员，有几次甚至还帮助1940年敦刻尔克大撤退中落在后面的英国士兵，越过边境，进入中立国西班牙或瑞士，最后回到英国。被称为"摆渡人"

自由法国武装力量领袖夏尔·戴高乐将军在伦敦通过英国广播公司 BBC 向祖国同胞发表演讲。

（passeur）的志愿者中还有孩童，他们将英国人引领至安全地带。伦敦提供的资金也资助了许多反德文章、小册子和报纸的印刷，在法国主要城市，这些印刷品被秘密分发给民众，他们因此得知一场轰轰烈烈的地下抵抗运动正在展开。

从 1943 年 2 月开始，越来越多的青年自愿加入穆兰组织的抵抗运动网，这时维希政府通过《义务劳动服务法》（Compulsory Work Service），要求所有年龄介于 18 岁至 50 岁的健壮男人和 21 岁至 35 岁

让·穆兰组建了法国民族抵抗委员会并受戴高乐领导。1943年穆兰被盖世太保抓获并折磨致死。

的单身女青年都要效力于德国的战事工作。几乎在一夜之间，成百上千名法国公民离开家乡并加入驻扎在乡村中的诸多抵抗组织。此时，抵抗运动不再是以巴黎、马赛、里昂和其他大城市为中心了，而是蔓延到法国乡村。

在返回伦敦向戴高乐简要汇报进展后，1943年初，穆兰作为民族抵抗委员会（National Council of the Resistance，简称CNR）的领袖，再次跳伞空降法国。5月27日，他在巴黎主持召开了第一次会议，但

这辆被摧毁的德国坦克实际上是被美国空军战斗机击中的，这是 1944 年出现在法国北部的军用车辆之一。

次月被人出卖。尽管受尽非人的折磨，但关于民族抵抗委员会的活动，他一个字也没向盖世太保透露。1943 年 7 月 8 日，他因伤去世。

穆兰没有白白牺牲。1944 年 2 月，法国国内军（Forces Françaises de l'Intérieur，简称 FFI）不断发展壮大，吸纳了 1941 年以来一直与盟军并肩战斗的自由法国士兵，以及法国境内各种不同的抵抗组织。

诺曼底登陆前的几周甚至几个月，抵抗组织通过无线电向伦敦发送有关德军部署和力量的情报。等到登陆时，他们的任务就是伏击车队，破坏运兵火车轨道，从而拖延德国援军到达滩头。由于受到抵抗组织的袭扰，一个德国步兵师乘火车从布列塔尼南部到诺曼底用时 5 天才行进了 125 英里（201 公里）；被称为“帝国师”（Das Reich）的臭名昭著的党卫军装甲师从蒙托邦往北行进则用了 16 天，而非之前预计的 7 天。

抵抗组织在进入法国前，已经接受过特别行动处（Special Operations Executive，简称 SOE）成员的训练，学会使用炸弹和通信工具，这使他们在某些情况下能够成为自给自足的组织，称为“马基”（Maquis），该词字面意思为法国南部和科西嘉岛上茂密的灌木地带。

伯纳德马基（Maquis Bernard）是其中最高效的组织之一，他们在莫尔旺地区活动，这个乡村地区地势高低起伏，树林茂密，位于法国中部第戎以西约 75 英里（121 公里）处。1944 年 7 月至 9 月的 3 个月，他们负责接应英国第 1 特种空勤团 A 中队（1SAS，任务代号“亨兹沃斯行动”），为后者提供食物，传递情报，还经常与之并肩战斗，袭击从那里经过向北开赴诺曼底的德国人。“空投武器之后，我们不得不训练那些马基，教他们使用武器，”特种空勤团通信兵戴维·当热（David Danger）回忆说，“不少小伙子射穿了自己的脚，他们安全意识薄弱，但总体来说，这些土生土长的伙伴相当专业，值得信赖。”

法国抵抗入侵运动还有其他形式，比起马基的攻击性而言相对被动一些，但是同样重要。1944 年 9 月，第 2 特种空勤团（2SAS）大量人员空降至法国东部靠近法德边界的孚日山脉地区，他们的目标是攻击经这里崎岖不平的地势撤往德国的德军。遗憾的是，行动伊

盟军前线
西墙（齐格菲防线）

1944年9月15日盟军前线

自诺曼底登陆开始以来，盟军的挺进速度太快，美军的补给链延伸过长，1944年9月，盟军开始放慢东进速度，战场暂时归于平静。德军正需要一段缓冲时间，他们利用这段时间加固摩塞尔河沿岸的新防御阵地。9月5日，美国陆军第3集团军重新东进，10天后解放南锡城，但德军得到了来自布鲁塞尔的第5装甲师的增援，因此盟军的东进变得极为缓慢。

始，美国第3集团军停止前进，而德国人则在孚日山脉地区挖掘防御工事。特种空勤团士兵处在成千上万的敌军包围之中，他们越来越依赖法国平民的帮助。贝吉龙女士（Madame Bergeron）是一个“严厉、普通而又认真的中年未婚女性”，她与母亲在农场生活，是当地马基组织的主要情报传递员，她还为特种空勤团成员提供食物和居所。特种空勤团情报官克里斯托弗·赛克斯（Christopher Sykes）回忆说，贝吉龙女士被德国人逮捕后，他们“无休止地羞辱她，试图使她精神崩溃……他们彻底失败了。他们把她的房子变成妓院，殴打她，折磨她，一切却都徒劳无功，这个沉默寡言、相貌平平、穿着考究的女性充满老虎般气压山河之力”。

20年后的1964年，让·穆兰的遗骸被移葬到巴黎先贤祠，出席葬礼的有夏尔·戴高乐和文化部部长安德烈·马尔罗（Andre Malraux），后者曾在抵抗运动中与穆兰共事。马尔罗将穆兰描述为“黑暗中的民族领袖”，在祭文的最后，他说道：“今天，法国的青年们，愿你们想象这个人时，会伸出手去触摸他在最后一天那可怜的、面目全非的脸，去触摸那从未说过一句背叛之言的嘴唇。那一天，他的脸就是法国的脸。”

第 13 章

杜立特空袭

截至 1942 年 3 月，日本人的侵略冒险行动一直频频得手。自 1941 年 12 月对珍珠港的美国太平洋舰队发动致命突袭以来，裕仁天皇（Emperor Hirohito）的军队对盟军进行了一次又一次压制性打击，占领了中国香港、马来半岛、新加坡、中南半岛和缅甸等国家和地区。日本军队似乎战无不胜，甚至美国杂志《读者文摘》（*Reader's Digest*）还刊载了一篇关于日本某个大队的报道，该大队于 1942 年创造了长途行军的世界纪录，长驱直下 100 英里（161 公里），到达马来半岛只用了 72 小时。

3 月 8 日，日本军队登陆新几内亚，他们的最终目标是入侵澳大利亚。3 天后，他们在菲律宾群岛最南端的棉兰老岛靠岸，3 月 14 日到达所罗门群岛，工兵部队在瓜岛上修建机场跑道，以便扩张在太平洋的侵略范围。

还未从珍珠港事件的余震中恢复过来的美国民众，开始想知道什么时候——或者能否——反击日本。《时代周刊》（*Time*）中的一篇文章抓住了民众的沮丧心态，称“美国遭受了重创”。

富兰克林 · 罗斯福（Franklin Roosevelt）总统比任何人都更清楚这

一点。他极力渴望鼓舞士气，把各军种参谋长召集起来，要求他们发起反击，打击日本人的嚣张气焰。

时任美国海军作战部长的海军上将欧内斯特·金（Ernest J. King）是出席的统帅之一，其作战部参谋弗朗西斯·洛（Francis Low）上校提出一套反击日本的方案。这个想法与所有最佳方案一样简单：空袭日本本土。当然这个方案之前在大会上讨论过，但军事统帅们只想到利用海军的飞机从航母起飞进行空袭，而洛的建议是派出一支陆军轰炸机编队从航母甲板起飞，凭借轰炸机更长的飞行距离和更强大的炸弹携带能力，他们能够发动袭击并在燃油耗尽之前在友邦着陆。

洛的计划得到高层当局的首肯，被选派指挥这项冒险任务的是詹姆斯·杜立特

詹姆斯·杜立特

詹姆斯·“吉米”·杜立特生于1896年12月，幼年先后在阿拉斯加和洛杉矶生活，1910年他参加了洛杉矶航展，从此开始爱上飞机。不久他建造了自己的滑翔机并成功升空。1917年，他加入通信部队预备役（Signal Corps Reserve）当飞行学员（当时美国还未组建自己的空军）。1918年3月，他被任命为少尉，但直到一战最后一年也没有参与实战，一直在部队服役直至战争结束。他毕业于麻省理工学院，获得航空工程学博士学位，同时还是飞行技术的开创者，在飞行中引入外筋斗等许多创新技术。1932年，杜立特以时速296英里（476公里）的速度创造了陆上飞机世界最快飞行纪录。二战时他已退役，于1940年以少校军衔再次应征入伍。杜立特于1993年去世，享年96岁。

空袭日本之后，詹姆斯·杜立特中校和一些战友在中国的合影。从左到右为：投弹手弗雷德·布雷默（Fred A. Braemer）上士，飞行机械师兼机枪手保罗·莱纳德（Paul J. Leonard）上士，浙西行署主任贺扬灵，副驾驶员理查德·科尔（Richard E. Cole）中尉，任务总指挥杜立特中校和领航员亨利·波特（Henry A. Potter）中尉。

(James H. Doolittle）中校，这个45岁的飞行专家曾在一战期间为自己的国家服役。他的年纪大到可以当参加这次空袭的大部分机组人员的父亲了，但杜立特接到明确命令，他的任务是策划此次空袭，不亲自执行计划。

杜立特很快拟制了一份任务清单，其中写道，“这个特殊计划的目的是轰炸日本的工业中心”。他设想16架飞机由海军送到距离目标400英里（644公里）以内的地方，然后在黎明时分起飞。任务将启用 B25 双引擎中型轰炸机，机组人员 5 人，飞行距离足以执行轰炸任务，同时还可以携带 4 枚 500 磅（227 公斤）炸弹并以时速 300 英里（483 公里）的速度飞行。至于目标，杜立特选择了东京、横滨、大阪—神户以及名古屋等城市的工业目标。

接下来的问题是返航。轰炸机全体机组人员都知道，空袭最令人担忧的问题就是投下炸弹后飞机返航的问题。返回到航母是不可能的，所以他们决定让 B25 轰炸机在位于中国上海以南 200 英里（322 公里）处的衢州无线电信号的指引下，继续飞往中国西部，在那里续加燃料之后，美国飞机将继续飞行 800 英里（1288 公里），到达中国的战时首都重庆。

空袭最重要的一环是机组的人选。杜立特来到驻扎在俄勒冈州的第 17 轰炸大队（Seventeenth Bombardment Group）招募志愿者。近 150 人出列——飞行员、领航员、机炮手和空勤机械员都急切想要参加任务，尽管没有人知道具体任务。当他们到达佛罗里达州的埃格林机场（Eglin Field）开始训练时，杜立特向志愿者发表了演讲，感谢他们的热情，也表达了歉意，因为任务高度保密，关于行动的具体性质他无法透露。他提醒这些志愿者此次任务非常危险，他会给每个人退出的机会。但没有人接受这个机会，整个 3 月，他们进行高强度训练，掌握了短距起飞。“我们一遍一遍训练，开足最大马力，在 500 英尺（152 米）的跑道上以时速 65 英里（105 公里）的速度起飞，”飞机副驾驶杰克·西姆斯（Jack Sims）回忆道，“只要引擎不停止转动，这事儿就能干。”

机组人员进行训练的同时，地勤人员和技术专家对 B25 进行了改造，以满足任务的需要。他们在飞机的投弹舱里安装了一个 225 加仑（852 升）的辅助燃料油箱，又在底部炮塔增加了一个 60 加仑（246 升）的油箱，以延长飞行距离。

图为参与“杜立特空袭”的舰艇之一：美国海军“大黄蜂”号航母。

图为发动“杜立特空袭”之前，停靠在美国海军“大黄蜂”号航母甲板上的 8 架 B25 轰炸机。右侧的飞机（机尾编号 40-2250）是理查德·乔伊斯（Richard O. Joyce）少尉驾驶的 10 号飞机。远处可见的是“纳什维尔”号轻型巡洋舰。

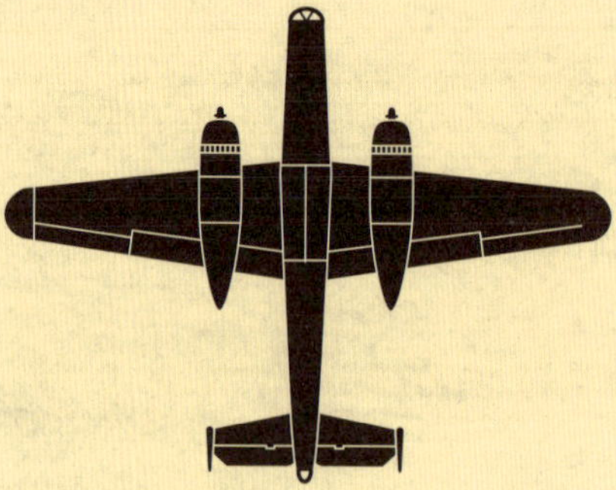

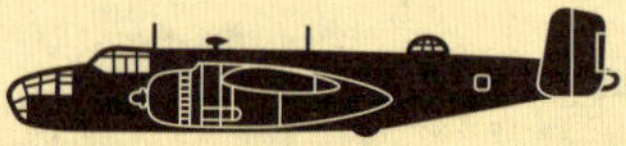

北美B25米切尔轰炸机

类型：	中型轰炸机
机组成员：	6人
长度：	52英尺11英寸（16.1米）
翼展：	67英尺7英寸（20.60米）
最高时速：	272英里（438公里）
巡航时速：	230英里（370公里）
作战半径：	1350英里（2174公里）

B25轰炸机以美国航空先驱比利·米切尔（Billy Mitchell）少将命名，最初是常规的中型轰炸机。因为足够轻，可从航母上起飞，杜立特因此选中它来执行此次突袭任务，但还是因太重无法在航母上降落。这意味着空袭日本后，B25要继续飞至中国着陆。后来在太平洋战场，这款飞机显示出作为对地攻击机的巨大潜力。它还曾效力于英国皇家空军及其他盟军空军部队。

杜立特及下属循序渐进，从最初在机场训练，逐渐过渡到在弗吉尼亚州诺福克基地的“大黄蜂”号（*Hornet*）航母的甲板上起飞。率领部下经过几个月的紧张训练后，杜立特决不愿意错过这次行动。他与上级争辩他必须参加此次空袭，因为“我比任何人都了解这次任务，而且知道如何指挥”。

杜立特得到准许，担任空袭的探路者（pathfinder），作为领头雁首先投下一些燃烧弹，为随后而至的飞机照亮目标。

4月2日，满载空袭人员和飞机的“大黄蜂”号航母和护航编队从加利福尼亚起航，直到军舰在海上安全航行时，指挥官米奇尔（Mitscher）舰长才通过扬声器宣布“此次任务的目标是东京”。在前往目标途中，“大黄蜂”号和另一特遣舰队会合，其中包括“企业”号（*Enterprise*）航母，共计18艘舰艇航行穿越太平洋。杜立特及部下在甲板下继续研究他们的目标，再次牢记飞行路线并最终确定飞往中国的逃脱路线。

4月17日，特遣舰队离东京还有1000多英里（1609多公里），随着他们越来越接近目标，每个水手和机组人员都担心可能遭遇日本的袭击。第二天天刚亮不久，他们就被敌军的一艘巡逻船发现，这艘巡逻船在被击沉前已向日本发回警报。尽管现在离日本首都还有将近 700 英里（1127 公里），他们却别无选择，只能在日本第 5 舰队做出反应之前，即刻启动任务。“企业”号舰长兼此次任务的总指挥威廉·哈尔西（William F. Halsey）上将于 8 点向“大黄蜂”号发布指令：“让杜立特上校与其勇敢的飞行中队起飞吧，祝你们好运，愿上帝保佑你们。”

杜立特驾驶 1 号飞机，率领 15 架飞机从“大黄蜂”号航母的甲板起飞，飞行员大卫·琼斯（David Jones）回忆说：“我们知道存在燃油问题，但由于特遣舰队被发现，我们不得不比原计划多飞大约 400 英里（644 公里），到达中国机场的机会更加渺茫。”

泰德·罗森（Ted Lawson）是等候起飞的 7 号飞机飞行员，他后来撰写了一篇名为《东京上空三十秒》（Thirty Seconds Over Tokyo）的回忆文章，描述了此次空袭。他回忆道：“杜立特开始加速，沿着自己的航线滑行，就在‘大黄蜂’号在大浪中颠簸着全速航行的时候，杜立特的飞机起飞了。甲板跑道上还有几米没有用上，他几乎使飞机垂直竖立起来，我们看到了 B25 的整个顶部，然后飞机趋平，他兜了一个小圈子，低空掠过我们的头顶。”

随着所有飞机成功升空，特遣舰队调转方向返回珍珠港等待空袭消息。与此同时，为了尽可能延长燃料使用时间，16 架 B25 在太平洋上不超过 50 英尺（15 米）的低空中以时速 150 英里（241 公里）的速度飞向东京。他们没有编队，各自独立飞行，其中 10 架飞机（包括杜立特在内）的袭击目标是东京，3 架分别空袭神奈川、横滨和横须贺，另外 3 架则前往神户、名古屋和大阪。

4 月 18 日，星期六正午过后几分钟，杜立特到达日本首都东京，他的炸弹舱投下4枚燃烧弹，这个爆炸力实际上很小，无足轻重，无法与过去2年里英国皇家空军和德国空军在德国和英国城市投下的炸弹比拟，但这4枚炸弹却翻开了对日战争的新篇章。从此日本人再也逃避不了被攻击的命运。

杜立特转向南方，飞往大海，随后其余的轰炸机开始向飞机制造厂、燃料工厂、油罐、军火仓库和造船厂投下炸弹。总体而言，他们造成的损失非常小——约300人丧生或受伤，不到100座建筑物被摧毁，但心理上的代价却是巨大的。此外，对于这些大白天肆无忌惮袭击他们的敌机，日本守军竟

从“大黄蜂”号航母起飞的一架B25米切尔轰炸机，参加美国对日本的首次空袭。

然一架都没有击落。

这些飞机向西飞过中国东海，其中大部分人一直继续飞行直到燃油耗尽后跳伞，在中国降落，但 16 号飞机的飞行员却没有那么幸运，他们降落到日本占领区后被俘虏了。

这是此次冒险且成功的空袭中的唯一瑕疵，美国报纸对空袭大为赞誉。杜立特被授予荣誉奖章，所有 80 名空袭人员都赢得了杰出飞行十字勋章，包括被日本人残酷折磨了几个月后处决的 3 名飞行员，其中之一是来自堪萨斯州 21 岁的哈罗德 · 斯帕兹（Harold Spatz）。被处决的前一晚，他给父亲写信 ："我想让你知道，我如战士一般战斗至死，我的军装就是我拥有的最有价值的东西，我把它们送给你。爸爸，我想让你知道我爱你。愿上帝保佑你。"

第 14 章

中途岛上的密码较量

日本人被“杜立特空袭”激怒了。他们寻求报复，将怒火发到无辜的中国东部居民身上，多次空袭那里的乡镇和村庄。当然，他们还要报复那些胆敢袭击日本本土的人。

日本联合舰队司令山本五十六大将接到指示，要选择一个合适的目标来实施报复，他选择了北太平洋中途岛的珊瑚环礁，同时阿留申群岛成为转移注意力的目标。

中途岛海军航空站是个庞大的基地，配有机库、人工港口、燃料储存罐，还驻有几百名平民建筑工人，由舰队陆战队（Fleet Marine Force）的一个营守卫，该营驻扎在中途岛两个环礁之一沙岛（Sand Island），另一个环礁东岛（Eastern Island）上有一条长 5250 英尺（1600 米）的飞机跑道。

1942 年 12 月 7 日，日本飞机突袭珍珠港几小时后，中途岛部队首先遭到攻击。尽管后来得到 17 架沃特守护者式俯冲轰炸机（Vought Vindicator dive bombers）和 14 架布鲁斯特水牛式战斗机（Brewster Buffalo fighters）的增援，但他们已经错过了战争。

山本五十六大将的意图是以中途岛为诱饵，彻底围困美军太平洋舰

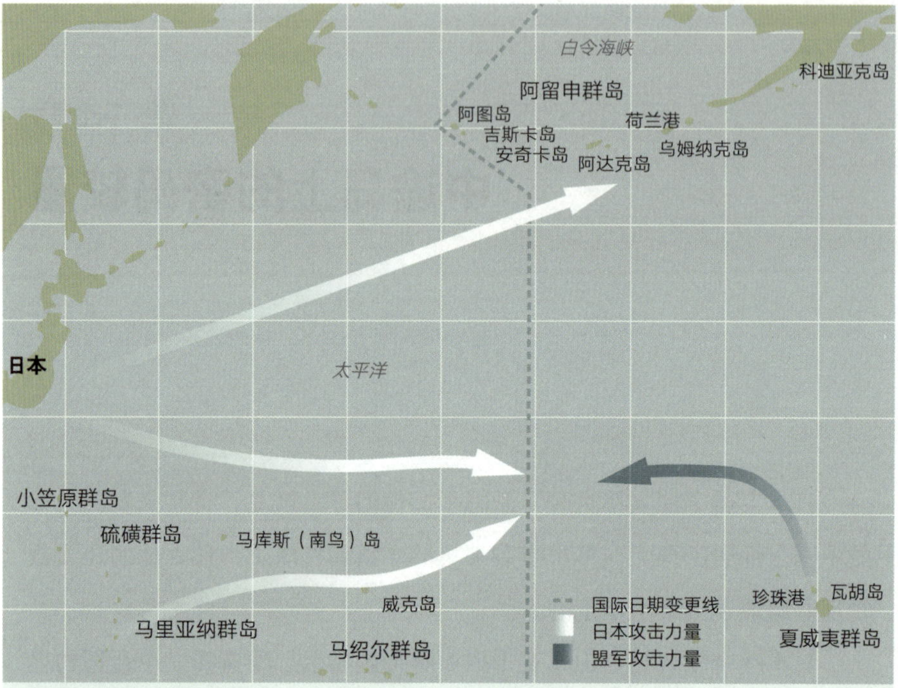

中途岛海军航空站

北太平洋的中途岛环礁位于夏威夷珍珠港西北偏西 1135 英里（1827 公里）处，中间的沙岛和东岛直径长达 6 英里（9.6 公里），四面环珊瑚礁，中间还有个浅环礁湖。最早发现环礁的记录是 1859 年美国“冈比亚”号捕豹船船长米德尔布鲁克斯（Middlebrooks，也就是人们熟知的布鲁克斯），他称中途岛属于美国，并以自己的名字命名。1867 年，另一航海家威廉·雷诺兹（William Reynolds）船长正式占领环礁，使之成为附属于美国政府的第一个太平洋岛屿，因为它到北美与到亚洲的距离大致相等，不久后正式改名为中途岛。1903 年至二战爆发之初，它既是火奴鲁鲁—关岛—马尼拉水下电报线路的电缆站，又是泛美航空公司的一个航空基地，发挥着双重作用。

队。山本五十六集结了 8 艘航母、11 艘战列舰、23 艘巡洋舰、65 艘驱逐舰和几百架战斗机、轰炸机和鱼雷轰炸机组成一支大舰队，计划袭击中途岛，引诱美国舰队进入公海，然后在太平洋上将其击沉。

但如此大规模的行动需要大量的后勤规划，包括向相关部队和人员发送无线电信息。由于已经破译了日本“紫色密码”，美军很快获悉日本即将发动代号为“米号作战”（Operation MI）的行动。

美国人事先知道袭击即将到来，太平洋战区司令切斯特·威廉·尼米兹（Chester W. Nimitz）海军上将于1942年5月2日飞抵环礁视察当地的防御，但他没有向美国海军和海军陆战队的3632名官兵透露日本的此次袭击，而是命令人员加强守卫，以防大规模两栖攻击。直到5月20日，尼米兹才告诉中途岛的指挥官们，日本将于8天后发起攻击，并描述了袭击详情。环礁得到坦克、无畏式俯冲轰炸机（Dauntless dive bomber）、F4F野猫式战斗机（F4F Wildcat fighter）和鱼雷轰炸机的增援，但原计划日期被推迟了几天，大概在6月3日至5日的某个时候。

中途岛的沿岸防御非常密集，配有120多架飞机，但并非所有飞机都状况良好，雷达系统陈旧且不准确。海军陆战队、海军和空军各机组之间也缺乏合作。

尼米兹最后得出结论，最佳防御方式是发起攻击，一旦发现日本航母就发起攻击。“这意味着需要掌握非常精确的时机，具有一些历史性的运气，或者两者兼得，”尼米兹上将承认，“如果要阻止再次发生袭击，（中途岛的）空军必须先发制人，破坏日本航母的飞行甲板……”

增援中途岛之后，尼米兹只派了少数飞机前往阿留申群岛，他清楚那里只是日本人转移注意力的目标。他把太平洋舰队分编成两支强大的航母编队，第一编队包括参与“杜立特空袭”的2艘航母——“大黄蜂”号和“企业”号，此外还有6艘巡洋舰和9艘驱逐舰；另一编队包括“约克城”号（*Yorktown*）航母，由2艘巡洋舰和6艘驱逐舰护卫。6月2日，两大战斗编队在中途岛东北部约250英里（402公里）处集结，但山本五十六的舰队却不知去向。直到第二天早上9点刚过，在中途岛以西700英里（1127公里）巡逻的一架美国飞机发现情况，一开

1942年6月4日上午，中途岛战役爆发。画面的中央前景是“苍龙”号（遭遇“约克城”号航母起飞战机的攻击），远处正在燃烧的舰船是“加贺”号和“赤城”号（都遭到“企业”号航母起飞战机的攻击）。照片最右边着火的是一艘轻型巡洋舰。

始飞行员以为是挡风玻璃上的灰斑，他再次查看，便明白了一切，“发现主要目标”，飞行员向中途岛发回无线电。

中途岛飞机的首轮攻击并没有对日本舰队造成多严重的损害，9 架 B17 轰炸机在首轮攻击中未能击中目标，鱼雷轰炸机的再次空袭造成的损害也很有限。

第二天，6 月 4 日，日本发起攻击。4 点 30 分，第 1 航空舰队（First Striking Force）指挥官南云忠一（Chuichi Nagumo）中将的飞机从 4 艘航母“赤诚”号（*Akagi*）、“加贺”号（*Kaga*）、“飞龙”号（*Hiryu*）和“苍龙”号（*Soryu*）的甲板上起飞。很快，100 多架鱼雷轰炸机、俯冲轰炸机和战斗机向中途岛飞去，即便环礁上脆弱的雷达系统都不可能探测不到这支编队，5 点 53 分中途岛上空响起空袭警报。与此同时，岛上的战斗机紧急起飞，英勇阻截并击落了一些袭击者，但自身损失重大，15 架水牛式战斗机和 2 架野猫式战斗机被击落，13 名飞行员丧生。

中途岛海军航空站（左下、右下）是美国海军在太平洋的一个大型基地，基地驻有几百名平民建筑工人，由舰队陆战队的一个营守卫，该营驻扎在沙岛（中途岛两个环礁之一），而另一个环礁东岛上则有一条长 5250 英尺（1600 米）的飞机跑道。

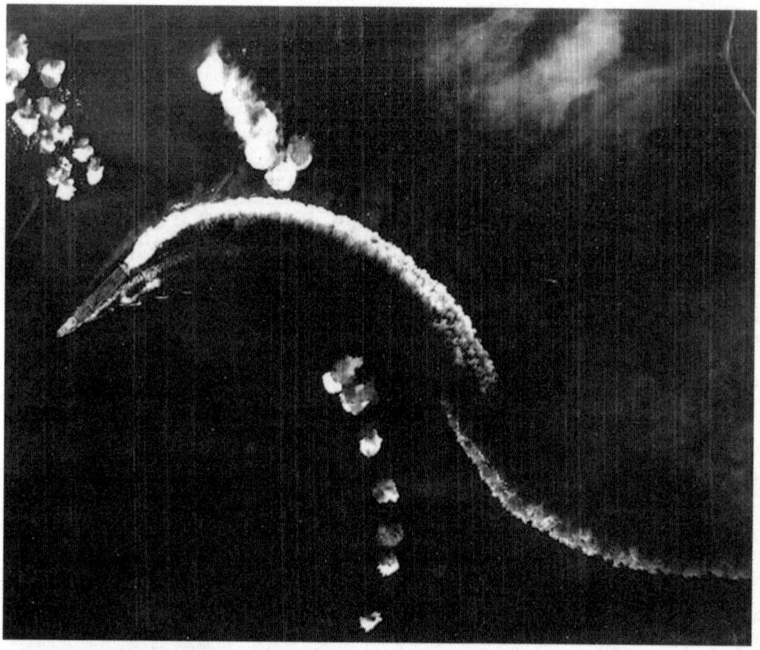

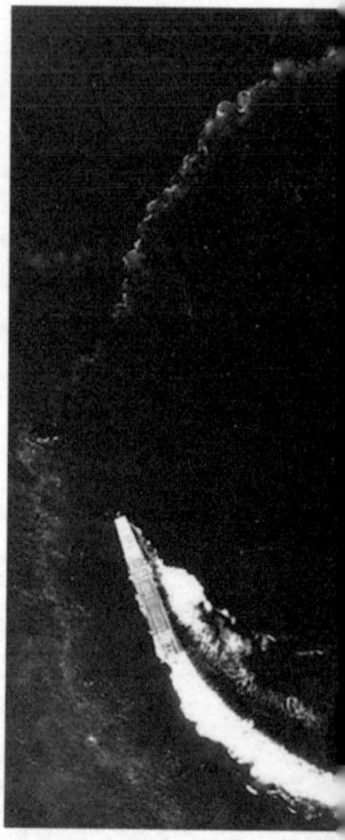

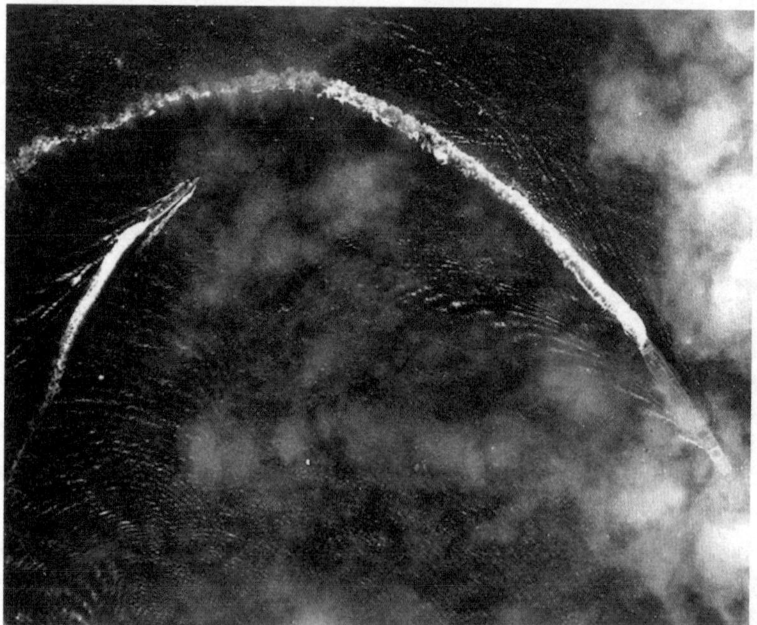

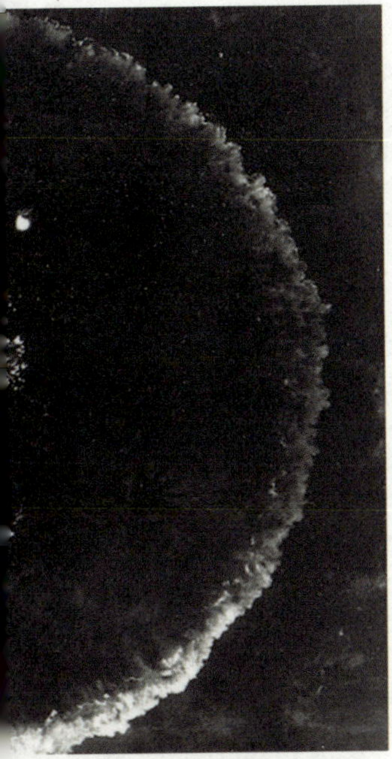

在中途岛的地面上，美国海军陆战队的一等兵菲利普·克拉克（Phillip Clark）将来袭的敌军方阵比作“远处地平线上的三缕云彩”。空袭来势汹汹，但由于盟军预先得到警报，得以建造坚固的防御工事，因此在6点48分结束的地面空袭中，只有11人死亡。

中途岛空袭结束20分钟后，轮到日本舰队遭受轰炸。但美军鱼雷飞机的首轮出击轰炸没有成功，且伤亡惨重；11架俯冲式轰炸机冲上天空也遭遇了同样的命运，损失了8架；最后，15架飞行堡垒（Flying Fortresses）重型轰炸机试图击沉舰队，但因周围充斥着日本零式飞机（Zero aircraft），没有一枚炸弹击中敌军船只。

美军垂头丧气地返回中途岛，他们出动了52架飞机，其中19架被毁，却没有取得任何成功。中途岛战役的首轮胜利属于日本，但他们没有料到会遭遇如此顽强的抵抗，导致南云忠一中将需下令进行第二轮攻击。即便如此，他也非常满意。

中途岛战役的其他照片。战役以日本帝国海军舰队惨败告终，日本损失了“赤城”号（左下）、“加贺”号和“苍龙”号（右上）3艘航母之后，第4艘航母“飞龙”号（右下、左上）被夏威夷方向来的几架飞行堡垒重型轰炸机击沉。山本五十六海军大将命令舰队撤退，此次惨败将太平洋的控制权交给了美国海军。

日本帝国海军少将山口多闻（追晋中将）曾参与突袭珍珠港。在中途岛战役中，他与“飞龙”号航母一起沉入海底。

但等待南云忠一的还有一个更大的意外，他和山本五十六大将都未曾料到，美军太平洋舰队正朝他们扑来。南云忠一直到8点30分才收到信息：“敌军殿后的好像是一艘航母。”这个消息令人不安，南云忠一极度犹豫。他的飞机已经重新装弹，准备下一波次对地攻击，此刻他是否应该下令重新换弹，做好准备应对敌军舰队呢？他决定选择后者，下令地勤人员给飞机装载鱼雷，但一切为时已晚。

很快，从“大黄蜂”号和“企业”号航母甲板上起飞的鱼雷轰炸机从东边出现，虽然没有一架能穿过密集的防空火力网和南云忠一的战斗机防御掩护，但更多的还在后面——55架俯冲式轰炸机打得日本舰队毫无招架之力。最先遭遇攻击的是南云忠一的旗舰“赤诚”号，紧接着是“加贺”号和“苍龙”号，3 艘航母都被击沉。

第 4 艘航母“飞龙”号被夏威夷方向飞来的几架飞行堡垒重型轰炸机击沉。随着日本遭受美国的又一轮打击，绝望的山本五十六命令舰队撤退。美国人先是突袭日本本土，现在又从日本海军手中夺取了太平洋的控制权。主动权现在掌握在美国人手中。

第 15 章

北非沙漠的欺骗行动

我们在第 2 章中已经了解到，坦克和空降部队的使用让德国在几周内横扫西欧，1940 年 5 月底英国远征军被迫从海峡港口敦刻尔克撤退，颜面尽失，国家处于崩溃的边缘。但新首相温斯顿·丘吉尔不是轻易向失败妥协的人。6 月 5 日，他给参谋长们写了一份备忘录，要求他们提出“对德国占领的海岸线发起有力的、大胆的、连续的进攻举措”，英国首支特种部队“哥曼德”（commando）即由此备忘录产生，由达德利·克拉克（Dudley Clarke）于 6 月建立并指挥作战。

6 月 24 日，哥曼德对布罗涅沿岸发起首次袭击（未获成功），几周之后，他们对德国占领的根西岛发起第二次袭击，但遭到同样的厄运。但不管怎么样，整个初秋时期，部队规模都在扩大，他们在苏格兰海岸的阿兰岛接受严格训练。与此同时，克拉克获中东英军总司令阿奇博尔德·韦维尔爵士（Archibald Wavell Sir）陆军上将亲自邀请，调任中东，受命在开罗组建“欺骗敌人的特别情报部门”。尽管韦维尔接受的是传统军事教育，却十分推崇游击战。

之前在 6 月，也就是哥曼德袭击布罗涅的前一天，韦维尔接受了拉尔夫·巴格诺尔德（Ralph Bagnold）少校的提议，组建长距离沙漠

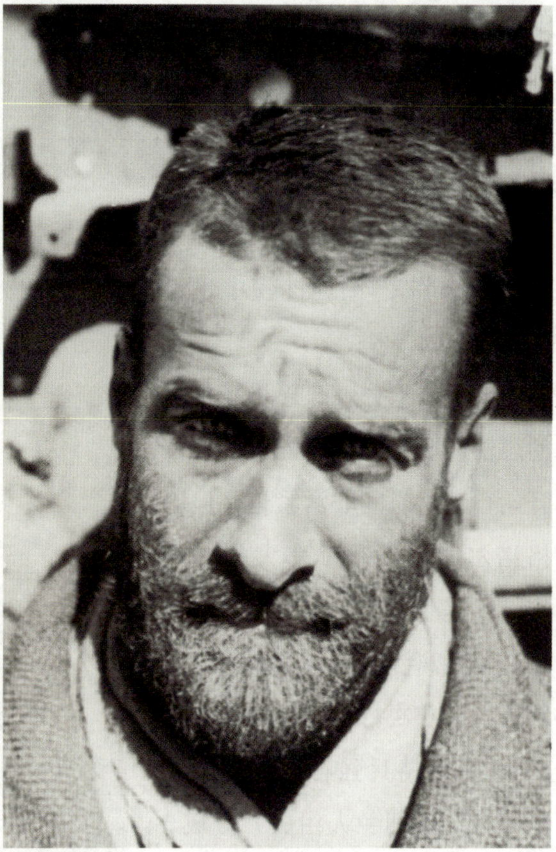

长距离沙漠群是一战老兵拉尔夫·巴格诺尔德（如图）的提议，他是20世纪20年代著名的沙漠探险家。他开发了穿越利比亚沙漠的多条路线，长距离沙漠群后来对意大利军队发起突袭走的就是这些路线。

群［LRDG，该部队最初被称为长距离巡逻队（Long Range Patrol），随后改称］。44岁的巴格诺尔德丝毫不像个特种部队领导人，他是个腼腆的科学家，曾任通信军官并在20世纪20年代驾驶福特汽车前往广袤的利比亚沙漠地区探险。1939年年底到达埃及后，巴格诺尔德很快意识到英国在埃及的处境，以及英国对至关重要的苏伊士运河的控制，正面临来自驻利比亚的50万意大利军队的严重威胁。巴格诺尔德向韦维尔建议用自身专业知识和丰富经验组建一支“流动的地面侦察部队，哪怕规模非常小，却能深入埃及西部的沙漠，看看那里到底发生了什么”。

巴格诺尔德补充说，长距离巡逻队将不仅仅是侦察部队，如果机会来临，“高地沙漠中也可能发生抢劫”。

韦维尔十分青睐巴格诺尔德的想法，要求他 6 周内做好准备开始行动。时间非常紧迫，但巴格诺尔德不仅是个伟大的探险家，还是个杰出的管理者。8 月初，长距离沙漠群一切就绪，只等着开展首次行动。巴格诺尔德将 80 多名精兵强将（主要由英国军官和新西兰人组成）分成 3 个巡逻队，每个队有 2 名枪手、2 名导航员、1 名装配工、1 名机

1942 年前后，西部沙漠锡瓦绿洲长距离沙漠群成员正在读家书。长距离沙漠群的行动属于绝密，他们在加入部队时必须签署一份保密承诺书。

械工、11 名司机、10 名机枪手、1 名无线电操作员和 1 名医生。

长距离沙漠群成立的前 3 个月，主要深入利比亚沙漠侦察意大利阵地。10 月，韦维尔下令改变策略。从现在开始，巴格诺尔德记录道，他们要“在利比亚任何我们愿意的地方制造麻烦，让尽可能多的敌军运输车和部队从沿岸前线撤离，去防卫遥远但无用的内陆要塞”。

长距离沙漠群抓住时机，表现十分英勇。有的巡逻队在路上埋设地雷，而其他巡逻队或炸毁弹药库，或袭击由无聊的意大利人驻守的孤零零的沙漠哨所。意大利人深信英国正在策划穿越沙漠发起进攻，他们立即做出反应，将部队从沿岸地区转移到内陆，护送补给队伍，增

英军对阿拉曼发起大规模进攻，拉开了结束北非战争的序幕。几周后，1942 年 11 月一支长距离沙漠群巡逻队向利比亚沙漠进发。

这辆车上的长距离沙漠群枪手头戴阿拉伯头饰。对于不得不在北非沙漠沙暴中行动的士兵来说，这是日常装束。

北非战争中，轴心国部队和盟军都会利用架在卡车上的假坦克来欺骗敌军。图中的假坦克属于英军。

援哨所，而这正是韦维尔希望看到的，他正忙于筹划一次大规模进攻，希望将意大利人赶出利比亚，为英国赢得在北非的胜利。

长距离沙漠群并不是韦维尔欺骗意大利人的唯一办法。1940 年夏天以来，他一直用假坦克愚弄敌人，让后者相信他可以调遣一支逾 50000 人的部队。虚构的皇家坦克团第 10 营（10th Battalion Royal Tank Regiment）由真正的达勒姆轻步兵团第 1 营（1st Battalion Durham Light Infantry）士兵组成，他们的坦克“由木头和帆布制成，在运输部队时折叠起来带走”。

韦维尔要求克拉克协助实施这个计策，尽管后者于 12 月 19 日到达开罗时，英国已经开始进攻，而意大利人正在混乱中撤退，他们彻底被韦维尔向西挺进横穿沙漠打了个措手不及。

1941 年夏创建特种空勤团的大卫·斯特林。尽管他于 1943 年 1 月被捕成为战俘，直至战争结束。但他创建的部队发展成为旅，至今仍是英国最秘密、最精锐的作战力量。

特别审讯组

特别审讯组（Special Interrogation Group，简称 SIG）是沙漠战争中出现的另一秘密组织，主要由逃往巴勒斯坦的德国犹太人组成，指挥官是英国上尉军官赫伯特·巴克（Herbert Buck）。特别审讯组最初不到 40 人，由 2 名德国战俘训练，除了教唱行军歌曲和其他细节，还教授德国国防军技能。然而，他们在试图袭击利比亚德尔纳附近的一个机场时，其中一名战俘把特别审讯组出卖给德国哨兵，首次袭击以惨败告终。1942 年 7 月，特别审讯组成功袭击富卡和马特鲁港的轴心国机场，摧毁大量敌机。1942 年 9 月，特别审讯组对利比亚图卜鲁格港发起过于冒险的袭击，他们伪装成德国士兵，押送一队被俘的英国人员（实际上是哥曼德队员），但几乎全军覆没。图卜鲁格港袭击失败后，特别审讯组被解散，少数幸存的成员被转入特种空勤团或特别舟艇中队（SBS）。

陆军将军埃尔温·隆美尔是非洲军团的指挥官，更以绰号“沙漠之狐”闻名，备受朋友和敌人的尊敬。隆美尔最终与希特勒发生矛盾，被牵连进刺杀元首的行动中，他于1944年被迫自杀。

英国在北美的优势转瞬即逝，他们只是赢得了某次战斗，并没有赢得战争。1941年2月，埃尔温·隆美尔将军指挥的德意志非洲军团（German Afrika Korps）的到来改变了沙漠地区的态势。隆美尔并不反对用同样的伎俩对付韦维尔，特别是最初他的部队人数较少。他让意大利工人用废旧汽车底盘制造了200辆假坦克，又让同波人马3次行军穿过的黎波里，任何正在监控的间谍都会以为一支相当规模的部队从德国而至。

1941年3月底，隆美尔信心满满地发起了首次进攻，英国人在3

周内就被赶出3个月前从意大利夺取的所有地盘。盟军存在的部分问题是，战胜意大利之后，为防德国入侵，盟军精英部队被派到希腊。为掩饰兵马短缺，达德利·克拉克创建了A部队，虽然从来没有明确说明A代表什么，克拉克极力宣称A代表空降(Airborne)，称一支大规模空降部队刚刚抵达埃及。为了让这种观点更具信服力，克拉克又在开罗附近的机场安排了大量假滑翔机，他非常清楚在埃及首都的众多德国特工肯定会向上峰报告这个消息。

然而，克拉克确实希望有一些真正的空降部队来完成这个骗局。他也确实很幸运。1940年6月成立的哥曼德特种部队在阿兰受训后乘船被派往中东，针对一些不合适的目标发动了一系列袭击，结果令人失望。12个月后，他们被解散，有些人回到原部队；其他人则留在中东待命以期出现转机，大卫·斯特林（David Stirling）和乔克·刘易斯（Jock Lewes）就是其中两人。他俩想出一个主意，组织一小支空降部队跳伞潜入敌军领地发动游

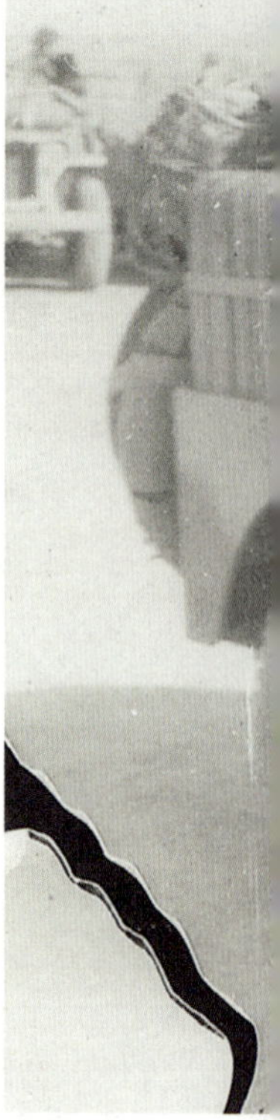

特种空勤团一支巡逻队沿着长距离沙漠群开发的秘密路线，动身深入沙漠腹地。注意车辆散热器格栅上的冷凝器和堆在引擎盖上的沙管，后者是为了帮助把车轮从深沙里挖出来。

特种空勤团一队士兵于1942年又一次成功袭击后的合影。爱尔兰前橄榄球国际比赛选手培迪·梅恩（Paddy Mayne）是这一分队的副指挥官，他在最右边，旁边是大卫·斯特林。

格雷厄姆·罗斯（Graham Rose）和吉米·斯托雷斯（Jimmy Storics），两人于1941夏最先加入特种空勤团。1年后，他们在袭击偏远的德国机场之前擦拭武器。

击战。他们得到了少数本是运往印度的降落伞进行试跳，斯特林在试跳中后背受了伤，在医院休养期间，他更确信这个想法的可行性，于是给克劳德·奥金莱克（Claude Auchinleck）将军（接任韦维尔的指挥官）草拟了一份备忘录，其中陈述道：

> 我极力赞同基于充分利用突袭及将人力与装备需求降到最低的原则，组建一支部队。我认为运用这种原则实际上意味着，利用一支5人小分队就可以破坏一个目标，而该目标之前需要4支哥曼德分队，大约200人。我想证明，如果飞机场或运输车场是某次行动的目标，那么比起200人的大部队，5人小分队更容易完成摧毁50架飞机或运输车的任务。我进一步断定，如果将200名经过精心挑选和训练并具有一定装备的人员组成多支5人小分队，那他们可以在同一晚上同一时间至少攻击30个不同的目标。

斯特林的建议被采纳，达德利·克拉克任命他们为“特种空勤团L特遣队”，尽管这支部队总共才有6名军官和60名其他各级人员，可当开罗众多轴心国间谍得知有这样空降部队时，肯定会有人向隆美尔的指挥部报告此消息。

在随后18个月的沙漠战争期间，长距离沙漠群和特种空勤团一直处于对抗隆美尔的“秘密”战争的最前线。斯特林被德国人称为“幽灵少校”(Phantom Major)，他的特遣队能够在深夜潜入机场，将炸弹放置到多架飞机上。1942年前6个月，特种空勤团摧毁143架飞机，他们有此成绩并非通过伞降潜入敌军领地（11月的首次行动是巨大的失败），而是得到了长距离沙漠群的帮助，后者利用自身对沙漠的熟悉，将斯特林及其人马送到离目标徒步行军就能到达的地方。特种空勤团称长距离沙漠群提供了“利比亚出租汽车服务”，这绝对是出于尊敬的玩笑。

长距离沙漠群在不协助特种空勤团时，便恢复了他们最初作为侦察部队的角色。1942 年，伯纳德 · 蒙哥马利对阿拉曼发起进攻，长距离沙漠群在离德国人道路几百米的范围内监视敌军动向，发挥了至关重要的作用。6 个月后，北非战争最终获胜，蒙哥马利写信给长距离沙漠群，告诉他们：“我想让你们知道，我是多么欣赏侦察部队的出色工作……没有你们谨慎可靠的报告，新西兰师发起的‘左勾拳’就会成为一次冒险；得益于你们提供的信息，这次行动谋划得当，并正如你们所知，一切顺利。请向所有相关人员转达我的感激之情。”

第 16 章

战略情报局

1942 年 6 月，北非战争进入关键时期。隆美尔元帅 6 月的进攻成功将英国人赶回埃及，迫使他们在阿拉曼紧急挖掘防御阵地。但是这位德国指挥官已经竭尽全力，再也无法保持压倒性优势了。随着盟军船运来成千上万的援兵和大量的补给，英美参谋长们开始拟定行动，希望彻底击垮轴心国在北非的军队。

经过多次争论和修订，“火炬行动”（Operation Torch）最终达成一致。乔治·巴顿（George Patton）上将率领约 24500 名美军在大西洋沿岸登陆，夺取摩洛哥城市卡萨布兰卡；劳埃德·弗雷登道尔（Lloyd Fredenall）将军率领 18500 名美军占领地中海沿岸的阿尔及利亚城市奥兰；最后，20000 名英美联军夺取阿尔及尔，其中 2000 名英国哥曼德部队队员分散在美军中。

这一点被认为非常必要，参谋长们一致认为，如果法国军队以为是美国人发起进攻（而非明显的英美联军），他们更有可能向进攻军队投降。原因很简单：1940 年 7 月，温斯顿·丘吉尔下令英国皇家海军攻击停泊在阿尔及利亚海军基地米尔兹比克港的法国舰队，致使很多法国人无法原谅他。当时丘吉尔为了防止德国海军兼并法国舰队而

1918 年夏天，年轻的乔治·巴顿中校在第 1 坦克营任军官，他身后是一辆法国雷诺坦克。

下此令，将近 1300 名法国水兵在袭击中丧生，法国海军指挥官发誓永不原谅丘吉尔。

因考虑到这一点，盟军一致同意在“火炬行动”开始前，美国巧妙地试探一下法国的口风，利用温和的外交手段和精明的间谍活动，确定登陆开始时法国军队可能的反应。

承担此任务的是新近成立的战略情报局（Office of Strategic Services，简称 OSS）。1941 年 7 月，根据罗斯福总统的指令，美国成立了第一个有组织的情报搜集机构。

美国战略情报局局长威廉·多诺万，外号“疯狂的比尔”(Wild Bill)。他性格粗暴，负责将情报搜集转变成一种艺术形式，战略情报局后来成为中央情报局的样板。

1944 年 6 月，在英国某地，伞兵们正准备登机参加对欧洲大陆的首次攻击，图中德怀特·艾森豪威尔将军当天对登机前的伞兵下令：“只许胜利，不许失败。”

这个非军事组织起初被称为信息协调员办公室（COI），任命一战功勋老兵——威廉·“疯狂的比尔”·多诺万（William “Wild Bill” Donovan）为主任，搜集可能影响美国利益的情报并做出评估。

美国参战后，1942 年 6 月该办公室改名为战略情报局，在温斯顿·丘吉尔的鼓励下扩大活动范围，开始支持游击部队开展针对敌军的抵抗和颠覆运动。

就任第一年，多诺万很大程度上依赖英国特别行动处的合作和帮助，但随着战略情报局的成立，他决心让机构自力更生，他们和特别行动处达成协议，战略情报局将主要负责北非和远东两大主战场。（然而实际上，二战期间战略情报局在海外成立了 40 多个办公室，从摩洛哥到中国再到南非。）

1942 年 6 月协议达成时，特别行动处刚刚取得一次重大成功，两名间谍刺杀了纳粹党重要领导人物莱茵哈德·海德里希（Reinhard Heydrich），后者是第三帝国派驻捷克斯洛伐克的残酷统治者。战略情报局因此承受巨大压力，他们需要展示自己的能力，而“火炬行动”为他们提供了证明自己价值的机会。

战略情报局最初的工作是整理来自美国驻阿尔及利亚、摩洛哥和突尼斯等国家及地区 12 名副领事的情报。威廉·埃迪（William Eddy）中校搜集并分析这些情报后，向北非战区盟军远征军总司令德怀特·艾森豪威尔将军汇报。

此外，战略情报局还汇编了一份卷宗，详细描述即将登陆的北非海滩地形。他们征募反对维希政府的法国人，训练后者在登陆期间发起游击战。

与此同时，驻北非的美国首席外交官罗伯特·墨菲（Robert Murphy）利用自己的影响力和关系网，探听他认为最有可能欢迎美国

1942 年 11 月，作为“火炬行动”的一部分，美国军队在阿尔及尔附近的海滩登陆，一面很大的美国国旗树立在岸上。面对盟军在北非的进攻，维希法国选择不进行顽强抵抗，因此盟军伤亡很少。

进攻的法国高级军官的口风。在墨菲的坚持下，“火炬行动”的副总指挥马克·克拉克（Mark Clark）将军于 10 月到达阿尔及利亚，会见法国驻阿尔及尔地区部队指挥官马斯特（Mast）将军。在绝对保密的情况下，一艘英国潜艇将克拉克送到阿尔及利亚，他在那里措辞谨慎地向马斯特将军概述了行动。出于安全考虑，他并没有透露登陆的时间和地点。他们会面的别墅一度遭到当地警察的袭击，克拉克及其同伴不得不藏匿在酒窖中，他们很幸运免于暴露。

11 月 8 日，“火炬行动”发起，进攻者大获全胜。他们只在奥兰地区遭遇了顽强抵抗，不到 500 名盟军士兵丧生。战略情报局在反维希政府的法国人中间组织抵抗运动的策略在阿尔及尔见效，在进攻的头几个小时里，几百人奋起控制了该城市的主要军事设施，准备迎接美国人。

德国对登陆的反应是向突尼斯增派了更多部队。经过几个月艰苦的战斗，盟军清除了驻北非的轴心国军队。1943 年 5 月，受东线英国陆军第 8 集团军（British Eighth Army）和西线美国第 2 军（US 2nd

1942 年 11 月，盟军在北非登陆时摩洛哥港口卡萨布兰卡的鸟瞰图。注意图中港口中部被击沉的军舰和左侧的法国“让·巴尔”号战列舰。

Corps）的夹击，近25万名德国和意大利军队士兵成为战俘。

尽管在“火炬行动”的情报搜集工作中，战略情报局出现了判断失误，尤其是他们高估了对抗维希政权的法国人数量，但总体而言他们通过了首次测试。1942年12月，美国陆军参谋长乔治·马歇尔（George Marshall）将军写信给威廉·多诺万，告诉他战略情报局在行动中发挥的作用已经引起特别关注。

得益于101突击队（Detachment 101）的活动，战略情报局在另一行动方向远东同样取得了成功，命名为101突击队是为了让这支部队比起仅仅被命名为“1”，显得更为庄重。1942年，12名军官和9名士官（NCO）组成了101突击队，由曾在墨西哥边境任海关官员的卡尔·艾弗勒（Carl Eifler）少校指挥。1942年初夏，101突击队在加拿大与英国哥曼德队员及特别行动处成员一起参加特种训练。他们还阅读了大量有关缅甸及其风俗习惯和民族的书籍，这样当他们于1942年8月到达中缅印战区（CBI）时可以随时投入行动。雷·皮尔斯（Ray Peers）是战略情报局的一名军官，他回忆中缅印战区总司令美国将军乔·史迪威（Joe Stilwell）描述他们的职责：“他迫切想让我们深入日本封锁线后，关于那里的情报少之又少。他相信我们搜集的任何有关敌人的信息都将影响即将到来的行动。他希望拥有一个组织，可以粉粹白人在丛林无法幸存的神话。”

1942年12月，101突击队在缅甸首次开展游击队行动，轰炸战略重镇密支那（Myitkyina）的道路和桥梁。密支那驻扎着日本第18师团指挥部。A组的2名军官跳伞进入密支那以南100英里（161公里）处的丛林地带，建立基地后，另外10名特工从600英尺（183米）的高空伞降到达。12名突击队员用时2天多徒步行军100英里（161公里），穿过茂密的、大量毒蛇出没的丛林，然后分成2组用延

101 突击队是战略情报局的一支小分队，从 1942 年到战争结束一直在缅甸活动，除了搜集情报，这些行动人员还负责协调和鼓励当地居民武装抵抗日本的侵略。

时引信在铁路沿线 30 余处制造爆炸，还摧毁了南坎镇（Namhkwin）附近的一座铁路桥。

截至 1943 年年底，101 突击队已经将在缅甸的行动扩展到在该国北部建立了 6 个情报基地，并在乡村的主要交通沿线安插无线电操作员。这些特工将情报通过无线电发送给在印度的中缅印战区指挥部。此外，101突击队还开始征募大量当地居民，尤其是克钦人，将近10000名当地居民效力于101突击队。

文森特·柯尔（Vincent Curl）上尉曾经就是这样一名孤勇特工，这个红胡子的得克萨斯人在战前就与艾弗勒认识了，他们曾一起在步兵团服役。1944年3月，一支3000人绰号“麦瑞尔突击队”（Merrill's Marauders）的强劲美军，被派往缅甸增援一次大规模中英联合进攻。柯尔在丛林深处遇到一个突击营，把300名克钦人游击队借给了后者。“克钦人在伏击、情报搜集和营救被击落的盟军飞行员方面非常专业，”突击队军官查尔顿·奥格本（Charlton Ogburn）中尉写道：“他们深谙这个国家和各条小路。除日本人自己，他们比任何人都清楚日本人的位置，而且往往比日本指挥部更为了解。”

1944年年底，战略情报局雇用人数大约为15000人，当年支出5700万美元。他们的行动扩展至：心理战行动（Morale Operations），又称“黑色宣传”；反情报（Counter-Intelligence）

特别行动处

1940年7月，英国特别行动处的成立得到经济作战部长休·道尔顿（Hugh Dalton）的支持，他提出“协调一切行动，对海外敌人进行颠覆和破坏”。有些人戏称其为“贝克街非正规军”，得名于虚构侦探夏洛克·福尔摩斯遇到的几个间谍。特别行动处的官方掩护名称为三军联合研究局（Inter-Services Research Bureau），逐渐发展壮大成一个雇用并控制着13000人的组织，其中超过四分之一是女性。随着战火在世界更多地区蔓延燃烧，特别行动处从一个以欧洲为中心的网络发展成在阿尔及尔、新加坡、埃塞俄比亚和埃及等地区都设有机构的组织。其工作性质也在不断变化，有的特工或负责摧毁挪威重水工厂，或在捷克斯洛伐克刺杀海因里希·希姆莱的副手莱茵哈德·海德里希。

但是，特别行动处在西欧最为活跃，据估计，仅F分队在法国就进行了约3733次伞降和81次截获目标的行动。共有近500名特别行动处特工被派到法国开展间谍或破坏活动，或是在登陆之前组织和训练法国抵抗运动人员。有记录表明，特别行动处向抵抗组织提供了超过500万公斤的设备，其中包括逾30万公斤炸药。然而，他们也付出了高昂的代价，104名特工被杀或被处决，其中13名为女性，奥莉特·萨博就是其中之一，其生平故事后来被改编为一本书和一部电影。

PRACTICE
makes PERFECT

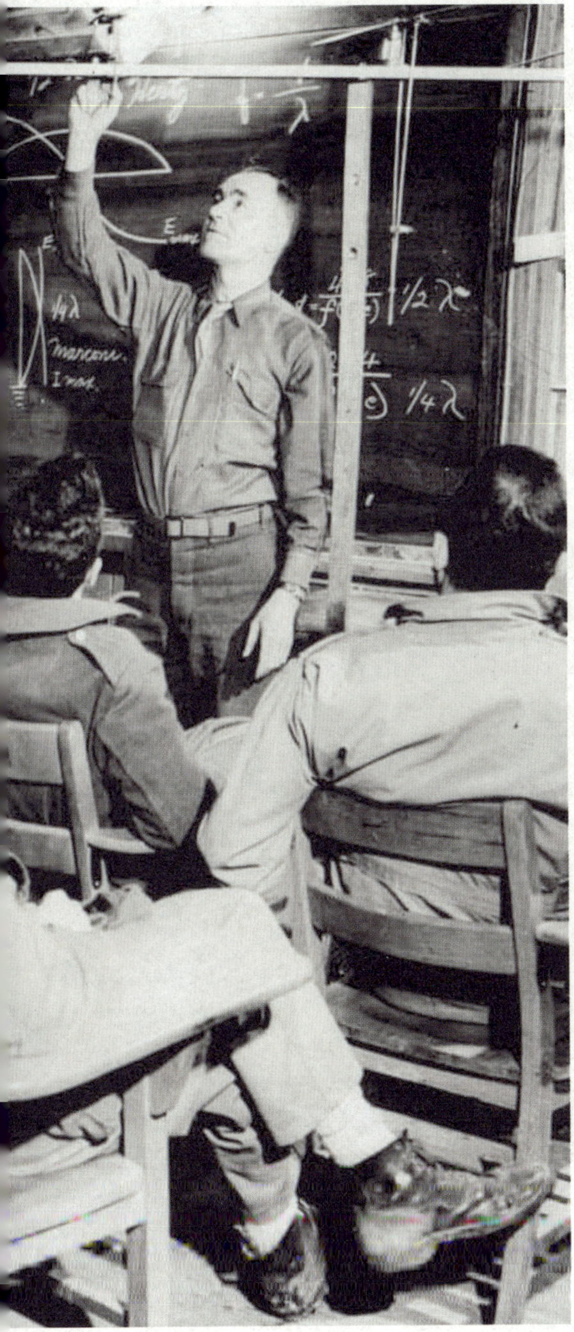

行动，成立一个被称为“X2”的分支；研究与分析(R&A)，由哈佛历史学家威廉·朗格尔（William Langer）领导约900名学者组成，主要整理来自公开渠道和政府各部门的数据。战略情报局的后继组织，中央情报局（CIA）官方网站这样描述研究与分析：“战略情报局实际上建立了非政府组织战略情报分析学科——这是美国对情报术的少数且独特的贡献之一。”

背景海报上的标题说明了一切："熟能生巧。"战略情报局的新兵在被允许进入战场前都接受了严格训练。

第三部分

局势逆转

1943 年，轴心国军队转为防御态势，盟军超强的空中实力——不只是飞机——开始起决定性作用。绝密的“弹跳炸弹”摧毁了德国防守的鲁尔水坝，为盟军做了一次精彩绝伦的宣传。与此同时，苏联人在库尔斯克同德国人展开斗争。在华沙犹太人隔离区，纳粹用时几周才镇压了犹太发起的暴动，动摇了前者的统治。日本方面，战争也正朝着对其不利的态势发展，盟军控制了缅甸和太平洋，甚至对新加坡港发动了一次冒险的突袭行动。

第 17 章
冈赛塞德行动

氧化氘听起来似乎并没有什么特别之处，但该物质却引发了二战最为隐秘、最为大胆的一次行动。氧化氘的另一个名字重水更为人熟知，它的氢同位素有一个中子，这使重水的分子比普通水分子更重一些。因此，它在核反应堆中能让中子的运动减慢，提高核裂变反应的可能性。此外，提取用于核武器的钚也更加容易，成本更低。

因担心希特勒借助重水生产出世界上第一枚核弹，英国开始谋划破坏挪威水电站的生产。他们面临的挑战是水电站建筑物的位置，水电站地处山谷深处［奥斯陆以西 60 英里（97 公里)］，拥有天然屏障。这是挪威最不宜居的地区之一，水电站矗立在岩脊上，距离谷底 1000 英尺(305 米)，周围环绕着陡峭山峰，植被茂密。通往水电站需要在极其恶劣的气温条件下进行高山滑雪。

伦敦联合作战总部的首要任务是获取水电站防御和突袭行动可行性相关的详细情报。1942 年 3 月，特别行动处挪威成员艾纳 · 欣纳兰达（Einar Skinnarland）跳伞进入该地区，在当地抵抗力量的帮助下，记录了水电站的防御情况和守卫力量。在得出突袭行动可能成功的结论后，英国决定开始策划利用滑翔机和经过特种训练的皇家工兵部队实施突击行动。

这些人开始受训时，一个由挪威人组成的4人小组通过跳伞进入这一区域继续进一步侦察，代号为“松鸡行动”(Operation Grouse)。延斯·安东·波尔森（Jens-Anton Poulsson)、克努特·豪格兰（Knut Haugland)、克劳斯·赫尔伯格（Claus Helberg）和阿恩·谢尔特鲁(Arne Kjelstrup）都是滑雪专家，曾经接受过特别行动处在破坏、无线

战争爆发之前，挪威南部韦莫克水电站生产的重水（一年多达12吨）是化肥生产的副产品。1940年4月德国占领挪威之后，纳粹接管了工厂，引起盟军的极大恐慌。

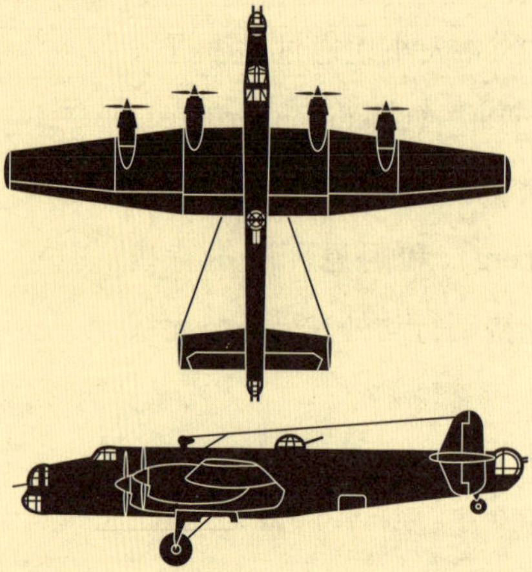

亨得里·佩奇
哈利法克斯HP57III型

类型： 重型轰炸机
机组成员： 7人
长度： 71英尺7英寸（21.81米）
翼展： 104英尺2英寸（31.75米）
速度： 282英里/时（454公里/时）
飞行距离： 1860英里（3000公里）

尽管与阿芙罗兰开斯特轰炸机相比，哈利法克斯表现略显失色，但却早于前者一年多开始服役。不管怎么说，哈利法克斯都是二战时期为英国皇家空军生产的用途最大的飞机。除了用作战略轰炸机，它还是探路者、空中救护车、滑翔机拖机、运输机和海上侦察机。然而，早期的哈利法克斯速度太慢，方向舵也有问题，飞机经常会不受控地旋转。直到III型生产时，这些问题才得到全部修正。

电通信和游击战方面的训练。1942 年 10 月 18 日晚，他们空降落地，在此后的 15 天一直朝着目标长途跋涉。

“松鸡行动”的 4 名成员选择默斯湖附近的一个封冻湖作为滑翔机着陆的地方，并通过无线电向伦敦发回信息。11 月 19 日，2 架英国皇家空军哈利法克斯轰炸机（Halifax bomber）拉着霍莎式滑翔机（Horsa glider）驶离英国，每架滑翔机都运载着来自第 1 空降师（1st Airborne Division）的 15 名工程兵。由于天气恶劣，能见度低，这次任务以失败告终。2 架滑翔机都在离目标不远的地方坠毁，未死于坠机的人被捕，受尽折磨后被盖世太保处决。更糟糕的是，德国人现在已有所警觉，知道英国决定攻击挪威水电站。

与此同时，“松鸡行动”的 4 名成员躲过抓捕，但他们现在被困在偏远的哈当厄尔高原（Hardanger Plateau）上。凛冬已至，气温低至零下 20 摄氏度，尽管这 4 人在挪威山区长大，但从来没有人被迫在野外长时间生存。1942 年圣诞节，他们从雪地深处的岩石上刮驯鹿苔来充饥，山上的一个小棚屋是他们唯一的庇护所，木屋内没有暖气，屋顶上结的冰顺着向下，覆盖了半面墙。无线电操作员克努特·豪格兰用车载蓄电池和从山上其他棚屋收集来的钓鱼竿组建了一台发射机，通过这台发射机，他得到伦敦方面的确认，他们仍然计划在代号为“冈赛塞德行动”[Operation Gunnerside，以约克郡的一个村庄命名，特别行动处领导者查尔斯·汉布罗（Charles Hambro）爵士喜欢在那里打松鸡]的新任务中破坏水电站。2月16日晚，在约阿希姆·隆恩伯格（Joachim Ronneberg）的带领下，另外6名特别行动处的挪威成员携带武器和炸药等设备空降该地区。2013年，他回忆道：“我们半夜空降，山上冰雪覆盖。”隆恩伯格很快意识到他们降落的地方偏离了目标几公里，艰难跋涉5天后才与4位同胞联系上。

2月27日至28日夜间，10名袭击者开始执行任务。滑翔机行动失败之后，德国在水电站周围装埋了更多的地雷和探照灯，但这些附加的安全措施使哨兵有所懈怠，这种懈怠是致命的。但是，这幢建筑物毕竟坐落于1000英尺（305

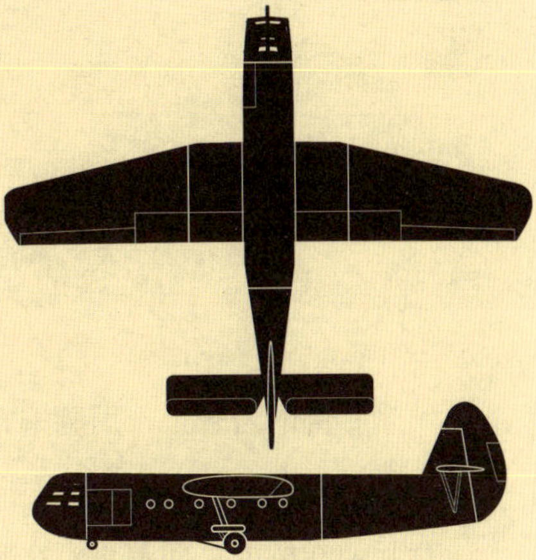

霍莎式滑翔机

类型：霍莎式1型滑翔机

机组成员：2人

长度：67英尺（20.4米）

翼展：88英尺（26.8米）

速度：牵引速度150英里（241公里）；滑翔速度100英里（161公里）

霍莎式滑翔机由30个独立部件组成，大部分为木制。1940年，英国政府订购了这种滑翔机作为运输特种部队进入战场的工具。第一架霍莎设计出来时可运载25名士兵，后来的机型都有一个用铰链连接的机首，除了运输士兵，还可以输送车辆和枪械。

在核武器的生产中，德国人认为氧化氘比钚更容易提取，成本也更低。

米）高的岩脊上，周围遍布着茂密的森林、地雷和探照灯，横跨在深谷上一座长达 75 米的桥是唯一的通道，到底谁可能穿过这个地方呢？哨兵们在桥上来回踱步，这些挪威人唯有跳进深谷，蹚过冰冷的河水，爬上丛林密布的山坡，直到他们看见一条可以直通水电站的单轨铁路。由于有了早期侦察得到的水电站平面图，隆恩伯格和另一个人穿过电缆隧道来到地下室，找到了生产重水的车间。在隧道中已分开的另外 2 名袭击者，从一扇窗户爬进去。那里没有德国人，只有 1 个挪威看管人员，他非常乐意帮忙。隆恩伯格命令小组成员将导火索的引爆时间从 2 分钟缩减至 30 秒，然后迅速撤离。“雪花漫天飞舞，我们没有留下任何足迹，”隆恩伯格回忆说，“早上 7 点我们停下来休整了一会儿，没有人说话。太阳正在升起，实际上那真的太美了。挪威的大山就是我们最好的朋友。”

德国派出一个师去搜捕袭击者，这些挪威人成功逃脱了，5 人滑雪 200 英里（322 公里）到达瑞典，2 人到达奥斯陆，其余人留在当地继续开展抵抗行动。

挪威水电站遭到巨大破坏。除了电解室，很多关键设备受损，500 多公斤的重水被摧毁，水电站停工 2 个多月。此外，袭击者在行动中了解的信息让他们能够向盟军飞行人员简要介绍水电站的布局，后者对水

延斯·安东·波尔森上尉（上）作为袭击小组组长，于1942年10月跳伞潜入挪威，执行“松鸡行动”的部分计划。阿恩·谢尔特鲁（左下）和克努特·豪格兰（右下）都是小组成员。

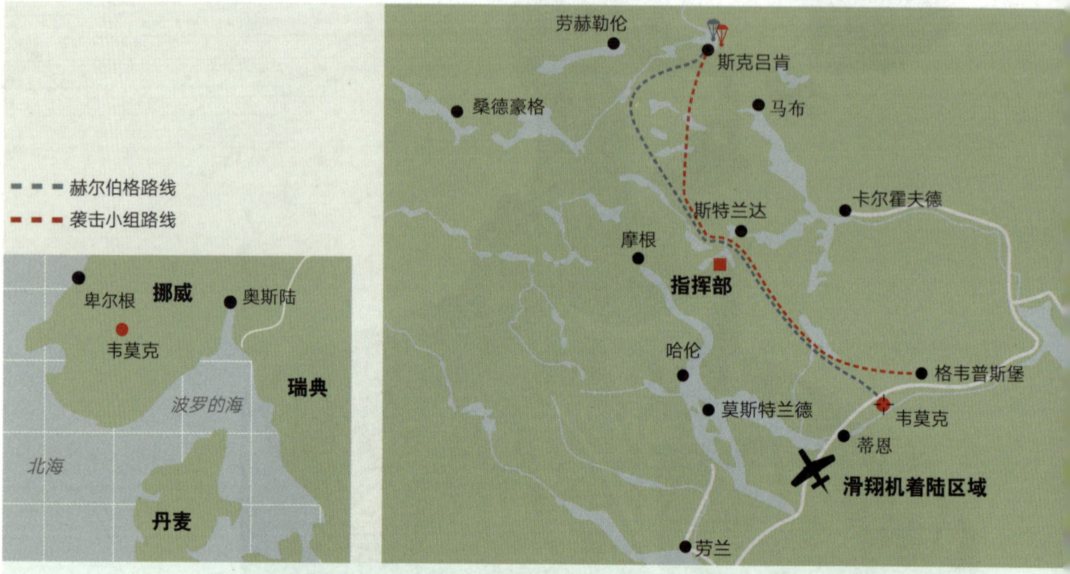

挪威韦莫克

位于韦莫克的挪威水电站地处奥斯陆以西 60 英里（97 公里）的山谷中，1911 年投入使用，主要目的是大规模生产重水。尽管英国情报部门知道纳粹因重水生产而守卫韦莫克，却不能进行轰炸，如果氨水储存罐爆炸的话会引起大量平民伤亡。

电站又发起了几次颇具破坏性的空袭。1944 年，德国最终放弃挪威水电站的重水生产。

2013 年，在纪念“冈赛塞德行动”70 周年的活动上，隆恩伯格（10 人小组中最后一位在世的成员）回忆这次秘密任务时谈到同行的袭击者：“我们是一群志同道合的朋友。”

第 18 章

犹太隔离区的起义

1943 年 4 月，德国认为清除华沙隔离区的犹太人是件轻而易举的事情。毕竟德国自认为是“优等民族”(Master Race)，自从 1940 年夏天犹太隔离区成立以来，纳粹一直残酷地控制着波兰的犹太人。犹太隔离区四周砖墙高 10 英尺（3 米）、长 11 英里（18 公里），与华沙其他地区隔开，36 万名犹太人被困在约 3.5 平方英里（9.1 平方公里）的地方，等着饿死或病死。

在犹太隔离区存在的前两年半时间里，成千上万犹太人死去，到 1943 年初，只剩下约 60000 人（估计介于 55000 到 65000 之间）。然而党卫军首领海因里希 · 希姆莱称，剩的还是太多了，他的任务是屠杀所有犹太人，让欧洲更“纯净”。同年 1 月 9 日，希姆莱要求党卫军采取“强化手段”净化犹太隔离区，转移所有剩下的犹太人，或让他们去劳改所，或去死亡集中营。

1 月 18 日，德国人进入犹太隔离区，以为转移第一批犹太人时不会遭遇任何抵抗。他们大错特错。男男女女拿起能找到的任何东西来攻击德国人，通常只是些刀或铁棍，也有少量武器。17 岁的埃米莉 · 兰道（Emily Landau）向一群党卫军士兵扔了一枚手榴弹，对方死伤数

一些华沙犹太人被迫聚集在犹太隔离区围墙边，等待着被放逐。大多数人永远没有再回波兰。

人。在其他地方，轻武器的火力也击毙了不少纳粹分子，他们震惊了，根本不相信犹太人有能力抵抗。1 月 20 日，德国人从犹太隔离区撤出，他们转移了 5000 名犹太人，但己方也死伤 70 余人。

领导抵抗运动的是犹太军事联盟（Jewish Military Union 或 Zydowski Zwiazek Wojskowy，简称 ZZW），这是一支小规模秘密武装力量，1939 年年底由来自波兰军队的 4 名犹太人军官成立，他们决心与纳粹入侵者斗争。1940 年，犹太军事联盟最初只有 39 名志愿者，在随后 2 年里慢慢增长至近 350 人，在华沙以外的其他波兰城市也建立了分支。

但是，大卫·阿普菲尔鲍姆（David Apfelbaum）领导的犹太军事联盟中心力量还是在波兰首都。1942 年夏，大量犹太人从犹太隔离区被赶往死亡集中营，而犹太军事联盟只能在旁边看着，无能为力。实际上因为没有武器，这支秘密部队认为反抗只能带来大屠杀，此外，人们还深信那些被赶走的犹太人只是被送去劳改营，并不是作为纳粹“最终解决方案”的一部分被清除。

然而到 1943 年，那些被转移犹太人的命运传到了犹太军事联盟。犹太隔离区外的波兰人也收到了消息，了解到犹太人在纳粹 1 月入侵时表现出的英勇。此时，波兰家乡军（Armia Krajowa）开始向他们的抵抗同伴犹太军事联盟，以及犹太斗争组织（Zydowska Organizacja Bojowa，简称 ZOB）偷运武器，后者是 1942 年夏天成立的地下组织，主要成员是年轻男性。到 1943 年 4 月，犹太隔离区各抵抗组织武装了一批重型机枪、轻型机枪、步枪、手枪和几百枚手榴弹。

他们知道，敌人很快又会来试图清除犹太隔离区。果不其然，4 月 19 日纳粹带着近 3000 人又来了。他们接到命令，在 20 小时内消灭犹太人，这样希姆莱第二天就可以向希特勒送上生日礼物——一份“华沙清除犹太人”宣言。

约 600 名犹太斗争组织武装男女和 400 名犹太军事联盟成员加入抵抗队伍，尽管形势对犹太隔离区的防守者非常不利，但他们有自己的奇招，而且非常熟悉地形。

4 月 18 日周日晚，也是犹太人逾越节的第一个晚上，德国人开始包围犹太隔离区，抵抗小组领袖赢得了宝贵的时间来准备防御。4 月 19 日一早，纳粹发起攻击时遭遇轻武器和手榴弹猛烈的连续反击。德国人仓皇而逃，随后驾驶 3 辆装甲车再次出现，其中 2 辆被“莫洛托夫鸡尾酒”（土制燃烧弹）摧毁。“在昨天还满是绝望和恐惧的脸上，此刻洋溢着一种难以名状的快乐，”一位犹太人战斗者写道，“这种快

这张照片附在党卫军军官于尔根·施特鲁普（Jürgen Stroop）准将给头目海因里希·希姆莱的报告中，展示1943年4月华沙犹太隔离区的毁坏程度。

乐不带任何个人动机，这种快乐融合着犹太隔离区为之战斗的自豪。”

与此同时，负责清除犹太隔离区的党卫军军官于尔根·施特鲁普准将不得不向希姆莱汇报，告诉他早期行动并没有按计划进行。“第一次进入犹太隔离区时，犹太人和波兰土匪击退了我们的攻击部队，他们手中有武器，还有坦克和装甲车，”他在报告中写道，“第一次攻击我们损失了12人。”

正午时分，施特鲁普呼叫了炮火支援，发起新一轮袭击，他的士兵

在犹太隔离区内，约600名犹太斗争组织的武装男女和400名犹太军事联盟成员，奋起反抗施特鲁普的纳粹士兵。虽然武装力量有限，他们顽强的抵抗却持续了近1个月。

这张照片附在施特鲁普展示摧毁犹太隔离区的报告中，照片中是犹太人抵抗运动的两名女性成员。不可思议的是，马尔卡·兹德罗耶维奇（右）在迈丹尼克集中营幸存，后在耶路撒冷成家。

小心翼翼地潜入犹太隔离区。但是犹太人抵抗战士继续给纳粹造成伤亡，他们从屋顶往街上投掷手榴弹，狙击门道间窜来窜去的敌人。怒火中烧的施特鲁普得到了德国空军的支援，后者的炸弹迫使防守者撤回，但是防守者引燃了一个几百名犹太人被迫劳役的德国仓库。德国人继续缓慢前进，对所有发现的犹太人进行了可怕的报复，在犹太隔离区医院里，乌克兰党卫军竟然用刺刀刺向孕妇的肚子，将新生婴儿连续重击致死。

随后几天里，德国空军继续轰炸犹太隔离区，燃烧弹点燃了这个人造城市的大片区域。地面上，德国工兵开始用炸药摧毁建筑物，迫使平民逃到露天场所，在那里他们或被射杀或被逮捕。抵抗战士继续战斗，他们穿上死去德军的衣服，对行进中尚未起疑的部队开火。

然而，犹太隔离区的食物、水和弹药已消耗殆尽。4 月 26 日，即德国人开始攻击 1 周后，犹太斗争组织 24 岁的领袖莫迪凯·阿涅莱维奇（Mordechai Anielewicz）向外面发送了最后一条消息。“这是我们殊死战斗的第 8 天，德国人遭受重大损失。在开始的前 2 天里，他们被迫撤退，然后带来了坦克、装甲车、大炮，甚至还有飞机增援，开始对我们全面围攻。我们知道时日无多，向你们提出最后的请求：记住我们是如何被出卖的。总有一天有人会认可我们所流的纯洁的鲜血。为了能继续战斗，请帮助在最后时刻可能躲过敌人的那些人。”

对防守者的包围网越发收紧，40 名战斗者通过下水道逃出犹太隔离区，但大多数人选择与纳粹斗争到底。5 月 8 日，德军袭击了米拉街 18 号的一个地堡，这里是犹太斗争组织指挥部，阿涅莱维奇与 100 多名士兵以及 80 名平民都在这里。党卫军开始向地堡释放毒气，困在里面的人面临可怕的抉择，他们清楚逃到地面肯定会被射杀，要么在这里窒息死亡要么自杀。包括阿涅莱维奇在内的大多数人选择了自杀，他后来被授予波兰最高军事荣誉军事英勇勋章。

5 月 16 日，希姆莱终于可以向希特勒汇报犹太隔离区已经被清除了，在施特鲁普亲手炸毁华沙犹太教堂之后爆发的犹太人起义中，约 7000 名犹太人被杀，另有 7000 多人被送到特雷布林卡死亡营（Treblinka Death Camp）后即刻遭到杀戮，剩下约 42000 人被运到卢布林—迈丹尼克集中营（Lublin/Majdanek concentration camp）和波尼亚托瓦强制劳动营（Poniatowa forced labour camp）。当年 11 月在纳粹的“收获节行动”（Operation Harvest Festival）中，几乎所有人被杀害。

德国人用了将近 1 个月镇压起义，损失了 350 人。抵抗运动动摇了第三帝国，在战局扭转开始对他们非常不利的这一年，他们的士气再受重击，纳粹宣传部长约瑟夫 · 戈培尔（Joseph Goebbels）在日记中写道：“这展示出犹太人手握武器时的能力。”

1968 年，犹太隔离区起义 25 周年之际，有人请求犹太斗争组织的幸存者伊扎克 · 祖克曼（Yitzhak Zuckerman），将他们的起义写入军事教科书。他回答：“这是一场不到 1000 人对抗一支强大军队的战争，战争的结果毫无意外。这不是军校研究的主题……如果有学校要研究人类精神，那它应该是重要的科目。意义在于经过多年衰落后，犹太青年表现出的内在力量，他们奋起反抗侵略者，自己决定选择死亡方式：去往特雷布林卡死亡营或发动起义。”

1944 年 7 月爆发的华沙起义导致波兰首都几乎被摧毁，约 20 万名平民丧生。这张照片捕捉到华沙街头的激烈对战。

第 19 章
谍海浮尸

达德利·克拉克中校的骗术延伸到北非以外。我们在前面的章节已经知道，克拉克那富有创造性的神秘头脑创建了“A 部队”，扰乱了德国陆军元帅隆美尔的思绪。随着沙漠战争即将胜利，克拉克面临着新挑战：如何欺骗德国人相信盟军的下一个目标是希腊，而不是西西里岛和意大利。

1943 年 1 月，英国首相温斯顿·丘吉尔和美国总统富兰克林·罗斯福在卡萨布兰卡会议上决定，盟军解放欧洲的第一步将踏上西西里岛，代号为“哈斯基行动”（Operation Husky）。然而，这一步如果要想成功，就必须要蒙骗德国人和意大利人，让他们以为攻击将在希腊和巴尔干半岛国家发起。克拉克的使命是虚构一个入侵克里特岛和希腊的计划，代号为“巴克利行动”（Operation Barclay）。克拉克开始实施任务，在北非沿岸地区集结了一个假装甲师，隶属于虚构的“A 部队”：假坦克、假滑翔机、假营地和假无线电通信。机场还集结着假飞机，中间混有一些真飞机。如果有德国侦察机好奇靠近，真飞机将紧急起飞进行拦截，以免德国发现真假飞机的不同，

同时，克拉克下令真正的希腊士兵开始进行两栖登陆演练，他在军

达德利·克拉克中校精通军事欺骗。他的狡猾在北非战争中得到了验证，他的新挑战是愚弄德国人，让他们相信盟军的下一个目标是希腊，而不是西西里岛和意大利。

营里贴出通知，寻找会说希腊语的英国士兵，甚至还组织人在开罗证券交易所购买了大量的希腊货币德拉克马。总体而言，即便是最愚蠢的德国间谍都能看出盟军的作战准备倾向希腊。

当然，盟军指挥部也知道光靠克拉克的骗术不足以取信德国。德国人会重视，但也会怀疑这只是一个老谋深算的诡计。盟军还需要一些更巧妙的东西。他们向伦敦的约翰·马斯特曼爵士及其双十字委员会寻求协助，后者想出的妙计成就了整场战争中最辉煌、最成功的一次骗局。

负责“肉馅行动”（Operation Mincemeat）的两人是借调到军情五处的英国皇家空军军官查尔斯·乔蒙德利（Charles Cholmondeley）和海军情报处的埃文·蒙塔古（Ewen Montagu），他们的灵感源于前一件

假飞机由木头制成，盖上帆布以欺骗敌人的侦察机。德国情报部门在研究这些照片时，它们看上去像好几个中队的飞机。

负责制订“肉馅行动”完美计划的两人是，借调到军情五处的英国皇家空军军官查尔斯·乔蒙德利（左）和海军情报处的埃文·蒙塔古（右）。他们的灵感源于1942年发生的一次事件：一架飞机在西班牙沿岸坠毁，机上一名自由法国军官随身携带着一些文件，文件中有盟军秘密特工的名字。他的尸体被冲到中立国西班牙，公文包里的文件在交回伦敦之前落到了德国人手里。

发生的事件：一架飞机在西班牙沿岸坠毁，机上一名自由法国军官随身携带着一些文件，文件中有盟军秘密特工的名字。他的尸体被冲到中立国西班牙，虽然最终被送回直布罗陀的英国人手中，但在那之前德国已抓住机会拍摄了文件。

乔蒙德利和蒙塔古提出类似的建议，让一具尸体冲到西班牙沿岸，在英国取回重要文件前让德国人先得到它。

很明显，这个骗局有一个最重要的挑战：尸体。尸体得符合几个条件：中年男性，近期遭折磨而死，这样才不会引起西班牙病理学家的怀疑。他们向验尸官本特利·珀切斯（Bentley Purchase）爵士求助，后者为他们找到一具34岁的威尔士人的尸体，他称之为“无用的人”。一位伦敦顶级病理学家向乔蒙德利和蒙塔古保证，西班牙同行将无法确定手术刀下的这个人是否因飞机失事后，在海上溺水而死于胸腔积液。

为高度保密，确保骗局顺利实施，军情五处为尸体穿上皇家海军陆战队少校的制服，把他装进装有干冰的钢铁容器中以防腐烂，容器上有“光学仪器”字样。少校的皮带上还系着一个黑色公文皮包。乔蒙德利和蒙塔古接下来的任务就是往皮包里放进足够敏感的文件，来欺骗德国人相信希腊是入侵目标，且看不出一切都是骗局。尸身上有很明显的证件：英国皇家海军军官证（蒙塔古运气不错，他恰好遇到一名与尸体长相相像的年轻军官，就给后者拍了张照片）和联合作战总部通行证，确认他的身份为威廉·马丁（William Martin）少校。公文包里面还有两封信。附封是联合作战总部司令路易斯·蒙巴顿（Louis Mountbatten）勋爵给地中海舰队司令海军元帅安德鲁·坎宁安爵士写的，为马丁在登陆艇和驳船方面的专业技能背书。主信是帝国总参谋部（Imperial General Staff）副总参谋长阿奇博尔德·奈（Archibald Nye）将军写给在北非谋划击败隆美尔的哈罗德·亚历山大（Harold Alexander）将军的，讨论即将到来的行动，信中奈将军巧妙地提到将主要进攻方向对准希腊，而同时佯攻西西里岛。

为了让马丁少校更真实，乔蒙德利和蒙塔古又加入一些日常生活用品：私人信件、爱人照片、一盒香烟、伦敦西区剧院最近一场演出的票根，甚至还有一封来自劳埃德银行的信，警告他已经超出透支额度。

4月19日，“马丁少校”离开英国执行绝密任务，登上“六翼天使”号（*Seraph*）潜艇秘密离开苏格兰前往西班牙海域。4月最后一

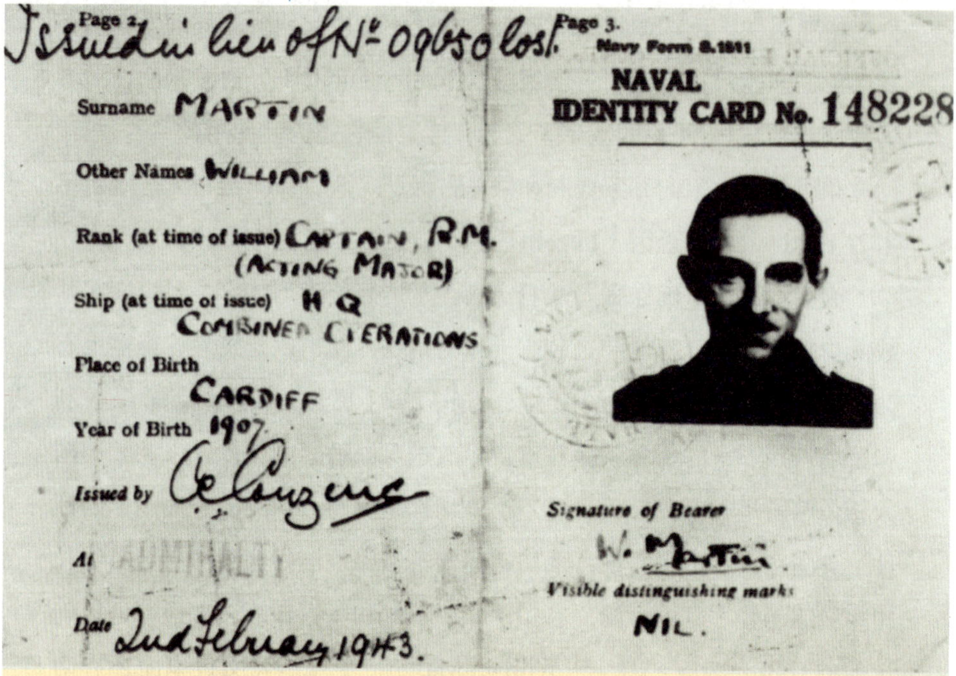
Issued in lieu of No. 09650 lost.

Page 2.

Surname MARTIN

Other Names WILLIAM

Rank (at time of issue) CAPTAIN, R.M. (ACTING MAJOR)

Ship (at time of issue) H Q COMBINED OPERATIONS

Place of Birth CARDIFF

Year of Birth 1907

Issued by

At ADMIRALTY

Date 2nd February 1943.

Page 3.

Navy Form S.1511

NAVAL IDENTITY CARD No. 148228

Signature of Bearer W. Martin

Visible distinguishing marks NIL.

肉馅行动

2010 年，威廉·马丁少校的真实身份才被确认。“肉馅行动”中的尸体属于失业的流浪汉格林杜尔·迈克尔（Glyndwr Michael），1943 年 1 月服老鼠药自杀。他的尸体被丢弃在伦敦国王十字街火车站的一个仓库，死亡证明书上的死因是“磷中毒，精神不正常时吞服老鼠药自杀”。

5 月 13 日，英国驻马德里的海军武官终于收到了公文包。4 天前，柏林收到阿道夫·克劳斯的消息表示他已看到公文包里的东西。德国方面召开高层会议，随后希特勒当月下令第 1 装甲师从法国转移到希腊的卡拉马塔，一支鱼雷快艇舰队从西西里岛被派往希腊，德国还在希腊埋设了 3 个雷区。德国最高行动指挥官约德尔（Jodl）将军几乎克制不住自己对这个策略的狂喜，他声称：“你们可以把西西里岛抛到脑后了，我们知道是在希腊！”6 月 4 日《泰晤士报》的死亡名单上出现了皇家海军陆战队威廉·马丁少校的名字，这在德国人看来是最后的证明，他们已战胜了英国人。

但并不是每个人都深信无疑。意大利领导人贝尼托·墨索里尼坚持认为盟军会进攻西西里岛，但被希特勒驳回。7 月 10 日，墨索里尼的担心得到了证实，盟军发起“哈斯基行动”，攻打西西里岛，38 天内就占领了该岛。7 月 25 日，墨索里尼被捕，结束了他作为领袖的生涯，而这一切都要归功于马丁少校和“肉馅行动”。

天，潜艇在加的斯湾的韦尔瓦浮出水面，海军军官简单祷告之后，把马丁少校的尸体连同救生工具随一艘橡胶救生艇放置在水面上。军情五处选择西班牙东南部是因为阿勃维尔的间谍阿道夫·克劳斯（Adolf Clauss）曾在韦尔瓦出现过，与西班牙官员交好，肯定有人会把尸体的相关消息透露给他。此外时机也很重要，大约在计划进攻西西里岛之前两个半月，给德国留足时间将部队向东转移至希腊。

后续发生的事情完全按计划进行。英国驻韦尔瓦副领事得到消息，一位英国军官的尸体被冲上岸，弗朗西斯·哈塞尔登（Francis Haselden）及时确认了死者的身份，并明确向西班牙当局指出事态紧急，伦敦方面要求立即归还公文包。

第 20 章

弹跳炸弹

巴恩斯·内维尔·沃利斯（Barnes Neville Wallis）乍看上去可不像世界上最具创意的毁灭性炸弹的发明者，这个头发灰白、举止温和的英国人于 20 世纪 20 年代都在维克斯·阿姆斯特朗（Vickers Armstrong）军备公司担任首席设计师，帮助建造了巨型飞艇 R100，后来又设计了轻型飞机，从而促成了维克斯·韦尔利斯（Vickers Wellesley）和威灵顿轰炸机（Wellington Bomber）的生产。

对飞机的研究引起了沃利斯对炸弹的好奇心。他那条理分明的科学头脑认为，连续投下一批炸弹的传统做法，效率不高而且非常无情。真正需要的是可以在地下引爆的炸弹，不仅能减少平民伤亡，同时对建筑物和基础设施的破坏又大得多。实际上，这有点像制造一次地震。沃利斯在航空部（Air Ministry）的走廊里推销他的想法，但对于这个战争阶段的军事人员而言，这个观念太先进、太复杂了。“地震”（earthquake）炸弹最终被设计出来，在战争的最后几个月起到了惊人的效果。然而，让沃利斯的名字与天才划等号的却是他受托研制的另一种炸弹。

德国的钢铁生产使用的水主要来自鲁尔水坝。那里有默纳、埃德尔和索佩 3 个大坝，德国的煤、武器装备和水力发电等战争资源都依赖这

3个大坝。英国急需摧毁这些大坝，从而中断敌人的生产。但如何摧毁？传统的轰炸行动成功的可能性微乎其微，他们的炸弹投放既不精确，威力也不足以破坏混凝土大坝。

英国成立了空袭大坝委员会（Air Attack on Dams Committee）来研究这个问题，沃利斯受邀发表意见。

沃利斯利用自己对“地震”炸弹的研究，不断思考如何制造一枚有足够威力的炸弹来破坏大坝。炸弹从上面投下达不到这个效果，那在堤坝旁边爆炸呢？沃利斯意识到，如果炸弹在靠近坝体的水面引爆，水将会把炸弹产生的爆炸波效应传递给堤坝，而不会让能量消散。

沃利斯开始在脑海中勾勒所需炸弹的画面，他需要一枚重约5吨的炸弹在堤坝边爆炸，但这枚炸弹又不能

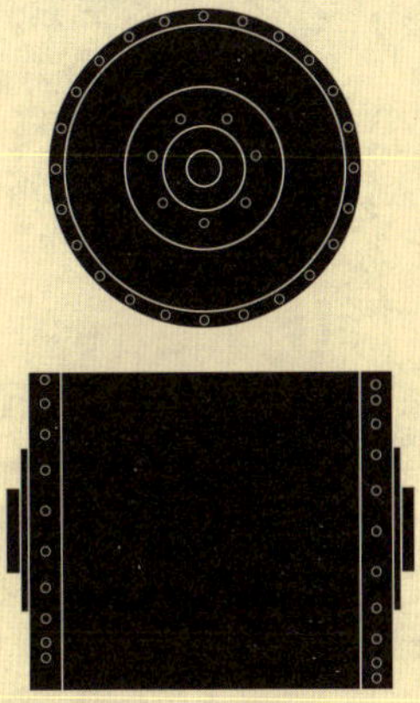

弹跳炸弹

类型： 球型弹跳炸弹

重量： 9250磅（4196公斤）

长度： 20英寸（51厘米）

宽度： 50英寸（127厘米）

速度： 时速240英里—250英里（386公里—402公里，弹回速度每分钟500转）

有效攻击距离： 366米—457米

填充： 6600磅（2994公斤）托佩克斯式水下炸药

弹跳炸弹内装炸药，可以以每分钟500转（rmp）的速度弹回，其3个深水引爆装置设定在水下30英尺（9.1米）处引爆，在鲁尔水坝厚实的混凝土中炸开缺口。为确保炸弹精准投放，英国皇家空军轰炸机机组人员不得不在150英尺（46米）的高度以时速240英里（386公里）的速度飞行。

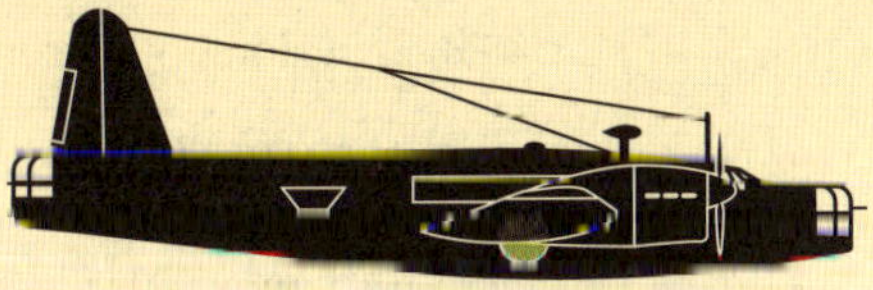

兰开斯特轰炸机挂载弹跳炸弹位置

巴恩斯·沃利斯

二战后，沃利斯在英国飞机公司工作了几十年，一直活跃在航空研究和发展的最前沿。1955 年电影《敌后大爆破》(*The Dam Busters*) 的发行，让由迈克尔·雷德格瑞夫 (Michael Redgrave) 扮演的沃利斯在英国变得家喻户晓。1954 年，沃利斯入选英国皇家学会，1968 年被授予爵士头衔。沃利斯于 1979 年 10 月去世，享年 92 岁。

被鱼雷网缠住。如何达到这个目的？他想起 19 世纪初著名的英国海军少将霍雷肖·纳尔逊（Horatio Nelson）曾经发明一种用炮弹掠过水面的方法攻击法国战舰。受纳尔逊的启发，沃利斯开始进行试验，在浴缸里用弹射器在水面弹射弹珠，接着以类似的方式不断弹射更大的弹珠，并记录下它们的距离、高度、速度和后旋。

在肯特郡卡尔弗轰炸场试验“修理店”弹跳炸弹，由英国皇家空军617中队队员在飞行训练中投下。炸弹设计者巴恩斯·沃利斯与其他人一起观看试验炸弹击中海岸线。

载有1枚巴恩斯·沃利斯弹跳炸弹的兰开斯特轰炸机。炸弹直径只有4英尺（1.2米），长度5英尺（1.5米），外形与油桶相似，尽管英国皇家空军指挥部最初表示怀疑，最后证明它的效果不可思议。

盖伊·吉布森是空袭大坝行动指挥官，这名神勇的轰炸机驾驶员，因成功袭击大坝被授予维多利亚十字勋章。1944年被击落身亡。

1942年12月4日，沃利斯终于可以看到代号为“修理店”（Upkeep）的新发明进行首次试验。但试验以失败告终。威灵顿轰炸机投下炸弹，但炸弹在水的冲击下碎裂。他们还进行了其他试验，结果都一样。空袭大坝委员会内部的一些怀疑者开始在沃利斯背后揶揄，说他“想入非非”。几乎没有人认为一个直径4英尺（1.2米）、长5英尺（1.5米），形似油桶的炸弹，能达到发明者声称的效果。

沃利斯退回到制图版，加强了炸弹的外壳。1943年1月，他欣喜地看到炸弹从威灵顿轰炸机落下，击中水面，弹跳了20次向预定目标而去。

然而，官方指挥部中还存在反对的声音。2月，空军司令阿瑟·哈里斯（Arthur Harris）元帅给参谋长查尔斯·波特尔（Charles Portal）写信，抱怨沃利斯的弹跳炸弹是“我们见过的最疯狂的武器设想”。月底，沃利斯见到了轰炸机司令部（Bomber Command）司令哈里斯，对方只是简单告诉他：“我的士兵生命非常宝贵，不能让你的疯狂想法毁掉。”

沃利斯仍然受雇于维克斯公司，后者开始担心沃利斯的“疯狂设想”会败坏公司名声，命令他关掉弹跳炸弹车间。但几天后，沃利斯接到了查尔斯·波特尔的通知，他的炸弹将被用来袭击大坝，行动计划定在5月（山谷水位将在那时达到最高），因此他只有3个月的时间来完善发明。

沃利斯在车间忙碌的同时，英国皇家空军开始为这次任务挑选机组人员，航空联队队长盖伊·吉布森（Guy Gibson）是任务指挥官，英国皇家空军告诉他此次任务“也许是有史以来最具毁灭性的一次行动”。24岁的吉布森功勋卓著，曾经驾机出击173次，他从英国、加拿大、澳大利亚和新西兰挑选了22名最优秀的机组人员组成“617中队”。

任务高度保密，包括吉布森在内的所有人都不知道目标是哪里。沃利斯被允许透露的也只有这个炸弹，他解释说这个填充6600磅（2994公斤）炸药的炸弹可以以每分钟500转的速度弹回，3个深水填充装置设定在水下30英尺（9.1米）处引爆。然后他向吉布森展示了炸弹爆炸过程的连续镜头。“那是我的秘密炸弹，”短片结束后沃利斯说，“但你要将它投放到合适的位置。现在的问题是，你们能在水面上150英尺（46米）的高度以时速240英里（386公里）的速度飞行吗？”

吉布森带领617中队到英国中部的德文特湖面上进行训练。他们日夜训练，发现在黑暗中几乎不可能保持准确高度。有人想到在每架

英国皇家空军侦察机在袭击后即刻拍摄的照片，显示埃德尔大坝遭受的破坏程度。

堤坝终结者造成的破坏还有一个重要的后果，希特勒下令将在法国海岸建设大西洋壁垒的25000名被迫劳动的工人转移到鲁尔区，帮助恢复被袭击中断的生产，因此1944年6月6日盟军在诺曼底海滩登陆时，他们看到的是完成一半的海岸防御工事。

飞机下方装上2盏探照灯，可照亮150英尺（46米）以内的范围，飞行员以时速232英里（373公里）的速度飞行时，可以测量他们的高度。但是，150英尺还是太高，炸弹还是会破裂。沃利斯不得不告诉机组人员他们必须再靠近目标一些。多低？他们问。沃利斯回答60英尺（18米）。

行动的日期定在5月16日至17日夜间，目标最终被公开，在最后下达的指令中提道：吉布森将率领9架兰开斯特轰炸机袭击默纳大坝，一旦成功，他们将继续前往埃德尔大坝。与此同时，另外5架轰炸机将锁定目标索佩大坝，另有5架飞机作为预备队。

在飞往目标途中，有3架飞机坠毁，吉布森的飞机未受任何损伤抵达目标，这位航空联队队长首先在密集的防空火力攻击中投下炸弹。正如他们在德文特湖上训练的，炸弹从距离水坝1275英尺（390米）处落下。沃利斯计算过，从这个距离投下，炸弹爆炸的冲击力将达到最大。

吉布森的炸弹击中了高130英尺（40米）、厚112英尺（34米）的大坝，但效果不大。米奇·马丁（Mickey Martin）驾驶的第二架飞机突然俯冲，却受到地面火力的攻击，他的炸弹在离目标很远的地方弹跳，第三架飞机的炸弹在离目标不远处爆炸。梅尔文·“丁吉”·杨（Melvin “Dinghy” Young）投下的第四枚炸弹击中护墙爆炸，混凝土炸裂，接着戴维·马尔蒂（David Malty）投下炸弹，这枚炸弹击中了水坝中部，混凝土结构突然崩塌，水倾泻而出。“干得好，它完了！”马丁大喊一声。他们的飞机在鲁尔水坝上空咆哮着向埃德尔大坝飞去，同样炸裂了这个大坝。但是，索佩大坝的飞机就没那么好运了，只有2架飞机成功到达目标（其他飞机或是被击落，或是因机械问题被迫返回基地），他们的炸弹也没有产生作用。

617中队返回时，沃利斯也在那里迎接他们，当他意识到19架轰炸机中，9架永远无法回来，他深感震撼。“如果早知道是这样，我绝对不会开始。”他说道。幸存的机组人员安慰这位发明家，温柔向他解释死亡常伴他们左右。吉布森被授予维多利亚十字勋章，作为奖励还被派到澳大利亚去巡回宣讲。与此同时，德国开始进行大规模修整行动。从2个被毁坏的大坝倾泻而出的水流以每秒钟50英尺（15米）的速度冲走路上的一切，包括电站、桥梁和铁路高架桥。整个工业区被水淹没，德国的钢铁生产陷入停滞。有关这次袭击的官方报告称之为“毁灭的黑暗画面”，生产损失相当于几个月里损失10万人。为修复损失，希特勒命令逾2.5万多名工人停止建设法国海岸大西洋壁垒，以恢复鲁尔区的生产。因此，1944年6月6日盟军在诺曼底登陆时，发现海岸防御工事只完成了一半，比起全部完成的情况容易攻克得多。

这些堤坝终结者不仅摧毁了2个大坝，还帮忙中断了大西洋壁垒的建设，而这一切都归功于巴恩斯·沃利斯及其“疯狂”发明弹跳炸弹。

第 21 章
彗星线

堤坝终结者袭击鲁尔水坝前的 1 年，英国皇家空军在德国西北部执行过另一次强度更大、准确度却低得多的攻击任务。1942 年 5 月 30 日晚，1000 架英国皇家空军轰炸机毁灭了科隆城，这就是著名的“千机大轰炸”（1000 Bomber Raid）。这次致命的袭击造成近 5000 名平民死伤，严重破坏了城市的基础设施。

对于第三帝国来说，这拉开了轰炸行动的序曲，3 年后的轰炸将摧毁这个国家的大片城市和乡镇。对于英国皇家空军轰炸机司令部的飞行员和 1942 年开始到达欧洲的美国飞行员来说，这次轰炸的伤亡人数也很大。仅轰炸机司令部就有 5.5 万人丧生，另有 1 万人伞降在欧洲德占区，在剩余的战争岁月里，他们一直在战俘集中营度过。还有几百人从被击中的飞机跳伞后，在夜间降落到敌军封锁线后，逃过敌人追捕的机会很渺茫，回到英国继续为战争效力的可能性就更小了。

但那些被击落的机组人员很快就得到援助。在整个欧洲被占领区，勇敢的人建立了逃亡线，他们决定尽自己所能，来对抗纳粹战争机器。在法国和低地国家沦陷后的几个月里，他们首先为盟军士兵（通常是英国人）提供庇护，这些盟军士兵在往东被押送到德国的途中躲过哨兵逃

1941 年春，安德烈・德・容和另外两个朋友开始为比利时逃亡线工作。随着时间的推移，这条线后来被称为彗星线（Comet Line），很多勇敢的比利时人为之付出了生命代价。

彗星线

彗星线帮助的对象分为“逃亡者”和“躲避者”，前者通常是军队人员，在战俘集中营或被送往集中营的路上，从德国或意大利的羁押中逃跑。后者则从来没有被捕，一般是从受损的飞机上跳伞的机组人员，他们躲避追捕，希望回到自己的队伍中。

集结地
安全屋

走。他们提供最基本的帮助：食物、衣服和遮蔽所。但到1940年年底，57岁的比利时商人巴伦·雅克·多尼（Baron Jacques Donny）开始在布鲁塞尔设立了一批安全屋，为逃亡者提供庇护，但问题是如何将越来越多的士兵转移——大多数人太显眼，不太容易融入当地居民——离开比利时进入中立国西班牙，他们可以从那里被送回英国。

1941年春天，亨利·德·布里奇（Henri de Bliqui）、阿诺德·德普（Arnold Deppe，德·布里奇的表哥）和安德烈·德·容（Andree de Jongh）3个好朋友开始为多尼的组织效力。因为姓中都带有D字母，他们称自己为“三 D”组合。3 人认为也许他们有办法秘密护送逃亡者离开比利时。战争前，德普曾在法国西南部巴斯克地区的巴约讷、比亚里茨和圣让德卢斯等时尚胜地工作，那里离西班牙边境很近。他重访故地，在比利牛斯山（Pyrenees）上勘探出一条通往西班牙的路线。然而，比利时逃亡委员会在这段时间里被纳粹渗透。1941 年 4 月，德·布里奇被捕，随后被处决。但德·容和德普并没有被恫吓住，他们与德·容的父亲弗雷德里克（Frederic）开始扩展逃亡线，利用弗雷德里克在布鲁塞尔的熟人建立了一批新的安全屋。

1941 年夏天，德普、弗雷德里克和英国特别行动处特工对逃亡路线（直到 1943 年，“彗星”才成为其正式的官方名）进行测试，他们穿过法国北部，然后乘坐一夜火车从巴黎到巴约讷，之后前往位于西班牙边境以北 15 英里（24 公里）处昂格莱（Anglet）的安全屋。房主是一家很有同情心的比利时人。接着，他们徒步越过比达索瓦河（Bidassoa River），翻过比利牛斯山，进入圣塞巴斯蒂安（San Sebastian）。

接下来的 1 个月，逃亡线开始护送第一批被追捕的人——4 名比利时军官，但他们和德普在里尔火车站被捕了。德·容选择了另一条路线，因而躲过了追捕。很明显，线路的某个环节出现了叛徒。不管怎样，德·容，这个 24 岁身材娇小的校长女儿成功地带着她的 3 个逃亡者——苏格兰士兵詹姆斯·克罗马（James Cromar）和 2 个比利时人——越过了比利牛斯山，走进英国驻毕尔巴鄂领事馆。

像德·容这么年轻的姑娘能有如此成绩，英国方面最初表示怀疑，但很快他们就同意向逃亡线提供大量资源，要求的回报是给予空军机组人员优先权，因为他们接受的特种训练在战争中能比步兵发挥更重要的作用。

很快，随着英国加大对德国目标的轰炸，德·容的安全屋开始接收越来越多的皇家空军机组人员。由于大多数轰炸目标位于德国西北部的工业中心地区，这就意味着轰炸机要飞过荷兰和比利时，因此很多被迫空降的飞行员会选择在这两个国家伞降。不断增多的逃亡活动也引起了盖世太保的关注，他们试图往逃亡线渗透阿勃维尔间谍和当地的通敌者。管理安全屋的人与帮助逃亡者进入西班牙的人面临同样的风险。马雷查尔（Maréchals）一家就是为盟军人员提供庇护的比利时家庭，母亲埃尔西·贝尔（Elsie Bell）是英国人，丈夫乔治斯（Georges）是比利时人，一战期间他们在伦敦相遇，16 岁的女儿也叫埃尔西。1940 年他们在安全屋中藏了 14 人，最后被出卖，乔治斯被枪杀，母女俩被送到集中营。“他们把我们看得一文不值，”小埃尔西回忆说，“我们甚至觉得自己连牲口都不如。”

德·容察觉到不断增加的危险，她将行动基地转移到巴黎，亲自护送众多空军机组人员越过比利牛斯山进入安全地带。1942 年 2 月，盖世太保对她展开抓捕，同年 8 月和 11 月又各进行了一次［包括安德烈的姐姐苏珊·德·容（Suzanne de Jongh）］。德国似乎总是落后一步。1943 年 1 月，德·容没有再延续好运，正当她准备带领第 34 批逃亡小组逃往西班牙时，在比利牛斯山上的一处农舍被扣留。

盖世太保对德·容进行了残酷的折磨，可她只字未露，后被押送到拉文斯布吕克集中营（Ravensbrück concentration camp）。德国对逃亡线的破坏一直在继续，化名为让·马松（Jean Masson）的法国盖世太保特工雅克·德苏布里（Jacques Desoubrie）对逃亡线造成的破坏最大。1943 年 6 月，弗雷德里克·德·容在巴黎被捕，1944 年春被处决。他是被纳粹枪杀的 23 名“彗星线”成员之一，另外有 133 人（超过被捕人数的 60%）在囚禁中死亡，多数死于集中营。

即使有人被捕后被处决，却从不缺愿意接替之人。到 1943 年夏天，

安德烈·德·容被盖世太保逮捕，押送到德国北部的拉文斯布吕克集中营。她奇迹般地得以幸存，于2007年去世，享年90岁。

随着盟军加强对德国的轰炸，前往西班牙的新逃亡路线被开发出来，特别是拉尔雷索尔（Larressore，介于比亚里茨和西班牙边境中间位置的一个小镇）路线，1943 年 9 月至 1944 年 6 月，83 名盟军空军机组人员和几名法国特工被移交至英国人手里。

安德烈·德·容在拉文斯布吕克集中营幸存，1945 年回到比利时，那时“彗星线”已经关闭了 1 年。1944 年 6 月，盟军登陆法国后，这条逃亡线已经不再被需要。

“彗星线”付出的代价是沉重的，但他们取得的成就也是令人震憾的。约有 800 名空军机组人员和士兵被秘密带出欧洲德占区，他们回到英国重新加入对抗纳粹德国的战争中，没有人知道安德烈·德·容的真名，对大家而言她就是“岱蒂”（Dedee），这是比利时人对名为安德烈的女孩的昵称。然而，每一个见过这个年轻的比利时女孩的人都会被其勇气打动，“她是我们从比利时到西班牙的动力、力量和灵感”。

第 22 章
巴格拉季昂行动

从 1943 年年初开始，战争开始朝着对德国不利的方向发展。在北非战场处于失败边缘的同时，1942 年至 1943 年的冬天，德军在斯大林格勒同样遭遇了致命的失败，并付出了高昂的代价。1943 年 1 月，德军在苏联的形势非常严峻，前进的苏联军队在德国陆军 B 集团军群和顿河集团军群之间打开了一个 180 英里（290 公里）宽的缺口。随着苏联红军的继续推进，顿河以南的德国军队面临被包围的风险。希特勒做出回应，重新部署该方向的军队，解散了 B 集团军群，把顿河集团军群整编为南方集团军群，由陆军元帅埃里希・冯・曼施坦因（Erich von Manstein）指挥。希特勒和冯・曼施坦因在对苏战略上难以达成一致，但陆军元帅提出行动不受柏林干预的请求最终获得了元首的准许。

冯・曼施坦因深信苏联军队战线过长，造成对己危险局面，无法应对大规模反攻，德军因此有机会夺回哈尔科夫和库尔斯克两座城市。1943 年 3 月 15 日，哈尔科夫如期被夺回，可当德国的进攻势头殆尽时，库尔斯克还在苏联手中，冯・曼施坦因要付出巨大代价才能在战场上与苏联人争夺主动权。

此刻他计划于夏天发动一场代号为“城堡行动”（Operation

Citadel）的决定性进攻，占领库尔斯克并深入苏联领土 70 英里（113 公里），击垮万千敌军，迫使苏军转为防御状态，为德国军队赢得时间，为他们疲惫不堪的队伍增援部队和装备。

但有两个关键因素阻碍着德国即将准备的进攻。首先，他们低估了苏联的组织，比起 2 年前德国入侵苏联时负责指挥的高级军官，康斯坦丁·罗科索夫斯基、尼古拉·瓦杜丁、伊万·科涅夫和乔治·朱可夫等将领更加善于打仗。同时，1943 年夏天，苏联的军工生产也达到了最大潜能。德国空军轰炸机作战半径覆盖不到苏联东部的工厂，那里生产了大量武器和弹药，包括威力强劲的新式 T34 坦克，能够抵挡德国的反坦克炮弹。

其次，苏联比德国更有情报优势，这种优势部分归功于已被部署在前线的特种无线电营，他们监视着德国无线电通信，必要时还可随时干扰。更重要的是，苏联还能从英国方面获得情报。两个同盟国之

黄鼠狼Ⅱ型坦克歼击车

乘员：3人

重量：23809磅（10800公斤）

长度：20英尺10英寸（6.4米）

防弹钢板：0.19英寸—1.38英寸（5毫米—35毫米）

主炮：1门75毫米口径Pak40型反坦克炮，37发炮弹

时速：25英里（40公里）

黄鼠狼Ⅲ型坦克歼击车

乘员：4人

重量：23523磅（10670公斤）

长度：15英尺3英寸（4.65米）

防弹钢板：0.4英寸—2英寸（10毫米—50毫米）

主炮：1门75毫米口径Pak40型反坦克炮，37发炮弹

时速：26英里（42公里）

黄鼠狼系列是德军使用的坦克歼击车，使用二号坦克的底盘。该型坦克被用来对抗强大的苏联T34坦克，并装有从苏联缴获的大炮，目的是为了击穿T34厚重的防弹钢板。1943年和1944年黄鼠狼系列被广泛使用，但缺陷是顶部没有防护钢板，坦克手暴露在外面，处境非常危险。

间虽然从来不是那么互信，但英国迫切希望德国在1942年至1943年年初保持双线作战，于是他们向苏联传递了布莱切利园“超级机密”破译的情报。

英国情报对“城堡行动”结果的影响一直存在争议。有些历史学家称，多亏了“超级机密”，苏联人才能知道冯·曼施坦因进攻的确切时间和位置。有的人则持有不同观点，比如美国陆军战争学院苏联陆军作战研究处的美军上校戴维·格兰兹（David M. Glantz）在1988年的一篇论文中写道：“英国的确通过驻莫斯科的英国军事使团（British Military Mission）向苏联提供了‘超级机密’情报，但并没有透露资料来源。这些情报在1943年之前对苏联的战争表现没有什么帮助。1943年4月之后，情报数量减少，重要性也相应降低，1943年7月之后，情报基本停止。”

但毫无疑问，1943年的头几个月，英国为苏联人提供的情报，使得红军能够严阵以待，做好准备迎击即将到来的德国进攻。例如，4月8日，库尔斯克以南所有战斗部队的总指挥朱可夫元帅给约瑟夫·斯大林发了封电报，告诉他：“敌人将试图切断库尔斯克的主力部队，从而包围并摧毁部署在这里的中央方面军和佛洛尼兹方面军。目前这两大方面军只有15个坦克师，与此同时，德国在别尔哥罗德至哈尔科夫一线已经集结了17个坦克师——多数师拥有虎Ⅰ型、改良的豹式和猎豹Ⅳ型等新式坦克，还有黄鼠狼Ⅱ型和黄鼠狼Ⅲ型等各种坦克歼击车。”

“城堡行动”于1943年7月5日黎明发起，苏军有英国人的情报在手，德军以失败告终也就不足为奇了。库尔斯克战役是整个行动的最高潮，也是历史上规模最大的一次坦克战，约6000辆坦克、4000架飞机和200万士兵参与会战，德军从夏天到秋天一直节节败退。哈尔科夫和基辅分别在8月和10月相继落入苏联人手中，同时德军在白俄罗斯抢

苏联军队赢得了“城堡行动”的彻底胜利，一定程度上要感谢英国“超级机密”情报，但也有成千上万名苏联士兵被德军俘虏。图为 1943 年 6 月 21 日苏军士兵正被押往战俘营途中。

掘防御阵地。

尽管德军在库尔斯克战役中溃败，但远未被击败。因此，1944 年初，苏联人为将德军永远赶出苏联西部，开始准备大规模反攻。约 85 万名德国士兵仍在苏联境内，而与他们对峙的是白俄罗斯的 4 个方面军，约 100 万苏联军队。

“巴格拉季昂行动”是根据格鲁吉亚王子彼得·巴格拉季昂（Pyotr Bagration）命名的，他是俄罗斯军队杰出的指挥官，曾于 19 世纪与拿破仑交战。

此时苏联已无法得到英国“超级机密”情报，两国之间的互信问题

马斯基洛夫卡欺骗行动

伪装一词的俄语是“马斯基洛夫卡”（maskirovka）。然而在英语中，这个词在军事上的定义一般仅指通过涂色或隐蔽物体，使其在背景中消失来欺骗敌人。但在俄语中，“马斯基洛夫卡”一词的定义更加广泛，不仅指服装和装备的伪装，还包括使用战略假情报迷惑敌人。苏联对“马斯基洛夫卡”的官方定义是：“保障作战行动和部队日常活动的手段；一系列复杂的措施，旨在在苏联部队的配置和部署、各种军事目标、自身状况、战备和行动以及指挥部的计划等方面误导敌人。”朱可夫将军（如图）是“马斯基洛夫卡”欺骗行动的最大赢家，1939 年夏天，在与日本进行的诺门坎战役（Battles of Khalkhyn Gol）中，他将这个战术发挥到极致，苏联在一系列交火中击败日本第 6 军。

愈加令人担忧，但苏联的确有一个复杂的“马斯基洛夫卡”欺骗行动已准备就绪。在开始的几个月里，这个大骗局用以对抗德国中央集团军群，他们在从白俄罗斯到波兰东部的森林和沼泽地上掘壕固守。

德国方面清楚大规模进攻即将来临，他们自认为知道进攻将在什么地方发起——中央集团军群的南方，即乌克兰北部，这正是苏联人希望的。这是一个宏大的计策，需要向敌人隐瞒170万名士兵正在行动，苏联最高统帅部知道这个数字还远远不够。他们的目标是给苏军先头部队增援5个诸兵种合成集团军和2个坦克军，以及2个机械化部队和4个骑兵团，这意味着超过3000辆坦克、12000支枪支和迫击炮以及成千上万吨的燃料、口粮和弹药要悄悄运往白俄罗斯，而表面看起来像在乌克兰北部向南数百公里处集结部队。

一旦所有增援就绪，苏联作战计划的第一阶段将由波罗的海第1方面军和白俄罗斯第3方面军从北部的维特伯斯克开始发动进攻，而白俄罗斯第2方面军则在白俄罗斯第1方面军的支援下向明斯克进军，形成对德国中央集团军群的包围，进而进入“巴格拉季昂行动”的第二阶段，在整个明斯克前线发动正面进攻。

随着骗局进入实施阶段，大多数苏联士兵与德国人一样并不知道进攻将在哪个地方发起。苏联最高统帅部作战部第一副部长谢尔盖·什捷缅科（Sergei Shtemenko）将军讲述了如何保密：“我们采取了预防措施来确保目标的高度保密，只有少数人直接参与制订夏天行动的整体计划，特别是白俄罗斯行动……与此计划相关的通信、电话或电报被严禁提及，并接受严格的检查。来自前线的作战建议只有两三个人处理，通常是由指挥官手写并亲自汇报。”

士兵和车辆只在夜间借助火车运输。从苏联其他各地来的士兵没有直接被送上前线，而是滞留在东部，距离开始进攻地方约40英里（64

1943年7月，库尔斯克战役中红军与T34坦克并肩作战（上）。T34集速度、坚固、灵敏和76.2毫米高速炮弹于一体，让图中虎I型坦克中的德国坦克兵（左下、右下）非常恐惧。

公里）或者更远一些，即便在那里，他们也对“马斯基洛夫卡”欺骗行动有所贡献。白俄罗斯第1方面军指挥官康斯坦丁·罗科索夫斯基回忆道：“我们修建了很多假十字路口和道路。枪支被集中到次要防线，从那里发动炮击，接着被转移到后方，同时假人被留在开火位置。”

与此同时，在乌克兰北部以南600多英里（966公里）处，苏联人为即将到来的进攻做“准备”时不再那么谨慎。苏联空军开始更频繁巡逻，侦察机飞过敌人封锁线，德国的弹着观察机也被允许越过苏军封锁线拍摄假坦克（每个步兵师约有100辆）和假车辆（每个步兵师约有75辆）。乌克兰的铁路运输开始变得繁忙，无线电通信也更加频繁。夜间，一队队苏联士兵带着手电筒在前线每间隔一定时间便进行巡逻，在德军飞机飞过时就挥舞手电筒，让德国飞行员误以为他们在引导大规模部队向前线挺进。

“巴格拉季昂行动”最终于6月22日发动，此时距离德国入侵苏联已过去3年，苏军碾压德国在白俄罗斯的防线。6天后，苏联装甲兵已经挺进到200英里（322公里）开外的别列津纳河（Berezina River）。在战斗的第一周，5万名德军丧命，另有2.5万人被俘，德军节节败

1944年6月28日，博布鲁伊斯克附近道路上被丢弃的德国陆军第9集团军的车辆，这是苏联在进攻之前部署的“马斯基洛夫卡”欺骗行动成功的确凿证据。

博布鲁伊斯克附近2辆被摧毁的德国四号中型坦克，它们隶属于第20装甲师。包括殒命的2名坦克兵在内，1944年夏天“巴格拉季昂行动”共歼灭俘获90万名德军。

434

退，“巴格拉季昂行动”结束时，德军损失士兵90万多人（或殒命或被俘）。“马斯基洛夫卡”欺骗行动彻底愚弄了他们，德国将军弗里德里希·冯·梅伦廷（Friedrich von Mellenthin）后来承认：“这次恐怖的反攻集结了大量人力和装备，完全出乎我们的意料。直到地雷炸毁第一辆坦克，苏联的第一枚反坦克迫击炮开火，我们……才侦察到雷区，探测到反坦克阵地。”

第 23 章

日裔美国人的情报

1942 年 2 月，《洛杉矶时报》发表社论警告读者，现在美日正在交战，美国内部面临危险。“龙生龙，凤生凤。”报纸发出厉声警告，“因此，一个出生在日本父母身边的日裔美国人，按照日本传统的培养，生活在移植过来的日本氛围中，彻底灌输了日本的……理想，尽管他名义上是美国公民，但除了极少数例外，他几乎不可避免地会成长为一个日本人，而不是一个美国人。”

《洛杉矶时报》的这篇社论是在回应富兰克林·罗斯福总统签署的第 9066 号行政令（Executive Order 9066），该命令授权拘留上千个祖先是日本人的公民，其中三分之二公民被称为“第二代日裔美国人”（Nisei，后简称日裔美国人）。约超过 10 万人被关押在全美各地 21 个拘留所中——政府官僚用冷冰冰的语言称之为安置中心（Relocation Centre）。当局还禁止公开 FBI 的一份秘密情报报告，该报告认为绝大多数日裔美国人对国家安全并不构成威胁。

1942 年年初，这个横扫全美的偏执潮甚至影响到正在服役的日裔美国人，夏威夷国民警卫队（Hawaii National Guard）中的日裔美国人被划为“没有资格入伍的外国敌人”。在一片抗议声中，1400 多名日裔

2011 年，美国政府授予日裔美国人国会金质奖章（Congressional Gold Medal），这是美国最高文职荣誉。奖章上画着欧洲和太平洋战场的二代日裔美国士兵。

美国人组成夏威夷暂编营，不久又被整编为第 100 步兵营，1943 年成为第 442 步兵团。同年，美国政府撤销相关规定，不再要求在武装部队服役的日裔美国士兵填写他们向谁效忠的问卷调查。

1944 年，第 442 步兵团通过船被运输到欧洲，在意大利和法国与敌人展开了 223 天的战斗，21 名士兵被授予美国最高奖励荣誉勋章(Medal of Honor)。

尽管政府政策于 1943 年才有所缓和，正式允许日裔美国人在武装部队服役，但在前一年陆军情报局（Military Intelligence Service，简称 MIS）已经认识到，日裔美国人在战争能发挥重要作用。1942 年，一所日裔美国人语言学校在明尼苏达州塞维奇营地开办（后来发展成陆军情报局语言学校），日裔美国人在这里接受日本军事技能和语言的培训，学习如何口译，如何翻译军事文件。1942 年 5 月，第一届 42 名学员毕业，到战争结束时，一批能有几百名学员毕业。

29 岁的罗伊·松本（Roy Matsumoto）是塞维奇营地语言学校早期的一名学员，在洛杉矶出生长大，高中毕业于长滩理工高中。尽管他是美国公民，却于 1942 年年初被拘禁在阿肯色州杰罗姆安置中心。“我几乎失去了所有个人财产和金融资产，包括银行存款，”他回忆道，“政府的说辞是：这是外国敌人的财产。他们从来没有归还。我简直要疯了。”

尽管遭受如此屈辱，他还是于1942年8月主动加入塞维奇营地的陆军情报局语言学校，轻松通过大部分课程，只等被派往某个情报机构任职，1943年夏天，营地公告牌上的一则通知引起了他的注意，通知上写着急需寻找“身体强壮并具有超强毅力”，同时又精通日语的日裔美国人。志愿者们被询问“婚姻状况、健康状况和语言熟练程度”，松本未经挑选直接通过。“我在语言学校的成绩优秀，因此没有面试环节，就接到了加入命令。”他回忆道。几天之后，松本和其他13名选拔出来的日裔美国人在夜幕降临时，秘密登上开往旧金山的火车。

一到旧金山，14名日裔美国人就在武装护卫下被送上了“卢琳”号（*Lurline*）班轮，这艘船曾是豪华客轮，因战争急需被改装为军队运输船。1943年9月21日，“卢琳”号悄悄驶离加利福尼亚，几天之后这些日裔美国人被介绍同船的2000多人，他们隶属于志愿部队第1688派遣队（1688th Detachment）（新喀里多尼亚另有1000名志愿者加入）。

这14个人被分配到第1688派遣队的3个营，没有人知道自己将前往何方。自从几周前他们志愿加入以来，保密就一直被放在最重要的位置。2名军官被发现和船员闲聊他们的部队，很快就被解雇并被送走。直到“卢琳”号离开西澳大利亚州，完成补给后，船上的保险箱才被打开，“来自华盛顿的密封材料才被分发至各营，说明我们会有什么样的装备，以及我们最后会成为什么样的组织”。

命令同时公开了他们的目的地——印度。他们在那里接受了一段时间的全面训练，适应了当地水土，在此期间该组织被命名为第5307混成团（临时性质）。2月1日，在负责中缅印战区的美国将军约瑟夫·史迪威的全面指挥下，他们被部署到缅甸北部。

1943年，第100步兵营的日裔美国士兵在进行手榴弹投弹训练。次年，该营在意大利战场参加战斗，击败了蒙特卡斯诺教堂的德国守军。

1944 年年底，第 442 步兵团的日裔美国步兵在法国尚布瓦地区一条泥泞的道路上行军。二战期间，第 442 步兵团中有 21 名成员被授予美国荣誉勋章，这是美国为表彰战场英勇行为而授予的最高奖励。

第 442 步兵团士兵在美国谢尔比训练营进行搭建浮桥训练。浮桥建好后，一个步兵连端着安上刺刀的步枪冲向对岸，进入森林茂密的“敌方”区域。

第 5307 混成团参加代号为“首都行动”（Capital Operation）的部分行动，分 3 路对已经占领缅甸 2 年的日本发动袭击。同时中国从东北方向发动袭击，英国第 4 军跨过钦敦江从西面打击，另有中国 2 个师长驱直入缅甸北部中心地带，在 3000 名美军的支援下夺取战略重镇密支那。第 5307 混成团的存在不只具有象征意义：他们将作为快速反应游击队，在需要时袭击日本后方。

这支部队向南深入敌占区后不久，就与日本人进行了第一次交锋，罗根·维斯顿（Logan Weston）中尉率领 3 营的一支巡逻队，遭遇日本

训练完成后，第 442 步兵团乘船远赴欧洲，迎接他们的首次战斗。图为 1945 年 4 月与意大利战斗的最后阶段，该团士兵在德军的枪林弹雨中寻找隐蔽场所。

精锐第 18 师团一支优势兵力的袭击。

日本人开始潜入他们的阵地，一些美国人或死或伤，形势非常严峻。这时，来自西雅图的 23 岁的巡逻队日裔美国口译员亨利 · 刚昌（Henry Gosho）营救了他们。20 世纪 30 年代末，亨利被父亲送去日本学习日语，上大学时参加了强制军事训练，因而知道所有的日本军事指挥口令，现在他用这些知识帮助部队摆脱困境。“我惊奇地发现开火命令恰好与我（在日本）上大学时学到的命令一样，”刚昌回忆道，“于是我对维斯顿说：‘我不确定是不是正确，但他可能在下令开火。’维斯

罗伊·松本（右）是志愿加入麦瑞尔突击队的14名日裔美国口译员之一，他们坐船前往缅甸。与在欧洲战斗的日裔美国人不同的是，松本知道如果落到日本人手里，自己没有希望活着回来。

顿转过身问：‘什么命令？’我告诉了他，于是他重新部署我们的火力，以应对敌人的攻击。”

这条宝贵的内部信息挫败了日本的包围，给了维斯顿一小段时间，在被敌人占领之前将士兵撤回安全地带，他还发送了无线电增援请求。

很快日军方面伤亡惨重，他们在追击维斯顿的巡逻队时遭遇了伏击。

与此同时，罗伊·松本的日语也在2营有了用武之地。2营接到命令，坚守离维斯顿交战不远的一条道路。松本发现阵地的树上有些东西，他顺着树干爬上去，发现了连接日本第18师团加迈指挥部与一位战地指挥官的电话线。松本用战地电话接入电话线路，监听了几小时。“我得知了非常重要的敌军动向和第18师团的命令，”松本详细描述道，“接着我听到一位军士与队长的谈话，得知他们在守卫一个弹药库。他们一共就三四个人，我听到军士问：‘我们该干什么？’队长说了一个位置，我立刻汇报。”麦瑞尔把这条信息传给史迪威，要求空袭弹药库，这个要求得到及时执行并取得了极好的效果。

松本截获的最后一份情报也是最有价值的：第18师团的先头部队接到命令从孟关向南撤退。为了掩护这次撤退，一支日本部队受命袭击在路上掘壕的美国人。松本听到他们的对话，不久日本人发动袭击，而等待他们的是2营。得益于松本的情报，他们消灭了100多个敌军。

几周之后，在更南的地区，松本执行了整个缅甸战场上最勇敢的行动之一。在追击南部日本部队时，2营遭遇反攻，他们接到命令在小山顶上的蛆山村（Nhpum Ga）挖掘防御工事，阻止日本人向北挺进，为中国数千名士兵集结争取时间。当时痢疾肆虐2营，4名日裔美国人中只有松本足够健康，可以投入战斗。4月初的一个晚上，从距离美军蹲伏的散兵坑数米之外的日本阵地传来嘈杂声。他们准备进攻哪里？松本晚上下山，到达离日本人阵地仅几米的地方。他离得太近了，几乎伸手就能够着他们。“日本人在散兵坑里闲谈着女人、食物、家庭的话题。”松本说道。他趴在那里纹丝不动，想听听是什么事情让他们这么有劲头。接着，他听到了想听的内容：一个焦急的士兵询问同伴，他们黎明时分的攻击能否最终打败美国人。

1943 年 9 月，3000 名士兵组成麦瑞尔突击队，登上“卢琳”号班轮，从旧金山出发前往缅甸。他们的任务属于绝密，直到快靠近印度时才得知目的地。

弗兰克·麦瑞尔将军

3000名志愿者参加入征募海报上所谓的“危险且冒险的任务”，他们起初被称为第1688派遣队，后改称第5307混成团（临时性质），最后以麦瑞尔突击队为人所知。这个名字是以指挥官弗兰克·麦瑞尔将军命名的，一位报社记者参观这支在印度训练的部队时提议使用此称号。第5307混成团很难让人朗朗上口，读者将会发现麦瑞尔突击队这个名字更加令人兴奋。然而讽刺的是，麦瑞尔从来没有真正率领突击队进行过战斗，原本6个月才能完成的任务，他到后不久就因心脏问题退役离开缅甸。副指挥官查尔斯·亨特（Charles Hunter）上校才是突击队真正的领导者，但他从未得到应有的承认。山姆·威尔逊（Sam Wilson）表示：“相对于麦瑞尔突击队，这支部队应该有个更贴切的名称，比如亨特先遣队或亨特雄鹰队或其他类似名称。”他是突击队的一名中尉，战后升为中将，“但是……历史往往不是那么回事儿”。

松本带回了日本即将来攻的消息，为2营赢得了宝贵的几小时，能够悄无声息地从前线的散兵坑撤出，使部队往山上再后退一步。撤退过程中他们还敷设了饵雷陷阱，把重机枪集中对准日本人攻击的方向。

日本人不经意间透露给松本消息后不久，便开始发动攻击。众多日军纵身跳入空无一人的散兵坑，结果死于爆炸。松本从卡宾枪上方看过去，发现第二波敌军在犹豫，不知该前进还是后退。松本在日本参加军事训练时曾学过步兵战术，他知道此刻需要下达命令。“准备前进！”他用地道的日语大喊一声，停顿一下之后又大声下令，“前进！”日军继续前进，数十人倒在美国人枪口下，几天后蛆山村的包围被解除，2营免于覆灭。

松本和第5307混成团的其他13名日裔美国口译员并不是孤身奋战。在太平洋战场上，很多陆军情报局语言学校的毕业生表现都很出色，比如冲绳岛上的芳一·“鲍勃”·库博（Hoichi “Bob” Kubo）中士，他听闻100个平民将被日本人强迫自杀，便潜入日本阵地，与日本士兵谈判2小时，劝说他们释放了平民。

总体来说，二战期间约有2.6万名美籍日本人在美国武装部队中服役，但战后他们的英勇行为几乎没有得到认可，美国政府直到1988年才在《公民自由法案》（Civil Liberties Act）中正式向所有曾被拘留的公民致歉。

1944 年 2 月，美国麦瑞尔突击队士兵和中国友军并肩行进在缅甸北部的雷多公路。这是两个国家首次并肩对抗共同的敌人。

第 24 章

澳大利亚Z特遣队

1940 年夏天，德国征服欧洲大陆大部分领土后，丘吉尔首相对他的参谋长们发出呐喊，“让欧洲燃烧起来！”他要求英国奋起反击。前面章节我们已经了解到，组建哥德曼特种部队是丘吉尔命令的结果之一，但 1940 年成立的另一个组织，将在随后 5 年为盟军的胜利做出巨大贡献。与哥德曼一样，他们的行动将贯穿战争全过程，它点燃的不仅仅是欧洲，还包括远东地区。

特别行动处成立初始的主要任务是向欧洲德占区渗透秘密特工，鼓动和组织平民抵抗运动。但是，随着日本军事野心的日渐明显，1941 年 5 月特别行动处在新加坡成立分支。1941 年 12 月，日本偷袭珍珠港，紧接着占领了缅甸、中国香港和新加坡等国家和地区。1942 年 3 月，日本空袭西澳大利亚州布鲁姆的机场和港口，几天之后又登陆新几内亚胡翁湾，这是向新几内亚首都莫尔兹比港逼近的前奏。日本计划利用那里的空军基地将澳大利亚与太平洋的美军隔离，实质上是要包围澳大利亚，使它对盟军几乎毫无作用。

澳大利亚方的反应是于 1942 年 4 月成立澳大利亚特别行动处，其存在期间曾使用数个名字来掩护行动的秘密性，包括特种侦察机构、盟

负责“杰维克行动”的英国步兵军官伊凡·莱昂少校。莱昂带领特遣分队乘坐一条小渔船从澳大利亚出发，袭击并击沉新加坡港内的日本船只，展现出巨大勇气。

军服务处以及可能最著名的Z特遣队（Z Special Unit）。在其短暂的存在中，Z特遣队深入日本占领区执行了80多次任务，其中“杰维克行动”（Operation Jaywick）最为冒险、最为成功。

“杰维克行动”的目标是深入日军封锁线后方，在四周岛屿被敌军包围，且不断有飞机和军舰在海上巡逻的情况下，摧毁进入新加坡港口的敌军运输船只。行动代号为“杰维克”（杰维克是当时非常流行的一种空气清新剂，战争之前就已经在新加坡上市，声称可以去除家里的异味），任务指挥官是英国步兵军官伊凡·莱昂（Ivan Lyon）少校。新加坡沦陷后，他的妻子和年幼的儿子被日本人囚禁。莱昂任命另一个英国人——皇家海军少校唐纳德·戴维森（Donald Davidson）为副手。

莱昂从维多利亚弗林德斯海军航空站（Flinders Naval Depot）征募志愿者执行绝密任务，他从40多名应征者中挑选出17人。在随后6周里，他们在不知道任务性质的情况下，仍接受了艰苦的常规强化训练，

志愿加入绝密的Z特遣队的人中，大部分是澳大利亚人。图为几人在弗雷泽岛训练期间的合影。从左至右：吉姆·阿博特（Jim Abbott）下士、米克·拉宾（Mick Lappin）下士、列兵莱斯利·沃特金斯（Leslie Watkins）、列兵约翰·霍奇斯（John Hodges）和列兵莱恩·布莱尔（Len Blair）。

弱者和不合适者被淘汰。除了学习如何在东南亚的土地上生存，他们还要学习划皮划艇以及埋设水下爆破弹技术，训练结束时，12 人被选中参加任务。

在这些人接受训练时，莱昂一直在解决如何将他们送抵目标且不被防守严密的日军发现的难题。他的解决办法是乘坐渔船“环蛇”号（*Krait*）前往新加坡。这艘船只有 20 多米长，最高航速 6.5 节，非常坚固，经常在爪哇海中领航。

1943 年 8 月，“环蛇”号从澳大利亚北部的凯恩斯起航，在西海岸完成补给后向北开进，船上挂着日本国旗。船员们还用颜料将皮肤涂黑，在腰上裹着长条莎笼，伪装成当地渔民。他们的补给和日常生活必需品都是日本货，这样如果有什么东西掉入海中，也不至于引起敌人的怀疑。

“环蛇”号一路向北，没有发生什么意外。9 月 17 日，戴维森在航海日志中写道：“（他们）精神饱满，士气高涨，令人非常满意，这些家伙真不错。”

第二天，特遣队员在新加坡以南约 90 英里（145 公里）处的无人小岛邦邦岛靠岸，经过两周的海上航行后，在这里锻炼锻炼身体。他们在岛上待了几天时间，做好最后的准备，穿上黑色的两件套防水丝绸套装，并束住脚踝和手腕，脚穿黑色沙滩鞋。每个特遣队员随身携带一把左轮手枪，并配有 100 发子弹，此外，每个人还有一把刀、一个指南针、一个急救包和一片几秒之内就能致人死亡的氰化物药片。他们的皮划艇满载时，包括水下爆破弹在内的装备超过 600 磅（272 公斤）。

他们将“环蛇”号隐蔽在岛上，6 名特遣队员分成 3 个两人小组，划船北上前往新加坡。他们于 9 月 20 日出发，3 天后到达距离新加坡 8 英里（12.9 公里）远的顿格斯无人小岛，岛中心的小山是理想的观测点。“夜晚的新加坡如往昔一般灯火通明，”戴维森在航海日志中写道，“汽车的车灯甚至都没有变暗。”

他们原计划于9月26日至27日夜间对港口发动袭击，但当莱昂从望远镜中看到港口停泊着13艘船时，他决定立刻发动攻击。但这些特遣队员不懂潮水的力量，结果证明划船8英里（13公里）到新加坡是不可能的。他们躲在另一个岛上，决定恢复原先的计划，二人划一条皮划艇从不同方向向港口发动进攻。戴维森皮划艇上的二等水兵沃尔特·福尔斯（Walter Falls），在日志中描述执行任务的情况：“我们每次都在船只左舷发动攻击，因为新加坡的灯光照射不到。幸运的是，事情办得悄无声息，没有任何障碍，负责携带磁力固定器的福尔斯是绝对的专家……从靠近船只、安装水下爆破弹到离开，每艘船平均需要20分钟，因为靠近船只耗费的时间太多了。船与船之间间隔4链长（732米，链为航海长度单位）远。”

戴维森和福尔斯悄悄划出新加坡港，与进入港口一样悄无声息。9月27日凌晨，他们隐蔽在巴丹岛，听到几次爆炸声，高兴地互相祝贺，但也清楚此时这个地区所有的日本人将开始搜捕他们。尽管遭遇亚热带风暴，戴维森和福尔斯划了4个夜晚，划出将近90英里（145公里）之后，终于在10月1日与“环蛇”号会合。令他们高兴的是，另外4名特遣队员在港口也发现了诸多目标，而且也安全返回了。他们击沉了7艘敌船，总吨位将近4万吨，给日本人造成了极大的心理打击。日本人在其所谓的“南部资源区”，却遭遇特遣队袭击，简直是奇耻大辱。如果他们在这里都不能免遭袭击，那在哪里能安全呢？

10月19日，从澳大利亚北部凯恩斯起航约48天后，“环蛇”号航行5000英里（8047公里），到达埃克斯茅斯湾美军基地，其中33天时间都航行在日本人控制的海域。

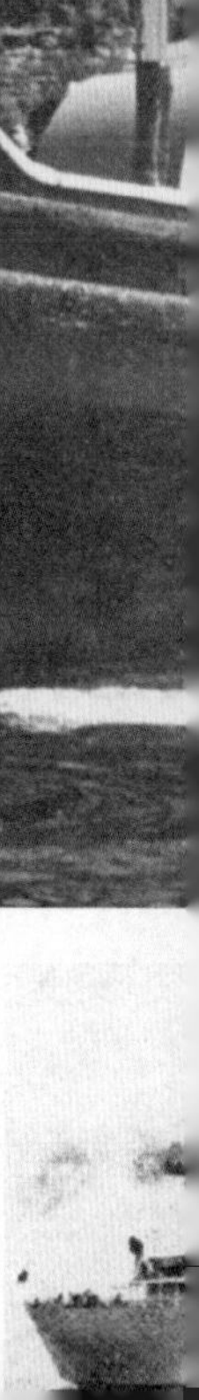

如图是 1943 年 9 月，Z 特遣队人员执行“杰维克行动”使用的渔船“环蛇”号。乘坐这艘 20 米长的渔船横渡爪哇海之后，特遣队击沉了新加坡港口内日本船只吨位共计 4 万吨，之后返回澳大利亚。

“大正丸”号（*Taisyo Maru*，左下）是在新加坡港被 Z 特遣队损毁的船只之一，“新国丸”号（*Sinkoku Maru*，右下）也在被特遣队袭击之后严重损毁。

铜行动

Z特遣队的最后一次任务是1945年4月侦察日本在马楚岛的防御工事，代号为“铜行动”（Operation Copper）。该小岛位于巴布亚新几内亚沿岸。8名澳大利亚特遣队员划船靠岸，但第二天他们遇到一些日本士兵，后者隶属于岛上一支约1000人的日本部队。5名特遣队员试图突围，几天之后，他们造了一些木筏出海，希望能给巡逻机发出信号。但是，木筏很快就散架了，4名士兵决定返回海滩再次尝试，另外1名士兵米克·丹尼斯（Mick Dennis，左一）的姐姐是1932年奥运会游泳冠军。他继续留在海上，在鲨鱼经常出没的海域漂了数小时后，最终被澳大利亚军队营救。回到海滩的斯宾塞·沃克莱特（Spence Walklate，澳大利亚著名的橄榄球联盟球员）和罗恩·伊格尔顿（Ron Eaglton）再次尝试使用圆木制作木筏，但最终在海上消失得无影无踪。直到2013年，一位澳大利亚研究者才在邻近的凯里鲁岛上找到他们的遗骸。研究过日本相关记录后，他确定这两人在被捕受尽折磨后被处决。杀害他们的人焚烧了尸体后将之掩埋，希望杀人罪行永远不会被发现。2014年，沃克莱特和伊格尔顿被安放在莱城战争公墓，与其他5名战友一起安息。

在侦察马楚岛的日本防御工事任务之前，一些身份不明的Z特遣队人员（上）正准备登上巴布亚新几内亚北部沿海爱塔佩港的1321号摩托艇。袭击任务失败后在海中停泊的同一艘摩托艇（下），8名特遣队员中，7名在袭击中丧生。

受“杰维克行动”成功的鼓舞，第二年莱昂和戴维森又秘密策划了另一个绝密任务，代号为“老虎行动”。这次任务比新加坡行动的规模更大，共有23名袭击者参与。这次他们不再单打独斗，由2艘潜艇负责送到目标处，然后再接回。目标虽然还是新加坡，但这次特遣队将搭乘15艘可潜水机动划艇［绰号“睡美人”（Sleeping Beauties）］潜入海港。潜艇进入海港被认为太过冒险，因此他们先征用了一艘当地渔船。这是一个额外的、复杂的未知因素，可能对莱昂及其人马不利。

1944年9月11日，特遣队从珀斯出发，28日他们征用了印度尼西亚“穆斯提卡”号（*Mustika*）平底帆船，再次伪装成当地渔民。但与“环蛇”号不同，“穆斯提卡”号没有引擎，因此他们前往新加坡的进程受风力的支配。这个过程十分缓慢、异常艰苦，但10月10日他们已经整装待发，准备攻击。在他们将要登上可潜水机动划艇时，却被一艘马来巡逻船发现，遭到对方攻击，特遣队员打退进攻，但也明白偷袭已不再可能得手，马来人肯定会向日本发出警告。莱昂将帆船摧毁，中止了任务，命令6名同伴登上机动划艇与潜艇会合。

当特遣队员逃离新加坡时，1000英里（1609公里）以南的地区发生的一些事对“老虎行动”的结局产生了悲剧性的影响。盟军的“超级机密”截获了一份日本情报，描述了特遣队准备袭击新加坡港时被巡逻船偶然发现的细节。澳大利亚此时面临艰难的选择：如果他们对情报做出反应，命令潜艇进入新加坡营救特遣队员，意味着告诉日本人他们的密码已被破译，这将促使日本更换加密系统。盟军不能冒险，因此未向潜艇发送信息。特遣队员只能全靠自己。

在随后的几天，特遣队员一直被日本人追捕，在苏瑞岛首次遭遇日本人，发生了激烈的火力交锋。戴维森和阿奇·坎贝尔（Archie Campbell）下士受伤，莱昂命令他们乘坐机动划艇向附近的塔帕伊岛撤离，莱昂和剩下的人提供火力掩护，在4小时的枪战中消灭敌军60多人。

除了道格·韦恩（Doug Wane），其他人全部战死。道格被俘，后被当作检验破伤风疫苗的实验品，最终死于实验中。

戴维森和坎贝尔撤离到塔帕伊岛，但他们深知自己的处境非常危险，清楚如果被活捉会发生什么，他们用氰化物药片结束了自己的生命。二战后，“老虎行动”特遣队员被安放在克兰芝阵亡战士公墓。2012年，英国威廉王子及王妃在一次旅行中曾前去祭拜。据驻新加坡的英国军事顾问克莱夫·库姆斯（Clive Coombes）上校称，王子特意提出要祭拜Z特遣队。“威廉王子非常了解这支部队的英勇行为，强烈要求去探访他们安息的地方。”库姆斯说道。

第 25 章

风语者

相比二战其他主要参战国，日本的解密经验最为丰富。实际上，日本有 3 个独立的机构致力于破译对手密码，分属陆军、海军和外务省管辖。讽刺的是，这些资源不可避免会引发嫉妒和竞争（与美国陆军和海军密码破译团队之间存在的敌对状况雷同），因此，日本并没有在破译敌人的通信情报上获得应有的成功。

日本的扩张野心早在 20 世纪 20 年代就已昭然天下，当时很多西方国家还未从一战的巨大耗资中恢复，日本早于其他国家几年将资源投入破译事业。1921 年，一个新生的陆军密码机构成立，目标是破译英国和美国的密码。第二年，日本同苏联就西伯利亚问题进行谈判时，破译了苏联代表团发回莫斯科的电文，从而在谈判中占据上风。这次成功坚定了日本对解密效力的信念，将更多资金和资源投入该机构，到 30 年代中期，陆军解密机构已经多达 130 人。

海军的破译工作甚至早于陆军，可以追溯到 1905 年的日俄战争。1929 年，随着日本和美国之间的紧张局势不断升级，日本将破译部门置于中心位置。

3 个解密机构中，日本外务省的规模最小，但却填补了陆军和海军解密工作的空白，1941 年时日本情报机构信心满满，认为他们可以破译大多数密码。除了美国海军的 CSP642 条式密码和美国商船使用的密码（多亏了德国人），日本还破译了美国灰色和棕色外交密码。1942 年伊始，美国人担心如果日本人继续破译密码，局势本已严峻的太平洋地区会雪上加霜。正如有军官记录："我们的军事通信对敌人而言，就像沙子过筛一样。"

解决漏洞百出的"筛子"的办法来自一个不太可能的人，一战老兵菲利普·约翰斯顿（Philip Johnston）。他在纳瓦霍保留地长大，父亲

美国海军陆战队首批 29 名纳瓦霍密码员新兵在新墨西哥州温格特堡宣誓就职。他们被编为美国海军陆战队第 382 野战排，在对日作战中，他们使用美国印第安土著语言发挥了重大作用。

是个传教士，毕生致力于让美国本土印第安人信仰基督教。约翰斯顿是少数几个能流利讲纳瓦霍语的非纳瓦霍人之一，因此他清楚掌握这门语言有多困难。这是“一门极其复杂的不成文语言”。华盛顿海军历史与遗产司令部这样解释 ：“它的句法和声调对于任何未经大量接触和训练的人来说都很是费解，更别提方言了。它没有字母表，也没有符号，只有美国西南部纳瓦霍领地的人使用。”

约翰斯顿读到一篇文章，文中提出保护军事密码不被日本破译的需求。1942 年 2 月，他得到圣迭戈附近埃利奥特兵营海军陆战队通信部队通信官詹姆斯 · 琼斯（James E. Jones）的接见。琼斯听取了约翰斯顿详细描述征募纳瓦霍人当破译员的想法。约翰斯顿能感觉出琼斯的疑虑，于是他解释这门语言有多复杂，“很多单词用不同声调说可以表达多至 4 个完全不同的意思”。对于非纳瓦霍人而言，这种语言几乎是不可能理解的，听起来就像一连串奇怪的咯咯声，像“下水道的一部分被堵塞了”。琼斯没有被说服，他告诉约翰斯顿 ：“纵观整

1943 年，纳瓦霍密码员亨利 · 巴克（Henry Bake）和乔治 · 柯克（George Kirk）正在执行任务。第 382 野战排人员参加了太平洋战场上最血腥的几场战役，包括瓜岛、布干维尔岛、关岛、佩莱利乌岛、冲绳岛和硫磺岛战役。

纳瓦霍密码员使用的 CRI43007 型收发两用机。他们的密码由两部分组成：26 个字母的语音字母表和 211 个英语词汇，非常晦涩难懂，甚至那些以解密能力引以为豪的日本人都无法破译。

个战争史，从来没有人这样做过。任何密码都不是绝对安全不会被敌人截获的。正因如此，我们频繁变更密码。”然而，他同意演示试验，约翰斯顿前往洛杉矶招募会双语的纳瓦霍人。2月底，他带着4名志愿者回到埃利奥特兵营。他们被分成2人小组，安顿在走廊两头的2个房间。他们给第一个小组一份标准的英语军事命令，让他们用纳瓦霍语传达给另外2名同伴，而走廊另一头的2个纳瓦霍人接收命令后又回译成英语，几乎与原始命令一字不差。

太平洋舰队两栖作战部队指挥官克莱顿·沃格尔（Clayton Vogel）少将认识到这种潜力，他模拟作战情景进行第二次测试，纳瓦霍人竟然能够在20秒内破译出三行英语句子，令他十分佩服。从当时的技术发展看，加密机完成同样的任务平均需要30分钟。沃格尔向华盛顿申请立即招募200名纳瓦霍人担任海军陆战队通信专业人员，但被告知只能挑选30人。

1942年春天，数量虽少但却极端重要的纳瓦霍人，从新墨西哥和亚利桑那（1942年，美国共约有5万名纳瓦霍部落成员）的纳瓦霍保留地代理学校招募而来。所有人必须能够流利说英语和纳瓦霍语，身体健康，足够年轻。但验证纳瓦霍人的年龄却成了某种难题，因为保留地没有任何出生记录。4月，被选中的少数人前往圣迭戈海军陆战队新兵报到站报到并接受基本训练，后来被指派到美国海军陆战队第382野战排，口头上称“纳瓦霍学校”（Navajo School）。他们一通过新兵训练——尽管是突然面对严格的军事纪律，30人中却只有1人没有通过，29名新兵被送到加利福尼亚州欧申赛德的彭德莱顿营。1942年5月，他们编制了涵盖军事术语词典和各种词汇的纳瓦霍密码，并在训练过程中牢记于心。

纳瓦霍人设计的密码简短易学——这在战斗的危急时刻是必需的。

纳瓦霍密码

日本人一直觉得，他们在某种程度上能够破译对手的大多数密码，但事实证明纳瓦霍密码超出了他们的能力。二战后，审问者告知日本陆军参谋本部情报部长有末精三（Seizo Arisue）中将，该密码根据一门印第安土著语言编成。有末精三回答道："谢谢你，我以为这个谜永远解不开。"考虑到其复杂性，日本人无法破译密码也就不足为奇了。战后，他们的术语词典被解密公开，让人们了解了当时日本人面临多大的破译困难。以下是一些例子：

MILITARY UNITS 军事单位名称	NAVAJO WORD 纳瓦霍词汇	LITERAL TRANSLATION 字面意义
Corps 军	Din-Neh-Ih	Clan 部落
Division 师	Ashih-Hi	Salt 盐
Regiment 团	Tabaha	Edge Water 边水
Battalion 营	Tacheene	Red Soil 红土
Company 连	Nakia	Mexican 墨西哥人
Platoon 排	Has-Clish-Nih	Mud 泥巴
Section 分排	Yo-Ih	Beads 串珠
Squad 班	Debeh-Li-Zini	Black Sheep 黑羊

NAMES OF COUNTRIES 国家名称

America 美国	Ne-He-Mah	Our Mother 我们的母亲
Australia 澳大利亚	Cha-Yes-Desi	Rolled Hat 卷边帽
Britain 英国	Toh-Ta Between	Waters 水域
France 法国	Da-Gha-Hi	Beard 胡子
Germany德国	Besh-Be-Cha-He	Iron Hat 礼帽
Japan日本	Beh-Na-Ali-Tsosie	Slant Eye 斜视
Russia苏联	Sila-Gol-Chi-Ih	Red Army 红军

NAMES OF AIRPLANES 飞机名称

Planes 飞机	Wo-Tah-De-Ne-Ih	Air Force 空军
Dive Bomber 俯冲轰炸机	Gini Chicken	Hawk 鹰
Torpedo Plane 鱼雷轰炸机	Tas-Chizzie	Swallow 飞燕
Fighter Plane 战斗机	Da-He-Tih-Hi	Humming Bird 蜂鸟
Bomber Plane 轰炸机	Jay-Sho	Buzzard 秃鹰
Patrol Plane 巡逻机	Ga-Gih	Crow 乌鸦
Transport 运输机	Atsah	Eagle 老鹰

NAMES OF SHIPS 舰船名称

Ships 船	Toh-Dineh-Ih	Sea Force 海军
Battleship 战列舰	Lo-Tso	Whale 鲸鱼
Aircraft 航空母舰	Tsidi-Moffa-Ye-Hi	Bird Carrier 鸟笼
Submarine 潜艇	Besh-Lo	Iron Fish 铁鱼
Mine Sweeper 扫雷艇	Cha	Beaver 海狸
Destroyer 驱逐舰	Ca-Lo	Shark 鲨鱼

他们的密码由两部分组成，第一部分是26个字母的语音字母表和211个英语词汇；第二部分对应的是纳瓦霍语翻译。密码非常复杂（见上页图表）。大部分英文字母在纳瓦霍语中对应不止一个单词，例如，字母A可以是“ant”“apple”或者“axe”这3个纳瓦霍语的任意1个；而J有“Jaw”“Jerk”以及“Jackass”3种可能；而另一方面，Q只有1个意思——“Quiver”。

常用军事术语有独立的单词：战斗机是蜂鸟（da-he-tih-hi），营是红土（ta-chee-ne），美国是我们的母亲（ne-he-mah）。“我们非常注意在编制密码时，尽可能使用纳瓦霍日常用语，这样更容易记忆，”最早加入的纳瓦霍新兵切斯特·内兹（Chester Nez）回忆道，“我认为这会使工作变得容易一些，有助于我们在激烈的战斗中赢得胜利。”

密码一举获得成功。利用当时常规的美国加密系统加密、传送和解密信息需要1小时，纳瓦霍密码员只需约40秒就能口头传送。美国陆军和海军密码破译员试图破译这些密码，均无功而返。

1942年8月，通过彭德莱顿营的训练后，纳瓦霍密码员前往瓜岛的海军陆战队第1师报到执行战斗任务。切斯特·内兹生于1920年，母亲是黑羊族人，父亲来自睡石族。内兹在代理学校被强迫说英语，每次不小心说纳瓦霍语就被惩罚用肥皂水漱嘴。1942年11月4日，他带着一台鞋盒大小、重约15公斤的无线电收发机在瓜岛展开行动。他发出的第一条信息是：“敌人的机枪就在你右方，干掉它。”

与其他纳瓦霍密码员一样（数量在375人至420人，另约500人加入海军陆战队），内兹继续参加了太平洋战争一些最激烈的战斗。他们的首要工作就是通过电话和无线电传递战术、部队动向和其他战场通信的相关情报。在美国海军陆战队一路横扫布干维尔岛、关岛、佩莱利乌岛、冲绳岛和硫磺岛时，他们亦兼任徒步通信兵和步兵。

1945 年春，硫磺岛持续 5 周的残酷战斗以美国赢得关键胜利而告终，美国因此控制了对日本本土发动空袭需要的机场。在战斗的最初 2 天，6 名纳瓦霍密码员收发了 800 多条信息，没有一条有误。“如果不是纳瓦霍人，海军陆战队永远不可能攻克硫磺岛。”海军陆战队第 5 师的通信官霍华德 · 康纳（Howard Connor）少校如是说。

日本人破釜沉舟试图破译纳瓦霍密码，但却均遭失败。他们在太平洋战场上俘虏的唯一一个纳瓦霍人也不是密码员。让他们大为恼火的是，即便严刑拷打后，他对纳瓦霍密码也完全摸不着头脑。

战后，这些纳瓦霍密码员被禁止公开谈论他们的职责，美国军方的解释是，这些密码说不定能再次派上用场，因此要继续保密。1992 年冷战结束后不久，纳瓦霍人才得到应有的承认，美国国防部在五角大楼为此专门举行了一场典礼，35 名老兵出席。

2014 年 6 月，切斯特 · 内兹去世，他是最早加入的密码员中最后一位去世的。去世之前，他在一次采访中谈道 :“纳瓦霍密码是二战最重要的军事秘密之一，事实

瓜岛战役中，美国海军陆战队的一支分队（左上）结束战斗进行必要的休整。第 3 防卫营的官兵可就没这么轻松了，照片中他们（右上）在操作 SCR268 雷达，这是在瓜岛安装的第一台该型号雷达。1942 年 11 月，瓜岛进行了异常艰苦的海战，照片中（下）美国海军“杰克逊总统”号（AP-37）在日本的空袭下作战。

上，海军陆战队没有告诉纳瓦霍人如何编制密码，这恰恰表明了他们信任我们的能力，我能在白人世界和纳瓦霍人世界取得成功的感觉就从那里开始，并伴随我一生。对此我非常感激。”

1945年年初，美军在硫磺岛彻底征服日本之后，海军陆战队第5师通信官霍华德·康纳少校称："如果不是纳瓦霍人，海军陆战队永远不可能攻克硫磺岛。”照片中可以看到战斗的激烈程度，岛上到处都是黑灰色战争残骸。

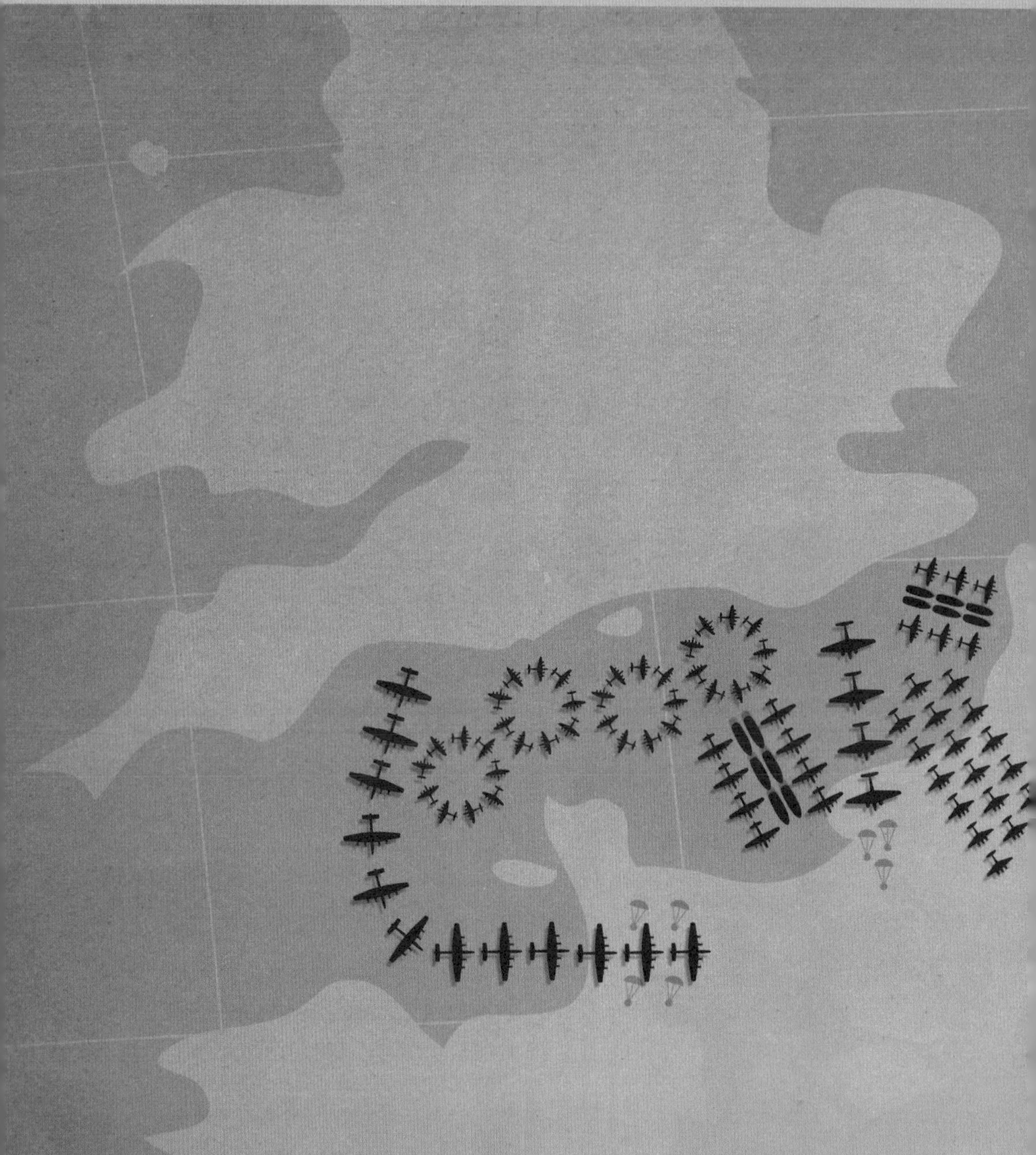

第四部分

终局之战

1944 年夏天，历史上最大规模的进攻部队横渡英吉利海峡在法国登陆。但在之前的几个月里，盟军编织了一张巨大的阴谋网，就确切位置误导了德军。诺曼底的滩头阵地一成功建立，盟军便所向披靡，一路东进，直插摇摇欲坠的第三帝国的心脏。德国向英国发射了 V 型武器，试图最后一搏赢得战争。与此同时，另一种更加致命的秘密武器即将投向日本，并最终结束战争。

第 26 章

幽灵部队

1943 年 8 月，魁北克会议（Quebec Conference）主要讨论了代号为“霸王行动”（Operation Overlord）的诺曼底登陆。与英国、加拿大一起出席会议的美国，从 1942 年以来就一直敦促进攻法国。他们原计划于 1943 年发起行动，但在温斯顿 · 丘吉尔的要求下推迟到 1944 年，英国首相坚持认为，最好先进攻容易攻克的欧洲腹地——意大利。

3 位同盟国领导人在魁北克会面时，盟军已经占领了西西里岛，正准备挺进意大利。因此，此时的注意力可以转向在法国登陆作战了。

盟军指挥官认为，大规模进攻的最佳地点是诺曼底长达 50 英里（80.5 公里）的海岸线。这个提议于 1943 年 11 月底同盟国召开的德黑兰会议中得到进一步完善，美国将军德怀特 · 艾森豪威尔任“霸王行动”总指挥，而实际指挥登陆的是伯纳德 · 蒙哥马利，这位英国陆军元帅曾在北非击败隆美尔。他重新制订进攻计划，海上登陆前的行动由 3 个空降师代替原先的 3 个旅执行；而海上登陆则由 5 个师分别在 5 处海滩登陆，另有 2 个师待命。

确定了登陆地点后，盟军需要就登陆地点欺骗德国人，代号“保镖行动”（Operation Bodyguard）的大骗局由此拉开帷幕。在德黑兰会议上提及绝对保密的必要性时，苏联领导人约瑟夫·斯大林对丘吉尔的一番评论表示同意。英国首相宣称："战争中，真相太过宝贵，需要谎言来保护。"对此斯大林回应道："这就是我们所说的军事欺骗。"在第23章我们了解到，苏联人实际上称之为"马斯基洛夫卡"欺骗行动，这个伪装条例帮他们把德国人赶出苏联。现在盟军打算用自己版本的"马斯基洛夫卡"欺骗行动将德国人赶出法国，英国秘密机构描述这是"一个精心设计的智力拼图，每一片拼图都是一幅画面，只有在完成整幅拼图之后，其全部意义才能得以确认"。

这幅拼图代号"坚忍行动"(Operation Fortitude)，由"北方坚忍行动"和"南方坚忍行动"两部分组成。前者利用伪造的无线电情报和为军情五处服务的双面特工网络的假情报，让德国的部分注意力保持在斯堪的纳维亚半岛，尤其是挪威。来自双面特工的情报警告他们的德国管理者，挪威纳尔维克和斯塔万格两个镇很可能会遭到驻扎在苏格兰的英国第4集团军的袭击，而这支军队是他们虚构的。

同样，"南方坚忍行动"意图利用双面特工让德国人相信，诺曼底海滩以东200英里（322公里）处的加来海峡是盟军的登陆地点。此外，二战最巧妙、最狡猾的一场军事欺骗正在实施中，一直到登陆日前的几周都在误导纳粹。

美国陆军第1集团军群（First United States Army Group，简称FUSAG），由乔治·巴顿中将指挥，他资历深厚、骁勇善战，是盟军最高指挥官之一。第1集团军群共计15万人，由11个师组成，接受过严格训练。他们在英国东南部东安格利亚地区、埃塞克斯郡和肯特郡集结，准备冲到离英国最近的法国港口多佛只有20英里（32公里）的加来海岸。

在德国人拍摄的侦察照片里，英国这个角落的确有军队在集结，但

77
I

USA
6241223
A0604

由令人闻风丧胆的乔治·巴顿中将指挥的美国陆军第1集团军群在1944年前几个月里，让德国人充满了焦虑。如果知道真相，他们的恐惧会消失得无影无踪。第1集团军群实际上是一支“幽灵部队”，由假坦克和虚构的部队组成，而非德国人误以为的11个师。敌军侦察机拍摄到的在英国集结的是充气坦克或木头坦克，如图所示。但德国人也使用了同样的花招，1944年6月英国人登陆法国时，发现了许多德国假坦克炮塔和假反坦克炮（右下）。

事实上这是一支“可充气”武装，美国人称之为“幽灵部队”。

1944 年 1 月，巴顿到任指挥第 1 集团军群，几个月前在进攻西西里岛时，他因为扇了一个身患战斗疲劳症的士兵一记耳光而受到指责，后被解除指挥职务并派往地中海周边地区进行一系列宣传活动。表面上看这是在惩罚挑事者，但也引发了德国的猜测：盟军经验最丰富的一个将军在欧洲南部干什么？1944 年初，他们得知他被任命为第 1 集团军

人工港口

众所周知，盟军在诺曼底面临最大的自然环境挑战是海潮问题，潮起潮落的高度差达 20 英尺（6 米）。船只和重型装备无法登陆，因为货船船体下的水深达不到要求。为此盟军需要一个深水港口，但在诺曼底海滩附近没有。因此魁北克会议一致认为盟军要建造自己的人工港口，代号“桑葚”（Mulberries）。英国建一个，美国建一个，两个港口都要在第一批部队在诺曼底登陆后几天内建好。在绝对保密情况下，建设码头工作展开，他们用防水帆布做成漂浮车行道，再用固定在漂浮码头上的锚拉紧。经过多次测试，他们又改善了许多不完美的地方。6 月 9 日，诺曼底登陆 3 天后，两个人工港口——奥马哈海滩的美国“A”港和阿罗芒什的英国“B”港建成，车行道和码头用拖船拖过英吉利海峡，并安装完毕。10 天后，美国港口在一次猛烈的暴风雨中毁坏，英国港口一直持续使用了 8 个月，据估计输送了 200 万人次和 50 万辆车辆。

群的总司令时，这就说得通了。德国人猜测，第1集团军群会是进攻法国的急先锋。

最初的官方公报中，第1集团军群被称为“巴顿集团军”，其中包含真实的部队，他们将在蒙哥马利的指挥下，及时参加真正的登陆行动。英国、加拿大和美国的这些部队，使准备登陆法国的实际士兵数量增加了70%，将不可避免引起德国侦察机的注意。要让敌方侦察机从30000英尺（9144米）的高空拍到部队的集结，而不引起德国空军怀疑自己是被有意允许靠近，这就看英国皇家空军的本事了。

然而，如果盟军真要集结德国误以为的部队人数，地面就需要有100万军队作为实证。为进一步使骗局可信，英国东南部开始出现许多大的部队营地。与其说它们是营地，更像是实实在在的城市，有医院、电影院、营房和供给站。为了欺骗德国侦察机，营地里还需要车辆，因此大量木头和橡胶的卡车、坦克和吉普车又被制造出来。它们在夜间被移动，一些人携带设备跟在后面，在泥泞的地面上仿造轮胎和坦克行驶过的痕迹。

有居民写信至当地报纸的读者来信版，抱怨这些“外国军队”的行径，这使第1集团军群的骗局显得更加真实。随后，一些“外国人”被发现在伦敦闲逛，他们佩戴着红白相间的五角星臂章，内有蓝底黑色罗马数字I。这个标志只是说明美国陆军纹章部门的设计新颖，但很快有消息传到德国，称佩戴这种臂章的人遍布全城。拼图游戏变得越来越复杂，即将大功告成。

随着登陆日期临近，英国东部河流和海港上的活动增加了，每天都有登陆艇靠岸，至少在德国侦察机的摄像头下是这番景象。靠近看才发现它们只是数百个易碎的木质结构浮在油桶上而已。同样，南部沿海的仿真防波堤和储油罐是著名建筑师巴兹尔·斯宾思（Basil Spence）的

杰作。多佛是这支虚构军队的主要阵地，1944年春天的每个夜晚，这个港口都被防空灯照得煞亮，让人觉得攻击舰队正在进行重要的运输准备工作。

实际上，真正的登陆舰队在几百公里之外的西部沿海朴茨茅斯、南安普敦市和普尔等地起航。约15.6万名士兵于6月6日到达诺曼底的5处海滩，在“最长的一日”落幕之前，与德军激烈交战。2.3万名士兵空降至几公里外的内陆地区，攻击了德国的主要军事设施。在他们的支援下，登陆部队艰难地守住了滩头阵地，但能否进一步挺进内陆，取决于是否能让德国

1944年1月27日在建的一个混凝土沉雷箱（被称为“凤凰”），这是为登陆行动而建的人工港口的一部分。图中是1944年9月诺曼底阿罗芒什港口。该港口持续使用了8个月，据估计共输送了200万人次和50万车辆。

约21个师留在加来按兵不动。为达到此目的，“南方坚忍行动”在登陆日后继续实施，特工“阿拉贝尔”警告德国，诺曼底登陆只是牵制性攻击，真正的进攻将在加来地区。与此同时，在英国东部各港口，第1集团军群继续为“入侵”做准备。越来越多的假登陆艇抵达，当然还有真实的海军扫雷舰，后者施放烟幕，使敌方侦察机看不清下面发生的情况。无线电通信信号减弱通常是袭击即将来临的信号。6月9日，希特勒命令德国第15集团军留在加来，迎战主要入侵敌军。

但是，没有军队进攻加来，尽管巴顿的确成功登陆了法国，

得益于“坚忍行动”，关于盟军的真实入侵意图，德国人被彻底蒙骗。8月，巴顿将军——此时指挥真正的美国陆军第3集团军用不到2周的时间挺进60英里（96.5公里），从阿夫朗什到达阿尔让唐，这个向东推进的速度迫使几千名德军投降。图为1944年8月19日在圣兰伯特投降的德军。

但不是带领第1集团军群，而是率领美国陆军第3集团军。1944年8月，在2周时间内，巴顿带领军队挺进了60英里（96.5公里），从阿夫朗什到达阿尔让唐，他的装备绝对不是充气坦克。第1集团军群在欺骗德国人方面发挥了关键性作用，伯纳德·蒙哥马利在回忆录《第21集团军群：从诺曼底到波罗的海》（*21 Army Group: Normandy to the Baltic*）中也承认这一点。他写道："这些欺骗措施在登陆日后继续按照计划执行，许多事件表明它们……为我们成功登陆诺曼底发挥了至关重要的作用。"

第 27 章
双面欺骗

英国人认为他们在间谍战中打败了德国。我们在第 5 章中看到，1941 年年底，英国情报机构在与德国阿勃维尔的间谍较量中大获全胜，约翰·马斯特曼爵士夸耀军情五处“积极经营并控制着德国在英国的间谍系统”。

马斯特曼是牛津大学教师，他是双十字委员会（又被称为双面间谍系统）的负责人。每个潜入英国的特工被逮捕后，要么被处决，要么——多数情况如此——被“策反”成为系统中的双面特工。据估计，13 名德国间谍被处决，但有近 40 人选择改变效忠对象。在第 5 章我们已经知道有些人实际上与约翰·莫伊（代号“默特”）一样，主动自首并提出为英国服务；另一些人这么做是因为如果拒绝合作，意味着只能被吊死，比如 1940 年 9 月跳伞潜入英国的丹麦人武尔夫·施密特（Wulf Schmidt）。

施密特代号“泰特”，参与了精心设计的“保镖行动”，该行动目标是诱骗德国人相信盟军将在加来地区登陆法国。施密特在英国东南部的农场找到一份工作，向德国传递有关当地驻军的集结情况，也就是隶属于第 1 集团军群的美国陆军部队。部队的目的地是加来，施密特甚至

还向管理者提供了部队登船准备进攻的大致日期。这一切都证实了希特勒早在1943年的观点，他认为加来是“敌人必须且将要进攻的地方”。

可事实是第1集团军群根本不存在，这是支“幽灵部队”，德国人被骗了。但是，这并不是纳粹在盟军登陆的情报判断上犯下的最大失误。

他们被一个人骗了，这个人起初还让英国在他们的间谍计划中犯下一个罕见的错误。1941年1月，29岁的胡安·普霍尔·加西亚（Jean Pujol Garcia）从未想过自己最终会成为这次战争——或许是一切战争中最伟大的双面间谍。普霍尔是巴塞罗那人，对政治毫无兴趣，更无意入伍。20世纪30年代末的西班牙内战期间，他弃军而逃，即使被囚禁之后也拒绝参军。二战爆发之时，这位戴着眼镜的文质彬彬的男子从未长期从事过一份工作，是个典型

盟军面临的挑战是在1944年6月之前，如何向德国人掩盖人员和坦克大规模集结的事实。参与“保镖行动”的间谍任务是欺骗德国人，让他们相信盟军将从加来地区进攻法国。

胡安·普霍尔·加西亚

1944年12月，普霍尔被英国授予帝国勋章（MBE），以表彰他为英国做的间谍工作。之前他被授予德国一级铁十字勋章，这个西班牙人因为间谍事业被两个国家授予勋章，这十分罕见。由于担心纳粹报复（实际上德国从来没有发现特工“阿拉贝尔”是个双面间谍），二战后普霍尔立刻前往非洲定居，后来又移民到委内瑞拉，在那里隐姓埋名度过余生。直到20世纪80年代，他的过往才为人所知，笔名奈杰尔·韦斯特（Nigel West）的历史学家鲁伯特·阿拉森（Rupert Allason），开始寻找特工“嘉宝”。由于托马斯·哈里斯已经去世很长时间，阿拉森毫无进展，直到1984年他发现嘉宝的姓是“普霍尔”。阿拉森与巴塞罗那所有叫这个名字的人联系，终于和普霍尔的侄子联系上，同年晚些时候他飞到新奥尔良去见胡安·普霍尔。普霍尔并不知道自己在英国享有这么高的荣誉，最终他被说服来到伦敦，爱丁堡公爵菲利普亲王在白金汉宫接见了他，为其在战争时期的付出表示感谢。普霍尔于1988年在委内瑞拉首都加拉加斯去世。

的理想主义者。但是，野蛮的纳粹触动了普霍尔灵魂深处的某种东西。关于德国对犹太人和波兰、捷克斯洛伐克及低地国家受压迫人民的所作所为，他听到的、看到的越多，就越下定决心，尽自己所能打败希特勒。他将利用自己最强大的武器：充满想象力的赘言。

1941年1月，普霍尔悄悄拜访英国驻马德里大使馆，提出为他们当秘密特工，但被使馆人员委婉地拒之门外。这次拒绝让这个西班牙人变得更加坚定，而且更加狡猾。他决定另辟蹊径，接近德国人提出为其当间谍。伊比利亚半岛的阿勃维尔头目古斯塔夫·莱斯纳（Gustav Leisner）起初也不情愿，但最终还是决定雇用普霍尔。当然，他还是持保留意见，认为这个看上去浮躁瘦弱的年轻人派不上什么大用场。普霍尔受指派独自潜入伦敦，看是否能完成与特工路易斯·卡尔沃（Luis Calvo）

接头的任务，后者在伦敦一家右翼报社工作。

普霍尔带着3000美元现金和一张空白的调查问卷，填写他到英国观察到的情况。代号为“阿拉贝尔”（Arabel）的普霍尔，离开西班牙前往第一站里斯本，在那里逗留了一阵，在书店里买了几本旅游指南和关于不列颠群岛的历史书，并据此编造了一系列报告，通过无线电发回给莱斯纳。“阿拉贝尔”的报告（大部分是用隐显墨水写在普通信件中间）让莱斯纳越看越兴奋，这些情报不仅数量多，而且很重要。

英国方面也因特工“阿拉贝尔”的报告而激动，这些情报一开始就被“超级机密”截获。某些报告——比如马耳他护航船队的出发日期的准确性让双十字委员会非常震惊，但他们又对一些明显杜撰的词语感到非常困惑，比如格拉斯哥人为“1升葡萄酒”而疯狂；比如他搞不清英国货币英镑、先令和便士的区别。英国人猜想，这些情报都是“阿拉贝尔”编造出来的，只是他偶尔有些好运气罢了。

1942年年初，距第一次接触英国驻马德里大使馆1年后，普霍尔决定再试一次。这次他让妻子前往美国驻里斯本大使馆，美国人没有表态，但把信息传递给英国。英国人恍然大悟，普霍尔一定就是“阿拉贝尔”。

几周内，军情五处通过渡船将普霍尔秘密送到英国，让其在托马斯·“汤米”·哈里斯（Tomas “Tommy” Harris）的庇护下开展工作。《二战英国情报官方史》（*Official History of British Intelligence in World War Two*）在描述两个人后来发生的事情时写道：“两个天才达成鲜有的合作关系，他们互相激励、相得益彰。”

军情五处给其代号“嘉宝”（Garbo），在哈里斯的支持下，普霍尔开始精心编织他的欺骗网，以期在进攻法国的时刻来临时欺骗德国

尽管盟军在诺曼底登陆日愚弄了德国，但在进攻的最初几天，登陆部队还是遭受了重大伤亡。这些在诺曼底滩头后方空降夺取奥恩河桥梁的英国伞兵被俘。

人。两人捏造了27个居住在英国的下属特工，他们将情报传递给“阿拉贝尔”，后者再通过无线电发送至里斯本。下属特工中有1个居住在格拉斯哥的南美纳粹支持者、1个大嗓门的美国中士以及1个威尔士民族主义者，他们掌管着名为“雅利安世界秩序兄弟会”（Brothers of the Aryan World Order）的秘密法西斯组织，大本营设在斯旺西。这些实际上都不存在，在随后2年里，普霍尔和哈里斯一共给阿勃维尔写了315封信，平均每封长达2000字。为诱骗德国掉进更深的陷阱，他们必须向德国提供一些真实却对盟军造不成实质威胁的情报。军情五处有如下官方记录：“在安全部门的控制下，这种丰富的想象得以延续并扩大，他们尽可能多地提供‘大量混乱的信息’让敌人吸收。《二战英国情报官方史》评价道，德国人，至少在西班牙的德国人，收到嘉宝在英国的特工传来的海量情报后，没有试图进一步潜入英国。”

直至1944年1月，德国越发依赖普霍尔，他们要求他挖掘进攻法国计划的情报。德国人确信1944年一定会发生大规模登陆，但不确定登陆地点。希特勒怀疑是在加来地区，但几个经验丰富的军事将领认为，登陆将发生在加来以西200英里（322公里）处的诺曼底。

保镖行动

本地图标注了与“保镖行动”有关的所有欺骗行动。“保镖行动”的计划始于1943年7月，当年12月德黑兰会议后得到同盟国领导人的批准。“坚忍行动”是最重要的欺骗行动，但其他行动也是整个战略行动（涉及双面间谍、无线电通信和视觉欺骗）的一部分，一步步欺骗德国，使他们相信进攻将在加来地区发起。

1944年6月6日黎明时分，美国大兵（GI）准备攻击诺曼底滩头。尽管盟军在奥马哈海滩遭遇重创，但如果德军没有将大量军队和武器留在加来地区，他们的损失可能大得多。

诺曼底的确是“霸王行动”的推荐地点。但在随后的6个月里，盟军让普霍尔参与了复杂的骗局“保镖行动”，行动目标是诱骗敌人将兵力集中在加来。从1944年1月至6月6日（登陆日），普霍尔向其德国管理者发送了500多份无线电信息（每天4份），与此同时，“泰特”和“三轮车”[达科斯·波波夫（Dusko Popov），一位富有的南斯拉夫翩翩公子，在萨沃伊饭店开展行动]等其他双面特工都在尽自己所能欺骗德国人，让后者相信进攻会发生在加来地区。

普霍尔欺骗网的收针之作是他发送给德国管理者的一条信息，让他们在6月6日凌晨3点待命，等待一份重要公报，当时登陆舰队正跨越海峡挺进诺曼底。他警告德国人说在南安普敦的一个下属特工通知他登陆舰队正在集结。然而，不可思议的是，德军无线电操作员竟然忘记把频率调到正确位置，他们压根就没有收到这条信息。直到登陆开始，他们才意识到特工“阿拉贝尔”曾经试图警告他们——因此他成为德国人心目中派往英国的最能干、最可靠的间谍。普霍尔假意对这次错失良机非常生气，向德国管理者说道：“我不接受任何借口和疏忽，假如不是为了理想，我宁愿放弃这份工作。”事实上，德国这个小疏忽对盟军非常有利，因为此时德国人相信了普霍尔的每一句话，即便登陆已经开始。

但诺曼底登陆标志着真正的进攻吗？或许这不过是一种佯攻？6月9日，盟军部队上岸3天后，普霍尔发出了据军情五处说“也许是他最重要的一条信息”。这条信息尤其啰嗦，普霍尔要求立刻紧急传达给国防军最高统帅部，“指出巴顿率领的第1集团军群还未从英国东南部出发，（普霍尔）非常权威地报告，诺曼底登陆只是牵制性行动，主要目的是确保对加来的进攻取得胜利”。

德国人相信了这条消息，希特勒没有将陆军元帅隆美尔的第15

集团军从加来地区往西派出，而是命令他们原地待命，准备迎接盟军的大规模登陆。德国21个师被滞留在加来地区，一直到7月底，国防军最高统帅部才意识到，诺曼底登陆才是主要进攻行动。即便到那时，希特勒都没有意识到自己被一个来自巴塞罗那的极富语言天赋的人愚弄了。1944年7月29日，普霍尔得知，自己因为为德国的“出色服务”被元首授予铁十字勋章（Iron Cross）。普霍尔立刻做出回应，请上峰转达对希特勒“谦卑的感谢”，更重要的是，他觉得自己“配不上”这份荣誉。

第 28 章

特种空勤团在法国

“勇者必胜”是英国皇家特种空勤团（SAS）的座右铭。在第 16 章我们已经了解到，1941 年，为对抗隆美尔在北非的非洲军团，大卫·斯特林组建特种空勤团发起游击战。斯特林虽然于 1943 年 1 月被俘，但到 1944 年春特种空勤团已经颇具规模，发展成一个多达 2500 人的旅，包括 2 个英国团第 1 特种空勤团和第 2 特种空勤团、两个法国团第 3 特种空勤团和第 4 特种空勤团以及在比利时的第 5 特种空勤团。

西西里岛和意大利战役后，2 个英国团于 1944 年年初返回英国，开始为最大规模的行动做准备：登陆法国。

第 1 特种空勤团中，有 130 多人来自已经解散的辅助部队，这是组建于 1940 年至暗时刻的秘密组织，当时德国即将入侵英国。

罗德里克·麦利奥德（Roderick McLeod）受命全权指挥特种空勤团，他极力支持这支特种部队，但在即将到来的法国登陆战中，他不确定该如何充分利用这些训练有素的士兵。与盟军远征军最高司令部（SHAFF）磋商后，麦利奥德认为特种空勤团应该早于主力登陆舰队 36 小时，在登陆海滩和德军预备部队（3 个装甲师）中间空降诺曼底。一经着陆，特种空勤团便形成一道封锁线，阻止德军预备部队增援在登陆

盟军主力舰队在登陆诺曼底之前，1944 年 6 月 5 日晚几百个身着粗麻布的“奥斯卡”假人空降。这些假人的目的是欺骗德国人，使他们相信自己正在遭遇空降部队的进攻，但只获得部分成功。

1942年9月，《义务劳动服役法》

1940年，法国虽然也有零星小规模的抵抗行动，但直到1942年9月维希法国政府首脑菲利普·贝当元帅签署《义务劳动服务法》(STO)，抵抗运动才广泛开展起来。法案规定，所有年龄介于18岁到50岁之间的健壮男人和年龄介于21岁到35岁之间的单身女性都必须参加政府认为必要的工作。在法国北部，成千上万名青年和妇女走进大山和森林，以免被送到德国某家工厂干活。最初，他们没有组织也没有武器，但伦敦很快发现了他们的潜力，并送来了武器。接受了空降法国的特别行动处特工的训练后，这成千上万的男男女女很快被编成不同的抵抗小组——有的是共产主义者，有的是右倾分子——都致力于与可恨的侵略者做斗争。一些小组更加可靠、更加能干，最优秀的莫过于伯纳德马基小组，他们于1944年6月初在莫尔旺地区迎来了第1特种空勤团的A中队。

海滩上的友军。

得知自己的任务后，特种空勤团异常愤怒。第2特种空勤团指挥官比尔·斯特林（Bill Sterling）是大卫的哥哥，他认为特种空勤团在法国的行动应该与沙漠一样，分成小组深入敌军封锁线后秘密展开行动。他提醒盟军远征军最高司令部，秘密行动是他们的标志。尽管斯特林最终愤然辞职，他的牺牲却没有白费。5月底，诺曼底登陆前的1周多，一份命令经修改发布，在“霸王行动”中，特种空勤团肩负的不是盟军远征军最高司令部最初命令中的自杀式任务，而是将在法国执行43项任务，2个英国团、2个法国团和比利时伞兵中队都将参与其中。除了“泰坦尼克行动”(Operation Titanic，6人小组将在主力部队进攻前几小时，投掷假人空降诺曼底造成混乱)，其他任务都将深入敌军封锁线后执行，目标是侵扰北进的德国军队，袭击他们的通信线路。

担任第1特种空勤团入法作战的先锋是A中队和B中队。A中队执行代号为“亨兹沃斯行动”的任务，他们空降至第戎西部莫尔旺山丘，切断里昂和巴黎之间的铁路线，为当地众多马基小组提供训练和武装，后者从乡村森林深处的基地出发实施袭扰制造麻烦。

B中队任务的代号是“灯泡行动”，约35

人在约翰·汤金（John Tonkin）上尉的率领下，空降至法国普瓦捷和沙托鲁之间的维也纳地区，随时袭击德军。具体指令比较灵活，中队指挥官可以根据自己的判断来选择目标。

6月6日一早，正值盟军进攻部队跨过英吉利海峡向诺曼底挺进时，两个行动的先头部队已空降潜入法国。他们的任务是确保空降区的安全，为几天之后特种空勤团大部队突入敌后做好准备。

A中队很快安全隐藏在莫尔旺地区茂密的森林中，6月24日星期六下午，他们取得首次大捷，在一条僻静的乡村小路上伏击了一支德国人和白俄人（为德国战斗的苏联军队）组成的派遣队。“我们沿着路边散开一百多米远，听到事先约定的信号后就开火。”一个名为约翰·诺伯尔（John Noble）的特种空勤团士兵在袭击发生几天后给女朋友写信，“他们的行军序列是一辆装载20毫米（加农炮）的卡车、一辆汽车、另一辆装载20毫米（加农炮）的卡车，最后是一辆摩托车。我负责第一辆卡车，当我用布伦式轻机枪开枪时，一名苏联战俘非常体贴地往卡车上扔了一颗手榴弹。这次伏击大获全胜，我们俘虏3人，其余的人被击毙。我们把卡车和汽车炸毁，留下了摩托车”。

很快，特种空勤团通过空降作战又得到为数不多的吉普车，他们的行动范围一时扩大不少。在最激烈的一次袭击中，他们用迫击炮攻击了距离特种空勤团营地25英里（40公里）远的一家合成油厂。车辆还被用来运输袭击小组前往巴黎地区铁路线的各个路段，阻断德军拼命往北输送人员和武器，此时盟军正从诺曼底滩头一步步深入内陆地区。此外，在一次伏击中，他们还发现了一些盖世太保信件，于是向英国指挥部发送无线电，提供了“有关陆军元帅隆美尔指挥部的位置、防御力量，以及巴黎附近飞弹发射场细节和部队集结情况的情报”。

在“亨兹沃斯行动”获得令人震惊的成功（他们共击毙或击伤了

美国空军 A20 轻型轰炸机飞往法国途中。特种空勤团在诺曼底登陆后空降法国，其中一项任务是为英美轰炸机确定目标，尤其是向北挺进增援桥头堡的德国部队。

1944年夏，特种空勤团在法国的行动中消灭了7733名德军。他们将重型装甲吉普车空降至法国乡村，因此能对德国军队发起“打了就跑”的毁灭性袭击。

220多个德国人，并使6列火车脱轨）的同时，“灯泡行动”却以悲剧收场。7月3日天刚亮，他们在森林的藏身之所遭到约500名德军袭击。

只有7名特种空勤团士兵成功突围，30名战友被俘并于几天后被处决。同样的命运降临到“收获行动”（Operation Gain）的几个人身上，这是第1特种空勤团的任务，由D中队58名成员于6月13日至14日夜间开始执行。“收获行动”的目标是切断朗布依埃—普罗万—日安—奥尔良—沙特尔这一狭窄地带的德国横向铁路运输，这些地区都位于巴黎以南，需要乘火车前往诺曼底。在伊恩·芬威克（Ian

Fenwick）指挥下，特种空勤团在奥尔良森林建立营地，在行动的前几周，他们获得巨大成功，炸毁了几条铁路，在铁路沿线摧毁 1 辆火车头和 30 节车厢，还伏击了 1 支摩托车巡逻队。但 7 月初，1 支增援小组在空投区遭到德军的伏击，6 个人被俘，惨遭折磨后被处决。

不管怎么说，在 2 个半月里，“收获行动”共切断了 16 条铁路，致使 2 列火车脱轨，摧毁了 2 台引擎，歼灭了近 50 辆敌军车辆，重创了德军。此外，他们还提供了有关巴黎以南德军的力量和动向的宝贵情报。

1944 年夏天，第 1 特种空勤团另一大胜利是 B 中队的“悍鹰行动”（Operation Haggard）。他们于 8 月空降法国，任务是随时随地袭击撤退的德国军队，在德军中间散播“绝望”的种子。B 中队欣然接受这个挑战，“悍鹰行动”于 9 月 9 日接近尾声时，他们击毙或击伤约 233 名德军，摧毁 37 台机动车辆，并炸毁 2 座桥。

盟军远征军最高司令部在等待诺曼底登陆结果的同时，第 2 特种空勤团人员待命几周，直到 7 月底才被派去执行“鲁伯特行动”（Operation Rupert），任务是在德军回撤德国时，破坏法国东部南锡和马恩河畔沙隆地区之间的铁路线。但当着陆后，他们发现美国陆军第 3 集团军已经突破诺曼底的滩头防御工事，开始横扫当地乡村。这个突破对第 2 特种空勤团的 B 中队产生不利影响，此时他们已经降落在莱茵河法国沿岸南北走向的孚日山脉地区。“莱顿行动”（Operation Loyton）的任务是伞降孚日山脉地区袭击撤退的德军。不幸的是，当 B 中队插入孚日地区时，美军在默尔特河西岸停止前进，德军也停止撤退并就地挖掘防御工事，导致特种空勤团被困在大量敌军中间，而很多当地居民认为他们是德国人而非法国人。在随后的几周，31 名空勤团士兵被德国人俘虏并杀害。

与“莱顿行动”队员遭遇的不幸相反，罗伊·法兰（Roy Farran）

霸王行动

“泰坦尼克行动”是空投假伞兵，而“心轴行动”（Operation Mandrel）、“征税行动”（Operation Taxable）和“闪光行动”（Operation Glimmer）则是定期在英吉利海峡空投干草，欺骗德军的雷达，让他们相信大规模登陆舰队正在靠近法国。在干草下方，众多小船组成的舰队拖曳着雷达反射气球来模仿大规模登陆舰队的无线电通信。

领导的C中队在为期6周的“哈代行动”（Operation Hardy）以及“华莱士行动”（Operation Wallace）中收获颇丰。7月底，他们伞降欧塞尔附近，盟军的流动性以及敌军撤退的混乱局面对他们的行动助益颇多，第2特种空勤团对敌军进行了猛烈的袭击。与德国决定在孚日山脉地区挖掘防御工事并进行防御不同，欧塞尔与第戎之间的乡村正适合特种空勤团对士气已经十分低落的敌军发起“打了就跑”的突袭。指挥“哈代行动”和“华莱士行动”的罗伊·法兰少校在报告中称，他带领部下共击毙或致伤500名敌军，摧毁59台机动车辆以及1列火车，炸毁敌军的10万加仑（387.5吨）燃料，第2特种空勤团7死7伤。

据估算，1944年夏天，特种空勤团在法国各行动中共击毙7733名德军，摧毁约740台机动车辆、7列火车、89节车厢和29辆火车头，致使33列火车脱轨，164处铁路线被切断。特种空勤团人员对德国目标发动了400次空袭，并为前进中的盟军进行了多次重要的侦察巡逻。特种空勤团共有330人或死伤或失踪。

欧洲盟军总司令德怀特·艾森豪威尔将军在写给罗德里克·麦利奥德的一封信中表达了感激之情：“我要向特种空勤团各级官兵表示祝贺，他们为盟军远征军的胜利做出了重大贡献，敌军对特种空勤团如此冷酷的袭击恰恰说明了，你们通过自己的努力和提供的德军部署和动向的情报，对德军造成了巨大的破坏。”

第 29 章

V型武器

在第 4 章我们已经了解到，“波束之战”是 1940 年至 1941 年德国空军闪电战期间在英国上空发起的一场秘密战争。德国空军在 1941 年 5 月 10 日晚上对英国发起最后一次大规模空袭，造成近 1500 人丧生。猛烈的轰炸结束后，德国空军将注意力转向东线的苏联，即将开始对苏作战。

在随后的 3 年里，尽管还有零星小规模空袭，但英国人已经熬过德国空军最疯狂的轰炸，至少他们自己这么认为。

1944 年 6 月 13 日星期二凌晨 4 点 08 分，皇家观察员大队（Royal Observer Corps）2 名成员在肯特郡沿岸执行任务时，看到一个奇怪的物体在空中疾驰而过，尾部冒着火焰，发出的声音“像福特 T 型车在爬坡”。他们立刻向梅德斯通的指挥部打电话预警：不管是什么，它在往前飞。4 点 13 分，这个物体像箭一般冲入地面，在肯特郡达特福德以东几公里处的天鹅谷荒野上剧烈爆炸，十分骇人。V 型武器正式拉开帷幕。

发出像福特 T 型车噪音的物体实际上是 V1 导弹。一些人称这种飞行炮为嗡嗡弹（Buzz Bomb），但英国人最初称为“狮蚁”，因为它在空

1944年8月22日，法国某个地方发射的1枚V1导弹，图为刚刚发射后飞行中的导弹特写。尽管纳粹的秘密武器“嗡嗡弹”因其噪音听起来很恐怖，但由于它不加选择目标，因此造成的破坏程度并没有德国人期待的那么高。

中摇晃而过。从地面上看，它像一架轻型飞机，翼展将近18英尺（5.5米），首尾长25英尺（7.6米）。它由钢板和胶合板制成，600磅（272公斤）的喷气式发动机提供的动力能让其巡航时速达到约400英里（644公里）。V1撞击地面时，1870磅（848公斤）重的弹头的引爆对于邻近地区的任何人来说，都具毁灭性后果。

多亏波兰的抵抗组织，提醒英国人警惕德国在波罗的海沿岸进行的试验，英国人一直知道德国人在生产一种秘密武器。V1首次发射后的第二天，白厅召集了一次会议，首相的科学顾问彻韦尔（Cherwell）勋爵在会上欣喜地宣称：“（这种武器）头大如虎，尾细如蛇。”

5天后，也就是6月18日星期日上午9点，一枚V1导弹落在卢

瑟福街威斯敏斯特，致使10人丧生，62人受伤。2小时后，当教徒走进白金汉宫东侧鸟笼道威灵顿营房边的卫兵教堂时，还可以看见现场冒出的浓烟。礼拜进行20分钟后，V1导弹从卫兵教堂的房顶俯冲而下发生爆炸。辅助消防队队员威廉·桑瑟姆（William Sansom）回忆，当他到达现场时，“灰尘不断下坠，看上去像个大箱子，根本无法进入，伤者被困在废墟里，门被堵住了，屋顶被挤塌，只在圣坛后面有一个入口”。260名教徒中，119人死亡，102人重伤。桑瑟姆认为如果有人能逃脱的话，这一定是个奇迹。

V1刚出现时，人们经常将之误认为是着火的飞机。有个孩子记得他和妈妈一起抬头看到1枚导弹，妈妈说，“希望可怜的飞行员能安全降落”。可

1944年秋，在比利时港口安特卫普发射的1枚V1导弹。从地面看，这枚导弹跟飞机很相近，翼展近18英尺（5.5米），长度达25英尺（7.6米）。它由钢板和胶合板制成，由600磅（272公斤）的喷气式发动机提供动力。

狮蚁

英国安全部越来越警觉“狮蚁”带来的物质和心理威胁，他们发布指南，告诉人们如何预防这种新型威胁。伦敦《标准晚报》于6月16日在头版刊登建议：“当这个无人驾驶的飞行器停止工作，机尾的灯熄灭时，就意味着爆炸即将发生，也许就在5秒到15秒之内，赶紧找地方隐蔽。”

截至1944年7月中旬，约3000枚V1导弹对准伦敦发射，在这个城市的居民中引发恐慌。据估计，约有36万名妇女、儿童和老人被撤离至周边农村。尽管造成恐慌，V1却难以对抗防空力量，在飞往英国途中，924枚被英国皇家空军战斗机击落，另外有261枚被防空火力阻截。

几秒钟过后炸弹就急剧下降，朝伦敦俯冲而去。通常V1在开始下降前，发动机就已经停止工作，那正是人们开始害怕的时刻，很多人将之描述为“死寂的安静”，犹如V1暂停准备寻找合适的猎物。“嗡嗡弹很可怕，”米德尔塞克斯郡海耶斯镇军需厂工人尤纳·奎贝尔（Una Quibell）回忆道，“它看上去就像一把匕首，一端冒着火焰。发动机在工作时一点都没问题，可一旦停止工作，你最好躲起来。”

V1工程与1940年至1941年间闪电战的不同之处在于发射时间。闪电战大部分是夜间发生；但德国人喜欢在早上8点至9点交通高峰期发射导弹，然后在办公室女郎们享用阳光午餐的那1小时再次发射。6月30日星期五午餐时间，1枚炸弹落在奥德维奇，重伤了在室外晒太阳的办公室职员。

与德国空军的高爆炸弹相比，V1 的另一个不同之处在于对建筑物的毁坏程度。V1 爆炸冲击造成的损害范围较广，飞溅的玻璃是最大的威胁。另一方面，与高爆炸弹不同，V1 几乎无法穿透地表，因此闪电战中经常出现的主要供水管道、煤气管和电缆线断裂等都不是 V1 的结果。相反，它对人体损伤相当严重。1944 年 6 月 13 日至 9 月 1 日（后来 V1 在法国的发射台被从诺曼底登陆的盟军部队占领）期间，伦敦及周围各郡约有 6000 人死于 V1，卫兵教堂是最恐怖的一次毁坏事件；切尔西的斯隆法院（Sloane Court）也遭受令人毛骨悚然的打击，74 人死亡；伦敦刘易舍姆商业街（Lewisham High Street）也有 58 人殒命；另有 48 人在奥德维奇袭击中丧生。

最后 1 枚 V1 导弹在英国爆炸前的 3 天，阿道夫・希特勒下令发射纳粹威力更强的新式秘密武器 V2 导弹。1944 年 9 月 8 日，1 枚导弹对准巴黎发射，在这个城市的东南部爆炸，攻击由此开始。同一天，第 2 枚导弹从荷兰的海牙瞄准英国发射。

导弹袭击伦敦发生在晚上，维尔・霍奇森（Vere Hodgson）在日记中写道：“6 点 45 分，一声爆炸撕裂长空，紧接着是低沉的隆隆声。我差点吓掉了魂。没有预警，所以不太可能是新式秘密武器，说不定是某个军工厂发生爆炸，或是一枚延时炸弹。”

首枚落在伦敦（奇西克）的 V2 导弹导致 3 人死亡，因为不知道是什么东西，他们并没有恐惧。丘吉尔立刻下令实施新闻管制措施，他并不是不让人民知道真相，而是不让导弹研制者借此优化发射技术。于是，伦敦人都在猜疑，爆炸声是否是希特勒的另一秘密武器。

随后的几天发生了多次神秘爆炸。对于到底是什么，官方的唯一声明是拐弯抹角地提到“煤气总管道爆炸”。伦敦人冷笑着说，“我们正在

1944年9月，V2导弹开始袭击英国，造成巨大破坏，如伦敦诺伍德的查茨沃斯浸礼会教堂遭到毁坏。每枚导弹重13吨，其中含1吨高爆炸药，空中飞行时速可达3000英里（4828公里），以4倍音速从32.8万英尺（11582米）的高空坠落。

从 1944 年 9 月至 1945 年 3 月，对准伦敦发射的 V2 导弹共达 1300 枚，但只有 517 枚击中目标。纳粹的秘密武器研制了很长时间，并在佩内明德的军队研究中心测试。

遭遇会飞的煤气管道的袭击”。

奇西克发生“煤气总管道爆炸”后，9月8日，类似事件在埃塞克斯郡与肯特郡发生。

伦敦人议论纷纷，都称纳粹又发明了另一种秘密武器。面对议论，英国政府费尽心思维持表象。这种从荷兰发射的新武器被称为V2导弹，每枚导弹重13吨，其中有1吨高爆炸药，空中飞行时速可达3000英里（4828公里），以4倍音速从32.8万英尺（11582米）的高空坠落。20世纪30年代末期，V2导弹的研制工作就已经展开，但直到1942年希特勒才逐渐看到V型武器的潜能。战争开始进入新时期。

德国广播声称，伦敦已被这种新式武器“摧毁”，直到11月10日，英国政府才最终被迫承认整个国家正在遭受V2导弹的袭击。“过去几周里，敌人一直在发射远程火箭式的新武器，其中不少武器落到了我们国家，位置比较分散，范围较广，”丘吉尔在下议院的一次讲话中说，“目前总体来说伤亡和损失不大，但我相信议会一定希望我对这次及其他袭击的亡者表示同情。”第二天，所有的报纸都用引人注目的辞藻刊登了首相的讲话，《每日先驱报》（*Daily Herald*）这样描述，“从70英里（113公里）处俯冲下来的彗星……是此次甚或所有战争中最惨无人道的武器，这是一种邪恶阴险、可怕怪异的战争形式”。

伦敦开始遭遇越来越多的导弹袭击，更多人因此死亡：佩卡姆9人、德特福德30人、旺兹沃思33人、波普勒18人、格林威治25人。11月25日星期六，第251枚V2导弹袭击首都，171人在此次袭击中丧生，其中11人被物理清除，没有留下任何存在的痕迹。

从1944年9月到1945年3月，瞄准伦敦发射的导弹共达1300枚，只有517枚击中目标，其中1枚摧毁了新十字街的大片区域。

伦敦不是遇袭的唯一城市，约有1600枚导弹袭击了安特卫普，同

V2 导弹的一些部件是在图灵根诺德豪森附近孔斯坦山的地下工厂（上）生产的。一名美国士兵（下）在检查 1 枚 V2 的推进部件，这枚导弹于 1944 年 12 月落在比利时。

时巴黎、里尔、列日以及西欧的几个小城镇和城市都成为袭击目标。尽管致使几千人丧生，V2 却从未成为纳粹所希望的能为他们赢得战争的恐怖秘密武器。在伦敦，2754 名平民死于约 1402 枚飞弹，也就是说平均 1 枚昂贵的导弹只造成 2 人死亡，这个伤亡数字绝不可能使一个民族屈服。

实际上，V2 导弹还不及嗡嗡弹和传统炸弹吓人。毕竟，人们会更惧怕一些看得见听得到的东西，而不是即将爆炸你才意识到它存在的导弹，“V2 就是一声巨响，地板有些摇晃，”伦敦白领女孩罗莎蒙德·博迪（Rosamond Boddy）回忆说，“如果听到巨响，你就知道一切都还好。之前什么声音都听不到，那你不可能一辈子都在想会不会听到爆炸声。所以人们在爆炸之前尽量不去想任何事。”

第 30 章

喷气式战斗机

在战争史上，1944 年的夏天极不寻常，不仅首枚巡航导弹——V1 发射，V2 导弹的问世也开创了弹道导弹的新时期。但这并不是全部，1944 年 7 月英国和德国的喷气式战斗机都开始服役，空战进入新时代。

从 20 世纪 20 年代开始，两个国家就在秘密研制喷气式战斗机，几十年后，两国战斗机又在同一个月列装，这种势均力敌实在是不可思议。

英国最先提议设计喷气式飞机。1926 年夏，年轻的工程师艾伦·阿诺德·格里菲斯（Alan Arnold Griffith）发表了一篇关于喷气式涡轮机的文章。弗兰克·惠特尔（Frank Whittle）仔细研读了这篇文章，当时他还是英国皇家空军的一名青年新兵，对喷气式发动机很感兴趣，他自己也写过一篇文章，文中提出如果要达到更长的飞行距离和更快的飞行速度，飞机应该到达更高处，那里的空气阻力更小。他尝试与格里菲斯一起合作研制喷气式飞机，但后者认为涡轮机缺乏推动飞行的动力。

惠特尔没有气馁，独自坚持研究。1929 年秋，他得出结论：机身上安装扇叶能产生足够快的气流，将飞机推向更高的高度。他没有使用太耗费燃料的活塞发动机，确信问题的答案是燃气涡轮。1930 年，惠特尔获得世界首个喷气式发动机的专利。尽管他对自己的理论深信不疑，却很少能说服其他人。英国皇家空军不信，能够提供资金将理论变成现实的公司也不信。随后的4年里，惠特尔孤独前行，不断锤炼作为一名普通英国皇家空军飞行员的各种技能，同时兼顾喷气式发动机的创新。但一切都只停留在制图板上，直到1934年他才得到英国皇家空军的许可，获得剑桥大学彼得学院机械科学一等荣誉学位。第二年，喷气式发动机专利到期，惠特尔竟然拿不出5美元的专利续期费用。在他人生的最低谷，救星出现了。2名银行家——莫里斯·博纳姆–卡特（Maurice Bonham-Carter）和兰斯洛特·洛·怀特（Lancelot Law Whyte）出于对这项工程的信心，资助了惠特尔。1936年1月，动力喷气有限公司（Power Jets Ltd）注册。

同一年，才华横溢的青年工程师汉斯·约阿希姆·帕贝斯特·冯·奥海因（Hans Joachim Pabst von Ohain）在德国获得了与惠特尔喷气式发动机类似的发明专利。1933年，22岁的学生冯·奥海因提出了“无需推进器的发动机”理念，1935年他获得学位后继续研究自己的项目，1

银鸟

德国人的梦想没有只停留在喷气式飞机上，他们还有更大的野心，制造绝密的“远程轰炸机”。这种飞机能在同温层环球飞行，到哪里都能造成严重破坏。提出这个概念的人是科学家尤金·桑格（Eugen Sanger），他出生于捷克斯洛伐克，是火箭驱动武器的先驱。桑格还是太空旅行协会成员，早在1933年就在撰写有关同温层作战可能性的文章，很快引起德国航空部的兴趣。他们对桑格提出制造能够从德国攻击美国的轰炸机的想法尤为有兴趣。得到航空部支持后，桑格有了可支配的资金，他开始研制亚轨道飞行器，命名为“银鸟”（Silver Bird）。20世纪30年代剩余的几年，桑格一直在研制，这架飞机将以时速约1200英里（1931公里）的速度从2英里（3.2公里）长的跑道上起飞。一旦升空，火箭助推器可以驱动“银鸟”上升到90英里（145公里）的高度，时速可达近14000英里（22531公里），接着它沿着一个亚轨道下降，在另一极重新进入大气层，然后向美国投下一枚重达4000公斤的炸弹，随后飞机继续飞过太平洋，飞行约15000英里（24140公里）后在日本着陆。遗憾的是，桑格对这项工程的信心没有得到航空部的回应，1942年，他们将“银鸟”搁置。

1937 年，冯·奥海因的喷气式发动机试验成功后，亨克尔聘请了这位才华横溢的青年工程师为设计师。

年后在“推动飞机气流的工艺和设备”方面获得专利。惠特尔专利和冯·奥海因的设计之间最大的不同之处在于，德国人的发明是将离心压缩机和涡轮背靠背安装在一起，火焰筒固定在设备外部。

与还未获得航空业信心和信任的惠特尔不同，奥海因的设计让亨克尔飞机制造商印象深刻，他们一起制造了首架原型。由氢气提供动力在穿过各部件时迅速燃烧，喷气式涡轮一举成功，将其用在飞机上的计划随之开始实施。

与此同时，因为获得两位银行家的经济支持，惠特尔在英国的研发也有所斩获。1937 年 4 月，首款惠特尔喷气式发动机转了起来，航空部次年最终同意为其进一步研发提供资金，当然还有一个限制性条款。因为他们的投资，喷气式发动机现在属于军事项目，因此受《官方保密

英国对冯·奥海因的回应是弗兰克·惠特尔，后者四处寻求经济支持，后来设计的格罗斯特—惠特尔喷气式发动机在 1941 年 5 月首飞。

法》的管辖。惠特尔被禁止公开提及他的喷气式发动机，这对于一个为让自己的理论付诸实践而付出 10 年心血的人来说，令人非常沮丧。

但航空部的资金加速了研发过程，使得英国皇家空军认为世界首架喷气式飞机问世了，它被称为格罗斯特—惠特尔 E28/39（Gloster-Whittle E28/39）。1941 年 4 月，惠特尔亲自操控升空，但直到第二个月，格罗斯特—惠特尔喷气式飞机才进行正式的首次试飞（这次惠特尔没有参加，英国皇家空军命令他留在地面），飞行近 20 分钟后，喷气式飞机的最快时速达到 340 英里（548 公里），高度达到 25000 英尺（7620 米）。

英国人受到极大鼓舞，但如果他们知道德国方面取得的进展，脸上的笑容恐怕就消失了。汉斯·冯·奥海因的喷气式发动机于 1937 年试

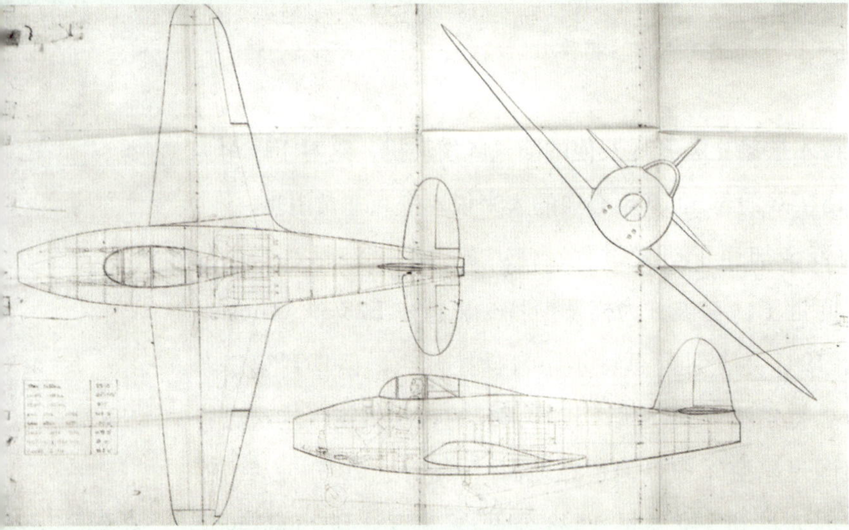

格罗斯特—惠特尔 E28/39（上）是盟军首架飞行的喷气式飞机，多亏了英国工程师弗兰克·惠特尔多年的研究，他最初的草图（左下）最终催生出 E28/39 和喷气式发动机驾驶舱（右下）。

验成功后，亨克尔就聘请其为设计师。到 1939 年 8 月底——二战爆发前的几天，冯·奥海因的第三款设计已做好测试准备。在高度保密的情况下，埃里希·瓦西茨（Erich Warsitz）驾驶的喷气式飞机 He178 升空，大获成功。He178 被描述为“小型飞机，有常规配置，金属机身”，它的进气道在机首，有尾轮起落架。但是，它的明显不足是战斗持续时间只有 10 分钟。

但德国此时已经清楚认识到——比英国人更清楚——喷气式飞机作为战争机器的潜力。He178 为世界上首架喷气式战斗机原型 He280 奠定了基础，后者从生产线下来后，亨克尔用它吸引德国空军对喷气式战斗机的关注，其相较于螺旋桨战斗机有明显优势。在设定的航线上，较轻的 He280 完胜福克·沃尔夫 Fw190 战斗机。德国空军被说服，但没有让 He280 列装，而是转向亨克尔最大的竞争对手梅赛斯密特公司，要求后者生产 Me262 战斗机飞燕（Swallow）。

1944 年 7 月，Me262 开始服役。同月，英国皇家空军自主研制的喷气式战斗机格罗斯特流星（Gloster Meteor）问世。它们虽然同时出现在天空中，Me262 战斗机却毫无疑问更加先进，速度不仅比格罗斯特流星更快（时速 560 英里对 410 英里），武器也更先进，飞行员更愿意跟敌军交战。相比之下，英国皇家空军非常担心格罗斯特流星落入敌手——暴露德国人可能已经知道的秘密，所以它们接到命令只能在盟军的领空飞行。在战争最后几个月，它们被用来击落从海峡对面发射过来的德国 V1 导弹。

与此同时，Me262 很快就证明了自身价值，用以对付执行轰炸德国城市任务的英国和美国轰炸机。起初 Me262 受限于 30 毫米的加农炮，只有在靠近敌机 250 码（229 米）的范围内才有效。鉴于美国飞行堡垒（B17 重型轰炸机）上机枪的射程达 800 码（732 米），这是个严重的问题。但50毫米口径的R4M火箭弹的出现很快解决了难题。安装在Me262机翼下方的木轨上，R4M火箭弹可发射24枚，其锥形火力类似于霰弹枪，射程比飞行堡垒的机枪更远。

如此武装之后，Me262于1945年初春开始成为盟军死敌。1945年2月的最后一周，一个Me262战斗机中队——第7兴登堡飞行团摧毁了45架四引擎轰炸机和15架远程战斗机。

德国喷气式战斗机大获成功，但数量太少且为时已晚。到1945年2月，德国上空的轰炸机群有时一次性多达2000架，但服役的Me262太少，不足以构成严重威胁。已经造好的1294架战斗机中，只有约四分之一执行过飞行战斗任务。这种短缺以及更重要的问世过迟的责任，在希特勒和最高统帅部上。希特勒只喜欢考虑进攻行动，防空是他的次要考虑。正如其军备部长阿尔伯特·施佩尔（Albert Speer）提出，如果元首在战争中早点授权生产更多Me262，谁都不知道会是什么结果。但1945年4月7日

全速飞行的格罗斯特流星战斗机。不如德国Me262喷气式战斗机强大，格罗斯特流星的最快时速为410英里（660公里），战争末期被用于击落发射至英国的德国飞行导弹。

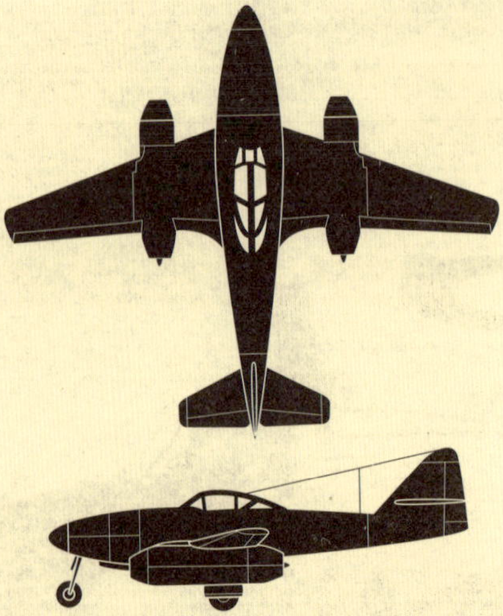

ME262

类型： 喷气式战斗机

机组成员： 1人

长度： 34英尺9.5英寸（10.6米）

翼展： 40英尺11.5英寸（12.5米）

时速： 541英里（870公里）

航程： 650英里（1046公里）

冯·奥海因在亨克尔的设计成功之后，梅赛斯密特公司制造了他们首架喷气式飞机Me262飞燕。这款飞机于1944年7月开始服役，引起盟军空军人员的极大关注。如果在战争结束前更多的Me262被制造出来，它们绝对有可能对英国和美国飞机造成重大损失。不管怎么说，Me262开创了空战的新时期——喷气机时代。

1944年一架在生产中的Me262战斗机。纳粹军备部长阿尔伯特·施佩尔曾建议希特勒授权生产更多Me262，但元首无视他的请求。

这天可见一瞥，当天第 7 兴登堡飞行团以美国轰炸机的护航战斗机为目标，以最小的损失一天击落 28 架野马式战斗机。同一天，133 架德国螺旋桨战斗机 Me109 和 Fw190，被美国飞机摧毁。Me262 的威胁如此严重，在 28 架野马式战斗机被摧毁 3 天后，约 1200 架盟军轰炸机瞄准了 Me262 在柏林及周边的基地。它们再也无法对美国轰炸机构成同级别的威胁了。

不管怎么说，在短暂服役过程中，Me262 改变了空战的面貌。《纽约时报》2 月 1 日版刊载了一篇文章，标题是“喷气式飞机在战争中将发挥更大作用”。该记者预测，Me262 已经证明了在未来战争中“喷气推动的战斗机……将在‘很大程度上’替代标准型号的护航战斗机”。他是正确的，喷气式战斗机的时代已经来临。

第 31 章

曼哈顿工程

1939 年 8 月 2 日，阿尔伯特·爱因斯坦（Albert Einstein）给美国总统富兰克林·罗斯福写了一封信，他在信的开头概述了法国弗雷德里克·约里奥（Frederic Joliot）和美国利奥·西拉德（Leo Szilard）铀能应用研究的最新进展。爱因斯坦称，战争已经进入了新时代，威力极为强大的炸弹很有可能被生产出来。爱因斯坦写道 ：“仅一枚这样的炸弹，用船运至一个港口引爆，有可能摧毁整个港口以及周边地区。”这封信的目的不仅是告知总统原子能研究的最新进展，爱因斯坦还希望政府追加资金，尤其是——正如他对罗斯福指出——德国人已经开始意识到原子能研究的重要性，他们已经停止从欧洲向美国出售铀。

这封信达到了预期效果。罗斯福授权成立铀顾问委员会（Advisory Uranium Committee），由莱曼·布里格斯（Lyman Briggs）领衔，向总统汇报美国原子能研究进展。该委员会很快认识到，制造一枚炸弹需要的核裂变原料并没有原来想象的那么多。1939 年 11 月，委员会向总统报告，铀“可能成为炸弹的一种原料，其造成的破坏性之大，远远超过任何已知的物质”。

1941 年 10 月，罗斯福批准科学家们开始研制世界上第一枚

1942年9月13日在波西米亚丛林的S1铀委员会。从左至右：哈罗德·尤里（Harold C. Urey）、欧内斯特·劳伦斯（Ernest O. Lawrence）、詹姆斯·柯南特（James B. Conant）、莱曼·布里格斯（Lyman J. Briggs）、E.V.默弗里（E. V. Murphree）和亚瑟·康普顿（Arthur Compton）。

原子弹，并派驻军队接管工程的全面运作，“代号‘曼哈顿工程’(Manhattan Project)，因为许多参与其中的人都来自曼哈顿的10个研究所”。工作在绝密中展开，虽然有约5000人参与了“曼哈顿工程”，但是几乎没有人知道最终目的，他们只在自己的专业领域里工作。研究中心是S1铀委员会，但出于保密原因，“铀”这个字很快被删除。

“曼哈顿工程”没有资金限制，委员会申请并得到5400万美元的预算。他们还开始招募世界上最优秀的科学家，其中有的来自英国，还有来自加利福尼亚的理论物理学家罗伯特·奥本海默（Robert Oppenheimer），后者任务是主导快中子计算的研究，这对理解临界质量和武器引爆至关重要。

武器试验成功后的第二天，美国原子能工程背后的推动者之一利奥·西拉德（Leo Szilard）起草了一份请愿书——69名参与“曼哈顿工程”的科学家同时签名——声称他们反对将这种炸弹用于平民。虽然对德战争已经结束，一些军事将领当时建议哈里·杜鲁门总统（1945年4月罗斯福总统去世后接任总统）用炸弹对抗日本。西拉德及其他联署人听闻这个想法后非常震惊，他们写道：

> 我们，共同在下面签了名的人，恭敬地请求：首先，您行使作为总司令的权力，规定在此次战争中，美国将不寻求使用原子弹，除非针对日本的条款已经详细公开，且日本知道这些条款但拒绝投降；其次，在这种情况下，是否使用原子弹由您根据本请愿书提出的注意事项以及其他相关的道德责任来决定。

原子能研究

最初始于1896年的科学研究最终导致世界第一枚原子弹的产生，当时法国科学家安东尼·亨利·贝克勒尔（Antoine Henri Becquerel）无意中发现了放射性。他观察到，即便是在黑暗的屋子中，铀也会使照相底片变浑浊。在随后的30年里，相关研究进展不大。但在1932年，被认为是“原子核物理学之父”的欧内斯特·卢瑟福（Ernest Rutherford）和詹姆斯·查德威克（James Chadwick）这两位英国科学家有了重大发现，查德威克发现了中子，而卢瑟福则观察到原子核的分裂。然而，关键性突破在1938年。两位德国科学家奥托·哈恩（Otto Hahn）和弗里兹·斯特拉斯曼（Fritz Strassmann）分裂了原子，之后哈恩将细节发送给他的犹太人朋友和科学家同事莉泽·迈特纳（Lise Meitner），同年后者逃离德国，独自在瑞典开始进行研究。1939年，迈特纳与其侄子奥托·弗里兹（Otto Frisch）推算出核分裂以及核爆炸可能产生巨大能量的基本数学原理。法国物理学家弗雷德里克·约里奥（Frederic Joliot）为核能提供了最后的科学证据，他的研究证明“当原子核被分裂成两个时，中子被弹射出，接着它们会引发连锁反应”。

曼哈顿工程场地

1942 年 10 月，S1 铀委员会开始寻找试验地点，奥本海默建议在新墨西哥州阿尔布克基，他在那里拥有一个大牧场。经过多次勘测，他们在洛斯阿拉莫斯农场学校附近找到了合适的场地，联邦政府将它买下，代号 Y 地点（Site Y）。与此同时，研究设备在田纳西州橡树岭（Site X）建造，所有工人都要遵守最严格的保密要求。

橡树岭有 3 个设备生产点，都在诺克斯维尔市附近的山谷里，包括一个生产铀 235 和钚的中型原子炉。这需要绝对保密，同时要防止发生意外爆炸。诺克斯维尔市的 11.1 万名居民当然不知道橡树岭的研究性质，但他们非常痛恨一件事，这些工人拥有不受限的配给票和现金，可以在这个城市购买任何想要的东西。

但是，橡树岭的生活也有不足，那里的工作不仅要求高且严格，安全保密要求也一样。每个人每辆车离开或进入设施时都要被彻底搜查。有个工人后来回忆说：“如果你瞎打听，2 小时内就有政府的秘密特工对你进行斥责，通常那些被传唤的人解释后，就会连同行李一起被押送到大门口，并被命令出门走人。”

1945 年初，“曼哈顿工程”的科学家们已经做好测试炸弹的准备，地点选在新墨西哥州阿拉莫戈多，试验（代号“三位一体”）的日子选在 7 月 16 日。一开始这枚聚爆钚弹设定的引爆时间是 4 点，但一场雷暴将时间推迟了 90 分钟，这种推迟只能加剧在场人员的紧张，包括两年半之前主管首次核连锁反应的恩利克·费米（Enrico Fermi）、奥本海默和其他几名高级军官。5 点 30 分，一颗 20000 吨 TNT 当量的炸弹爆炸，将下方 100 英尺（30 米）的金属塔炸得粉碎。只见一道炫目的闪电闪过，一阵热浪吹过，爆炸声响彻山谷。在场的见证者估计，爆炸产生的蘑菇云横跨约 40000 英尺（1219 米）。

杜鲁门进退两难，十分纠结。得知“三位一体”核试爆成功时，他在日记中坦露：“我们已经发现了世界上最可怕的炸弹，它很可能是诺亚方舟之后的幼发拉底河流域时代预言的毁灭之火。”但真的要使用它吗?

他向参谋长乔治·马歇尔上将寻求建议，如果他下令攻击日本本土，可能会造成多少伤亡。“马歇尔认为这样的攻击，美国至少将死伤25万人。”

杜鲁门警告日本，美国现在拥有一种可怕的新武器，并督促他们投降，日本拒绝了他求和的要求，之后杜鲁门下令投下第一枚原子弹。

在哪里投放原子弹也成为激烈争论几个月的主题。早在1945年4月，他们就起草了一份目标名单：东京湾、川崎、横滨、名古屋、大阪、神户、京都、广岛、吴、八幡、小仓、下关、山口、熊本、福冈、长崎、佐世保。7月底名单被缩小至广岛、小仓、新潟和长崎。同月31日，广岛被确定为目标。

广岛位于日本西南部——离东京约500英里（805公里）——军队和军事设施非常集中，与最近几个月遭到猛烈轰炸的日本大片地区不同，这里相对完好，使美国更容易估量秘密武器的破坏程度。

目标选定之后，投掷炸弹的人员也随之选出，任务落到第509混合航空大队指挥官保罗·蒂贝茨（Paul W. Tibbets）上校身上，他是一名经验丰富的轰炸机飞行员。8月6日凌晨2点45分，蒂贝茨驾驶一架B29轰炸机“艾诺拉·盖伊”号（*Enola Gay*）从北太平洋提尼安岛起飞。飞机炸弹仓里装着“小男孩”（Little Boy），这枚原子弹直径28英寸（71厘米），长10英尺（3米）。12名机组人员中只有蒂贝茨确切知道他们运载的是什么炸弹，飞行4小时后他才公开秘密。但是，还有一

1945 年 7 月 6 日，科学家和工人在给世界上第 1 枚原子弹安装索具，将其抬上新墨西哥州阿拉莫戈多附近的“三位一体”核试爆场地 100 英尺（30 米）高的塔上。

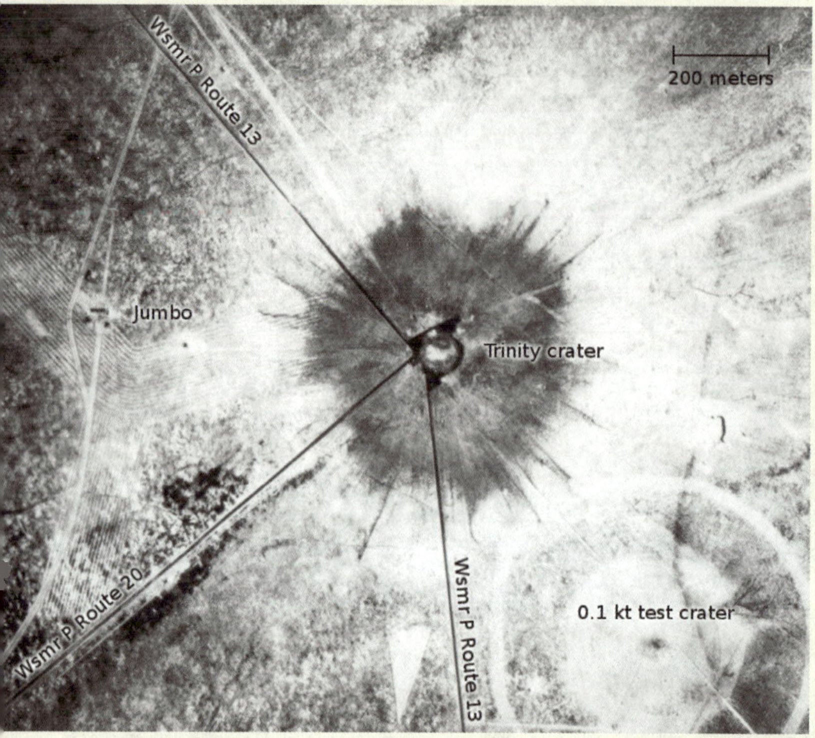

原子弹试爆场地的俯拍图，显示悬挂原子弹的高塔周围被炸开了一个300英尺（91米）的浅弹坑。被炸弹破坏的区域直径达4800英尺（1463米），10天前组装的钢塔完全崩塌。

摄像机拍摄的爆炸场面。炸弹爆炸内部生成的热量接近1亿摄氏度，是太阳表面温度的10倍之多。

个事实他并没有透露：他带着 12 片氰化物药片，以防万一他们被击落。他还接到上级指示，如果任何一个人拒绝服下药片，为防止有人被日本人活捉，他有权力将之击毙。

在太平洋硫磺岛与 2 架护航机会合之后，“艾诺拉·盖伊”号继续飞往广岛，比计划的时间仅仅晚了 17 秒。当地时间 8 点 15 分，炸弹被投下，从 31300 英尺（9601 米）的高度落到 1900 英尺（579 米）的引爆高度用了 43 秒。

原子弹爆炸时，“艾诺拉·盖伊”号离广岛 9 英里（14.5 公里）远，但飞机还是受到了相当于 16000 吨 TNT 当量的冲击。“伙计们，”蒂贝茨通过无线电宣称，“你们刚刚投下了历史上第一枚原子弹。”

广岛被爆炸彻底摧毁。日本官方估计，城市近 70% 的建筑物被毁，另有 6% 至 7% 受损，70000 人至 80000 人（该城市 30% 的人口）在爆炸及随后引发的大火中丧生，数以万计人的余生将遭受辐射

仁科芳雄

日本陆军和海军不仅在破译机构之间存在竞争，两者的原子能研究机构之间也是如此，并阻碍了该国的发展计划。日本帝国海军和陆军——后者由仁科芳雄（Yoshio Nishina）率领（他和爱因斯坦认识）——都在原子弹研究方面取得重大进展。1931 年，仁科芳雄在东京附近成立日本理化研究所（Rikken Institute's Laboratory for Chemistry and Physics），20 世纪整个 30 年代他一直进行民用研究，直到 1941 年夏天才得到军队的经费资助，开始从事代号为“太阳工程”（Nichi Project）的项目。1943 年，日本找到德国，请求得到原子弹的关键成分高浓缩铀，但这些通信被英国“超级机密”截获并破译。虽然少量铀被运往日本，但储存工厂被盟军空袭摧毁。最后，仁科芳雄把工程转移到朝鲜北部，但在美国原子弹空袭广岛和长崎之前，他的炸弹试验一无所获。日本海军方面，科学家荒胜文策（Bunsaku Arakatsu）教授主持的“京都工程”（Kyoto Project）在原子能研究方面同样颗粒无收。

指挥官 A.F. 伯奇（A.F. Birch）在检查“小男孩”原子弹（左上），监督它装上拖车，准备运往“艾诺拉·盖伊”号。第二枚绰号为“胖子”的原子弹与照片中这一枚（右上）相似，在第一颗原子弹投下 3 天后于长崎投下，与广岛原子弹的不同之处在于它由钚而非铀制成。

1945 年 8 月 6 日，“艾诺拉·盖伊”号轰炸机在日本城市广岛投下世界上第一枚原子弹，这枚被称为“小男孩”的炸弹从 31500 英尺（9601 米）的高度落到 1900 英尺（579 米）的引爆高度用了 43 秒。70000 人至 80000 人（该城市 30% 人口）在爆炸中丧生。

的折磨。

尽管这次毁坏程度骇人听闻，日本仍然拒绝投降，杜鲁门因此下令投下第二枚原子弹。与广岛原子弹使用的铀 235 不同，这枚原子弹用的是钚，绰号“胖子”(Fat Man)，重达 4670 公斤，于 8 月 9 日投向长崎市，约 70000 人因这枚原子弹死亡。

第三枚原子弹的投掷也在计划之中，但 8 月 14 日，日本投降。从那以后关于广岛和长崎原子弹的争论一直非常激烈，有人认为那是击败日本的唯一方法，有人则认为与人类文明相悖。

但有一点是肯定的，原子弹的破坏力让全世界为之震惊，从那以后再也没有被使用过，也希望永远不再被使用。

尾声

冷战密云

随着二战的结束，一场新的冲突冷战开始了，苏联控制下的共产主义国家组成的东方阵营和以美国、英国及西德等为主的国家组成的北大西洋公约组织（North Atlantic Treaty Organization，简称 NATO）之间开始了长达几十年的对峙。

为了适应与 1939 年至 1945 年的“热”战截然不同的冷战，英国下的功夫尤其巨大。在日本投降后几周内，战争办公室（War Office）就解散了特种部队——特种空勤团、特别舟艇中队和长距离沙漠群——他们认为不再需要这些隐蔽部队了。尽管经济作战部长朗德尔·塞尔伯恩（Roundell Selborne）勋爵强烈抗议，人们对特别行动处的态度却是幼稚与敌意并存。即便有塞尔伯恩的保护，他警告政府必须拥有情报机构来对抗“苏联威胁”，但特别行动处最终还是解散了。克莱门特·艾德礼（Clement Attlee）在 1945 年 7 月的大选中击败温斯顿·丘吉尔，他领导的新工党政府对这种要求置之不理。1946 年 1 月，艾德礼下令解散特别行动处，少部分人员被归入军情六处（MI6），大多数人回归平民生活。

这是英国当局犯下的严重错误，当时盛行的观念认为情报工作是出身名门且受过良好教育者的专属领域，比如金·菲尔比（Kim Philby），他是受人尊敬的公务员的儿子，20 世纪 30 年代毕业于剑桥大学。在军情六处看来，菲尔比与“剑桥五杰”的其他成员［唐纳德·麦克林（Donald Maclean）、安东尼·布兰特（Anthony Blunt）、盖伊·伯吉斯（Guy Burgess）以及身份从来没有被公开确认的第五个人］一样是崛起的新星。英国情报机构非常看重他们，但苏联情报机构更看重他们，在 30 年代就已招募他们成为间谍。

伯吉斯和麦克林在 1951 年叛逃前，向苏联传递了数年秘密情报。尽管又过了 5 年，他们才被苏联人当作双面间谍。在间谍历史学家本·麦金泰尔（Ben Macintyre）看来，伯吉斯和麦克林的暴露，让英国情报机构认识到冷战间谍战的现实。“有那么一种感觉，如果你是对的人，如果你讲话听起来是对的，如果你上过对的学校，如果你说话带着对的口音，你就是那个似乎要成为的人，除此之外不可能是别人，”麦金泰尔说，“（他们）暴露了英国当局的一条错误路线……使人们意识到，有些外表看起来非常完美的人，可能内心并不完美。”

二战期间美国人最初成立情报机构时，很大程度上依赖英国，然而在冷战中情况颠倒了。

在未来对情报机构的需求问题上，美国政府的目光最初与英国一样短浅。哈里·杜鲁门总统不喜欢曾经成立战略情报局的威廉·“疯狂的比尔”·多诺万，担心“多诺万提议成立的情报机构将来某一天会被用来对抗美国”。

1945 年 9 月，杜鲁门签署行政命令，于 1945 年 10 月 1 日解散战略情报局。为国家兢兢业业工作了 4 年之后，多诺万只剩下 10 天时间来收尾。在对部下的演讲中，多诺万告诉他们：“你们要确信已经迈出了第一步，向美国人民展示了只有在准确情报基础上制定国家政策，我

位于弗吉尼亚州兰利的中央情报局总部。1988 年在这里为近半个世纪前战略情报局的创始人威廉·多诺万将军的雕像揭幕，这座雕像永久提醒人们，中央情报局的存在要归功于“疯狂的比尔”·多诺万的远见。

们才有可能拥有长久的和平。”

幸运的是，美国政府当局中并不是每个人都把战略情报局当作国家威胁。战争部长罗伯特·帕特森（Robert Patterson）对总统命令进行了比较灵活的解读，下令军方“保留这些对永久和平有价值的功能和设备”。

两年后，随着苏联威胁越来越令人惊心，美国国会通过了1947年《国家安全法案》，其中一个重要内容就是成立中央情报局（CIA）。

在随后的43年里，中央情报局一直处在冷战最前线，将在对德情报战中学到的很多教训应用到与苏联的斗争中。

1988年，中央情报局总部举行献礼仪式，为近半个世纪前战略情报局的创立者威廉·多诺万的雕像揭幕。时任中央情报局局长威廉·韦伯斯特（William Webster）在讲话中高度赞扬了多诺万付出的努力，他声称：

> 对于今天在场的我们来说，中央情报局是多诺万将军的最大遗产。他认识到一个现代情报组织不仅要提供今天的战术情报，还要提供未来的长远评估。他认识到一个高效的情报组织不能让政治压力影响它的策略。最后，他很清楚如果没有认识到人的重要性——集判断力、创新、忠诚和保护并提升美国价值的高度责任感于一身的人，那么任何一个情报组织都不可能获得成功。

参考文献

Bagnold, Ralph
Sun, Sea, War & Wind
University of Arizona Press, 1991

Bekker, Cajus
The Luftwaffe War Diaries
Birlinn, 2001

Bierman, John & Smith, Colin
Alamein
Penguin, 2003

Borghese, Valerio J.
Sea Devils
Naval Institute Press, 1995

Breuer, William B.
Deceptions of World War II
John Wiley & Sons, 2001

Breuer, William B.
Secret Weapons of World War II
John Wiley, 2001

Cowles, Virginia
The Phantom Major
Collins, 1958

Dimbleby, Richard
The Frontiers Are Green
Hodder & Stoughton, 1943

Ford, Brian J.
Secret Weapons
Osprey 2011

Gilchrist, Donald
Castle Commando
Oliver & Boyd, 1960

James, Malcolm
Born of the Desert
Greenhill Books, 1991

Kelly, Saul
The Hunt for Zerzura
John Murray, 2003

Kurowski, Franz
Jump Into Hell

Stackpole, 2010

Lewin, Ronald
The Life & Death of the Afrika Korps
Pen & Sword, 2003

Liddell Hart, B.H
History of the Second World War
Cassell, 1970

Liddell Hart, Basil
The Rommel Papers
DaCapo Press, 1982

Linklater, Eric
The Campaign in Italy
Her Majesty's Stationary Office, 1951

Lloyd-Owen, David
The Desert my Dwelling Place
Cassell, 1957

Lloyd-Owen, David
The Long Range Desert Group
Pen & Sword, 2001

Maclean, Fitzroy
Eastern Approaches
Penguin, 1991

Moorehead, Alan
Desert War: The North African Campaign
H. Hamilton, 1965

Mortimer, Gavin
The Daring Dozen
Osprey, 2011

Mortimer, Gavin
The History of the Special Air Service in WW2
Osprey, 2012

Mortimer, Gavin
Stirling's Men: the Inside History of the SAS WW2
Weidenfeld, 2004

Mortimer, Gavin
The Longest Night: Voices from the Blitz
Weidenfeld, 2005

Mortimer, Gavin
The Men Who Made the SAS: History of the Long Range Desert Group
Constable, 2015

Mortimer, Gavin
Merrill's Marauders
Zenith Press, 2013

Peniakoff, Vladimir
Popski's Private Army
Harper & Collins, 1975

Pitt, Barrie
Special Boat Squadron
Corgi, 1985

Public Record Office

Special Forces in the Desert War 1940-1943
PRO Publications, 2001

Rankin, Nicholas
Churchill's Wizards: The British Genius for Deception
Faber & Faber 2008

Saunders, H. St. G.
The Green Beret: The Story of the Commandos 1940-45
Michael Joseph, 1949

Schmidt, Heinz W.
With Rommel in the Desert
Constable, 1998

Smith, Peter C.
Massacre at Tobruk
Stackpole Books, 2008

Smith, Peter C.
War in the Aegean
*Stack*pole Books, 2008

Timpson, Alistair
In Rommel's Backyard
Pen & Sword, 2010

Thompson, Julian
The War Behind Enemy Lines
Pan, 1999

Townsend, Peter
Duel in the Dark
Harrap, 1986

Von der Heydte, Baron
Return to Crete
WDL, 1959

Young, Martin & Stamp, Robbie
Trojan Horses: Deception Operations in Second World War
Mandarin, 1989

译名对照表

10TH Light Flotilla	意大利第10轻型舰队
80 Wing	英国第80航空联队
100th Infantry Battalion	美国陆军第100步兵营
442nd Regimental Combat Team	美国陆军第442步兵团
A	
Abwehr	阿勃维尔
Addison, Wing Commander Edward	第80航空联队指挥官爱德华·爱迪生
Admiral Hipper	纳粹德国“希佩尔海军上将”号巡洋舰
AI radar	机载拦截雷达
Air Raid Precautions (ARP)	空袭预警
Alexander, Hugh	休·亚历山大
Allied front September 15, 1944	1944 年 9 月 15 日盟军前线
Alphabetical Typewriter	欧文印字机
American Civil War	美国内战
Anielewicz, Mordecai	莫迪凯·阿涅莱维奇
Antelope	“羚羊”号护卫舰
Ark Royal	“皇家方舟”号航空母舰
artificial harbours	人工港口
ASDIC	“反潜探测调查委员会”声呐系统
Aspirin	“阿司匹林”干扰机
ASV Mk. II radar	ASV2型雷达
Athenia	“雅典娜”号远洋客轮
atomic tool	原子能研究
Australia Special Operations Executive	澳大利亚特别行动处
Auxiliary Units	辅助部队
Avranches	阿夫朗什
B	
B-25B Mitchell bomber	B25B 米切尔轰炸机

Bagnold, Major Ralph	拉尔夫·巴格诺尔德少校
Barham	“巴勒姆”号战列舰
Battle for Arnhem	阿拉姆战役
Battle of Britain	不列颠之战
Battle of the Atlantic	大西洋战役
Bekker, Cajus	卡尤斯·贝克
Belgium	比利时
Bergeron, Madame	贝吉龙女士
Bianchi, Petty Officer Emilio	埃米利奥·比安奇中士
Bletchley Park	布莱切利园
Blitz	闪电战
Bombe decoding machine	“炸弹”破译机
Bonsergent, Jacques	雅克·邦塞尚
Borghese, Junio Valerio	朱尼奥·瓦莱里奥·博尔盖塞
bouncing bomb	弹跳炸弹
Bristol Beaufighter	布里斯托尔“英俊战士”轰炸机
British Expeditionary Force	英国远征军
Burma	缅甸
C	
Cambridge Five	剑桥五杰
Camp 020	020营
Camp Elliott	埃利奥特兵营
Camp Shelby	谢尔比训练营
Casablanca Conference	卡萨布兰卡会议
‘Cat’s Eyes’ Cunningham	“猫眼”坎宁安
Central Intelligence Agency	中央情报局
Chain Home radar	本土链雷达
Chamberlain, Neville	内维尔·张伯伦
Cholmondeley, Charles	查尔斯·乔蒙德利
Churchill, Winston	温斯顿·丘吉尔
Clark, General Mark	马克·克拉克将军
Clarke, Lieutenant-Colonel Dudley	达德利·克拉克中校
Cockburn, Dr Robert	罗伯特·科伯恩博士
Cold War	冷战
Coleshill House	科尔斯希尔庄园
Comet Line	彗星线
Communications Headquarters	英国政府通信总部
Congressional Gold Medal	美国国会金质奖章
Courageous	英国皇家海军“勇敢”号航母

Coventry	考文垂
Crete	克里特岛
CRI 43007 transmitter-receiver	CRI43007 型收发两用机
Cryptological Bomb	密码炸弹
Cullen, John	二等兵约翰·卡伦
Cunningham, Flight-lieutenant John	英国空军上尉约翰·坎宁安
Cunningham, Sir Andrew	海军元帅安德鲁·坎宁安爵士
Curl, Captain Vincent	文森特·柯尔上尉
D	
Dasch, George John	乔治·达施
Davidson, Lieutenant Commander Donald	英国皇家海军少校唐纳德·戴维森
dazzle section	英国皇家海军迷彩部
D-Day	诺曼底登陆日
de Gaulle, Charles	夏尔·戴高乐
de Jongh, Andrée	安德烈·德·容
de la Penne, Sub-lieutenant Luigi Durand	路易吉·杜兰德·德·拉·彭尼中尉
Denby Dale	英国海军“登比代尔”号油船
Denmark	丹麦
Detachment	特别空勤团特遣队
deuterium oxide	氧化氘
Dianthus	英国皇家海军“石竹”号护卫舰
DMS-100	DMS100雷达设备
Dönitz, Karl	卡尔·邓尼茨
Donny, Baron Jacques	巴伦·雅克·多尼
Donovan, Wild Bill	威廉·“疯狂的比尔”·多诺万
Doodlebug	狮蚁
Doolittle, James	詹姆斯·杜立特中校
Double Cross system	双十字委员会
dummy aircraft	假飞机
Dunkirk	敦刻尔克
Durham	“杜伦”号货轮
Duval, Bettie	贝蒂·杜瓦尔
E	
Eagleton, Ron	罗恩·伊格尔顿
Eder Dam	埃德尔大坝
Eisenhower, Dwight D.	德怀特·艾森豪威尔
Enigma code	恩尼格玛密码
Enigma decoder	恩尼格玛破译员
Enigma Model D	D型恩尼格玛密码机

Enola Gay	“艾诺拉·盖伊”号轰炸机
F	
Fallschirmjager	德国伞兵
Fellers, Colonel Bonner	邦纳·费勒斯上校
Finland	芬兰
Fiona Shaw	“菲奥纳·肖”号油船
Forces Françaises de l'Intérieur	法国国内军
Ford, Brian	布莱恩·福特
Fort Eben-Email	埃本·埃马尔要塞
France, occupation of	法国占领区
French resistance	法国抵抗运动
Freya radar	弗雷娅超远程移动式雷达
Friedman, William	威廉·弗里德曼
German Enigma cypher machine	德国恩尼格玛密码机
FUSAG	美国陆军第1集团军群
G	
Gibson, Wing Commander Guy	英国皇家空军航空联队队长盖伊·吉布森
Glad, Tor	托尔·格拉德
Glantz, Colonel David M.	美军上校戴维·格兰兹
Gloster Meteor	英国皇家空军格罗斯特流星喷气式战斗机
Gloster-Whittle E28/39	格罗斯特–惠特尔E28/39喷气式飞机
Gondar	“冈达尔”号潜艇
Gonzaga, Commander Catalano	卡塔拉诺·贡萨加
Gosho, Henry	亨利·刚昌
GRANIT	花岗岩行动
Greenhow, Rose	罗斯·格林豪
Ground-Controlled Interception (GCI)	地面控制截击雷达
Guadalcanal	瓜岛
Gubbins, Colonel Colin	科林·格宾斯
Guderian, General Heinz	海因茨·古德里安将军
Guernica	格尔尼卡
H	
Handley Page Halifax HP	亨得里·佩奇哈利法克斯HP57 III型重型轰炸机
Hansen, Nicolai	尼古拉·汉森
Harris, Tomas	托马斯·哈里斯
Haugland, Knut	克努特·豪格兰
Hedgehog	“刺猬”反潜迫击炮
Heidrich, Colonel Richard	理查德·海德里希上校
Heinkel	亨克尔

Heydrich, Reinhard	莱茵哈德·海德里希
Hiroshima	广岛
Hitler, Adolf	阿道夫·希特勒
Hitler Youth	希特勒青年团
HMS London	英国皇家海军“伦敦”号布雷艇
Hohlladung	空心炸药
Home Guard	地方志愿军
Homer	荷马
Hornet	美国海军“大黄蜂”号航母
Horsa glider	霍莎式滑翔机
Horton, Admiral Sir Max	英国海军上将马克斯·霍顿爵士
human torpedo	人操鱼雷
Hut 8	8号棚屋
I	
Illustrious	英国皇家海军“光辉”号航母
Independent Companies	先遣独立连
Inigo Jones	伊尼戈·琼斯
Irish Republican Army	爱尔兰共和军
Italian navy	意大利皇家海军
J	
Japanese purple cipher	日本紫色密码
jet war	喷气式战争
JN-25	“JN25”密码
Johnston, Philip	菲利普·约翰斯顿
Jones, Dr Reginald	雷金纳德·琼斯
Junkers 52	容克Ju52运输机
K	
Kampfgruppe 100	德国空军第100特别轰炸机大队
Kappe, Lieutenant Walter	沃尔特·卡佩中尉
Kerling, Edward John	爱德华·克林
Kjelstrup, Arne	阿恩·谢尔特鲁
Knickebein	“弯腿”雷达系统
Krait	“环蛇”号渔船
L	
Latchmere House	拉奇米德园
Leigh Light	利式探照灯
Leigh, Squadron Leader Humphrey de Verde	飞行中队长汉弗莱·德·威尔蒂·利
Leros	爱琴海莱罗斯岛
Lewis, Pryce	普莱斯·刘易斯

Liddell Hart, Basil	巴兹尔·李德·哈特
Loug Range Desert Group	长距离沙漠群
Low, Captain Francis	弗朗西斯·洛上校
Low Countries	低地国家
Ludwig, Kurt Frederick	科特·弗雷德里克·路德维格
Lurline	“卢琳”号班轮
Lyon, Major Ivan	伊凡·莱昂少校
M	
Maginot Line	马奇诺防线
Major Martin	威廉·马丁少校
Maleme airfield	马莱迈机场
Manhattan Project	曼哈顿工程
Maquis Bernard	伯纳德马基组织
Marder II tank	黄鼠狼II型坦克歼击车
Marder III tank	黄鼠狼II型坦克歼击车
Mark IV Airborne Interception	马克IV型机载拦截雷达
maskirovka	马斯基洛夫卡
Masnedo	马斯内多岛
Masterman, Sir John	约翰·马斯特曼爵士
Mata Hari	玛塔·哈莉
Matsumoto, Roy	罗伊·松本
Mayne, Paddy	培迪·梅恩
McDowell, Brigadier General Irvin	欧文·麦克道尔准将
McLeod, Roderick	罗德里克·麦利奥德
Me 262	ME262喷气式战斗机
Meindl, Brigadier General	麦因德准将
Merrill's Marauders	麦瑞尔突击队
Mers-el-Kebir	米尔兹比克港
Metox	雷达波探测仪
Midway, Battle of	中途岛战役
Midway Naval Air Station	中途岛海军航空站
MIS Language School	美国陆军情报局语言学校
Model, Field Marshal	莫德尔陆军元帅
Moe, John	约翰·莫伊
Molotov-Ribbentrop Pact	《莫洛托夫—里宾特洛甫条约》
Montague, Ewen	埃文·蒙塔古
Montgomery, Bernard	伯纳德·蒙哥马利
Motor Launch 1321	1321 号摩托艇
Moulin, Jean	让·穆兰

Mulberry harbours	桑葚人工港口
Munich Agreement	《慕尼黑协定》
Mussolini, Benito	贝尼托・墨索里尼
Mutt and Jeff	默特与杰夫
Myitkyina	密支那
N	
Nagasaki	长崎
Nagumo, Vice Admiral Chuichi	南云忠一海军中将
Navajo Code	纳瓦霍密码
Navajo codetalkers	纳瓦霍密码员
Nez, Chester	切斯特・内兹
Niagara Falls	尼亚加拉大瀑布
Nimitz, Chester W.	切斯特・威廉・尼米兹海军上将
Nisei	第二代日裔美国人
Nishina, Dr Yoshio	仁科芳雄博士
dHydro Plant	挪威水电站
North Africa	北非
Norway	挪威
O	
Office of Strategic Services	战略情报局
Omaha Beach	奥马哈海滩
Operation Bagration	巴格拉季昂行动
Operation Bodyguard	保镖行动
Operation Capital	首都行动
Operation Citadel	城堡行动
Operation Copper	铜行动
Operation Fortitude	坚忍行动
Operation Gain	收获行动
Operation Grouse	松鸡行动
Operation Gunnerside	冈赛塞德行动
Operation Jaywick	杰维克行动
Operation Loyton	莱顿行动
Operation Market Garden	市场花园行动
Operation Mercury	水星行动
Operation Mincemeat	肉馅行动
Operation Overlord	霸王行动
Operation Pastorius	帕斯利特行动
Operation Patrols	巡逻队行动
Operation Rupert	鲁伯特行动

Operation Sealion	海狮行动
Operation Torch	火炬行动
Operation Weserubung	威瑟堡行动
Oscar dummy	奥斯卡假人
Oslo Report	奥斯陆报告
Oshima, Baron Hiroshi	大岛浩男爵
Owens, Arthur	亚瑟・欧文斯
Oxenden, Major Nigel	奈杰尔・奥克森德少校
P	
Paolucci, Sub-lieutenant Rattaele	海军中尉拉法埃莱・保卢奇
Parachute Regiment	伞降团
Patton, George S.	乔治・巴顿
Pearl Harbour	珍珠港
Perigoe, Marita	马里塔・佩里戈
Petrie, David	戴维・皮特里
Phoney War	假战争
Pinkerton, Allan	艾伦・平克顿
Poland	波兰
Poulsson, Captaain Jens Anton	延斯・安东・波尔森
Powell, Enoch	伊诺克・鲍威尔中校
President Jackson	美国海军"杰克逊总统"号运输舰
Pujol, Jean Garcia	胡安・普霍尔・加西亚
Purple Analog	紫色密码模拟机
Q	
Queen Elizabeth	英国皇家海军"伊丽莎白女王"号战列舰
R	
Ravensbruck	拉文斯布吕克
Red Army	苏联红军
Rejewski, Marian	马里安・雷耶夫斯基
Rimau	老虎行动
Ring 2	第2个网
Ritter, Nikolaus	尼古拉斯・里特
Ritter, Richard	理查德・里特
Rokossovsky, Konstantin	康斯坦丁・罗科索夫斯基
Romanian oilfields	罗马尼亚油田
Rommel, General Erwin	埃尔温・隆美尔
Ronneberg, Joachim	约阿希姆・隆恩伯格
Rose, Graham	格雷厄姆・罗斯
Rosetti, Major Raffaele	拉法埃莱・罗塞蒂少校

Rowlett, Frank	弗兰克・罗利特
Royal Engineers	英国皇家工程兵部队
Rudeltaktik	集群战术
Ruhr Valley dams	鲁尔水坝
Russian prisoners	俄罗斯战俘
S	
Salonika	萨洛尼卡
Sanger, Eugen	尤金・桑格
Scherbius, Arthur	阿瑟・歇尔皮斯
Schmidt, Wulf	武尔夫・施密特
Schroetter, Carl Hermann	卡尔・赫尔曼・施勒特
Scire	"斯基尔"号潜艇
Second Sino-Japanese War	抗日战争
section de camouflage	法国伪装部
Seebold, William G.	威廉・塞博德
Service du travail obligatoire	《义务劳动服务法》
Service Informazione Militari	意大利秘密军事情报局
SHAEF	盟军远征军最高司令部
Shtemenko, General Sergei	谢尔盖・什捷缅科上将
Signals Intelligence Service	美国陆军通信情报处
Silver Bird	银鸟飞行器
snowflake illuminator	"雪花"照明弹
Spanish Civil War	西班牙内战
Special Air Service (SAS)	英国皇家特种空勤团
Special Duties Operation (SDO)	特种任务行动
Special Interrogation Group	特别审讯组
Special Operations Executive	特别行动处
Squid	"鱿鱼"深水炸弹
Stalin, Josef	约瑟夫・斯大林
Stephens, Major Robin	罗宾・斯蒂芬斯少校
Stirling, David	大卫・斯特林
Storie, Jimmy	吉米・斯托雷斯
Stroop, General Jürgen	于尔根・施特鲁普
Student, General Karl	库尔特・斯图登特将军
Swordfish bomber	剑鱼式轰炸机
T	
T-34 tank	苏联T34坦克
Taisyo Maru	"大正丸"号商船
Taranto	塔兰托

Taranto Harbour	塔兰托港
The Dambusters	《敌后大爆破》
The Luftwaffe War Diaries	《德国空军战争日记》
The Ultra Secret	《超级机密》
Topolia	托波利亚村
Toschi, Elios	埃利奥斯·托斯基
Turing, Alan	阿兰·图灵
Twenty Committee	双十字委员会
U	
U-30	“U30”号潜艇
U-31	“U31”号潜艇
U-379	“U379”号潜艇
U-boats	U型潜艇
US military commission	美国军事审判委员会
V	
Valiant	英国皇家海军“勇士”号战列舰
Vermork	挪威韦莫克
V-1 flying bomb	V1导弹
V-2 rocket	V2导弹
Viribus Unitis	奥匈帝国“联合力量”号战列舰
VII C U-boat	VII型C级U型潜艇
Vogel, Major General Clayton	克莱顿·沃格尔
Von der Heydte, Baron	冯·德·海德特男爵
Von Manstein, General Erich	埃里希·冯·曼施坦因将军
Von Ohain, Hans Joachim Pabst	约阿希姆·冯·里宾特洛甫
W	
Walklate, Spence	斯宾塞·沃克莱特
Wallis, Barnes Neville	巴恩斯·内维尔·沃利斯
Walsingham, Francis	弗朗西斯·沃尔辛厄姆
Walther, Major	瓦尔特少校
Warsaw Ghetto	华沙隔离区
Watson, Major General Edwin	埃德温·沃森少将
Wavell, General Sir Archibald	阿奇博尔德·韦维尔爵士
Wellington bomber	威灵顿轰炸机
Weston, Lieutenant Logan	罗根·维斯顿中尉
Whittle, Frank	弗兰克·惠特尔
Wiedemann, Captain	魏德曼上尉
Wesctott	英国皇家海军“韦斯科特”号驱逐舰
Western Approaches	不列颠群岛西线

Winterbotham, Frederick	弗雷德里克·温特博瑟姆
Witzig, Lieutenant Rudolf	鲁道夫·维齐希中尉
Wizard War	怪异战争
World War I	第一次世界大战
X	
X-Gerat	X波束装置
Yamaguchi, Admiral Tamon	日本海军山口多闻少将
Y	
Yamamoto, Admiral Isoroku	日本海军山本五十六大将
Yorktown	美国海军“约克城”号航母
Z	
Z Special Unit	Z 特遣队
Zdrojewicz, Malka	马尔卡·兹德罗耶维奇
Zhukov, General	乔治·朱可夫元帅
ZOB	犹太斗争组织
Zuckerman, Yitzhak	伊扎克·祖克曼
ZZW	犹太军事联盟

战舰图文史 （第1册）：从古代到1750年

[英]山姆·威利斯/著　朱鸿飞　泯然/译

本书以独特的视角，用图片和文字描绘了在征服海洋的过程中，人类武装船只的进化史，以及各种海洋强国的发展脉络。它不仅介绍了经典战舰、重要事件、关键战役、技术手段、建造图样和代表人物等细节，还囊括了航海知识、设计思想、武器装备和战术战略的沿革……第1册记录了从古代到公元1750年的海洋争霸历程。

战舰图文史 （第2册）：从1750年到1850年

[英]山姆·威利斯/著　朱鸿飞　泯然/译

本书以独特的视角，用图片和文字描绘了在征服海洋的过程中，人类武装船只的进化史，以及各种海洋强国的发展脉络。它不仅介绍了经典战舰、重要事件、关键战役、技术手段、建造图样和代表人物等细节，还囊括了航海知识、设计思想、武器装备和战术战略的沿革……第2册记录了从公元1750年到1850年的海洋争霸历程。

战舰图文史（第3册）：从1850年到1950年

[英]山姆·威利斯/著　朱鸿飞　泯然/译

本书以独特的视角，用图片和文字描绘了在征服海洋的过程中，人类武装船只的进化史，以及各种海洋强国的发展脉络。它不仅介绍了经典战舰、重要事件、关键战役、技术手段、建造图样和代表人物等细节，还囊括了航海知识、设计思想、武器装备和战术战略的沿革……第3册记录了从公元1850年到1950年的海洋争霸历程。

医学图文史：改变人类历史的7000年（精、简装）

[英]玛丽·道布森/著　苏静静/译

本书运用通俗易懂的文字和丰富的配图，以医学技术的发展为线，穿插了大量医学小百科，着重讲述了重要历史事件和人物的故事，论述了医学怎样改变人类历史的进程。这不是一本科普书，而是一部别样的世界人文史。

疾病图文史：影响世界历史的7000年（精、简装）

[英]玛丽·道布森/著　苏静静/译

本书运用通俗易懂的文字和丰富的配图，以人类疾病史为线，着重讲述了30类重大疾病背后的故事和发展脉络，论述了疾病怎样影响人类历史的进程。这是一部生动刻画人类7000年的疾病抗争史，也是世界文明的发展史。

间谍图文史：世界情报战5000年

[美]欧内斯特·弗克曼/著　李智　李世标/译

本书叙述了从古埃及到“互联网+”时代的间谍活动的历史，包括重大谍报事件的经过，间谍机构的演变，间谍技术的发展过程等，文笔生动，详略得当，语言通俗，适合大众阅读。

二战图文史：战争历程完整实录（全2册）

[英]理查德·奥弗里/著　朱鸿飞/译

本书讲述了从战前各大国的政治角力，到1939年德国对波兰的闪电战，再到1945年日本遭原子弹轰炸后投降，直至战后国际大审判及全球政治格局。全书共分上下两册，展现了一部全景式的二战图文史。

第三帝国图文史：纳粹德国浮沉实录

[英]理查德·奥弗里/著　朱鸿飞/译

本书用图片和文字还原了纳粹德国真实的命运轨迹。这部编年体史学巨著通过简洁有力的叙述，辅以大量绝密的历史图片，珍贵的私人日记、权威的官方档案等资料，把第三帝国的发展历程（1933—1945）完整立体呈现出来。

世界战役史：还原50个历史大战场

[英]吉尔斯·麦克多诺/著　巩丽娟/译

人类的历史，某种意义上也是一部战争史。本书撷取了人类战争史中著名大战场，通过精练生动的文字，珍贵的图片资料，以及随处可见的战术思维、排兵布阵等智慧火花，细节性地展现了一部波澜壮阔的世界战役史。

希特勒的私人藏书：那些影响他一生的图书

[美]提摩西·赖贝克/著　孙韬　王砚/译

本书通过潜心研究希特勒在藏书中留下的各类痕迹，批判分析其言行与读书间的内在逻辑，生动描绘了他从年轻下士到疯狂刽子手的思想轨迹。读者可以从中了解他一生收藏了什么书籍，书籍又对他产生了何种影响，甚至怎样改变命运。